JN296718

16世紀ロシアの修道院と人々

16世紀ロシアの修道院と人々
―ヨシフ・ヴォロコラムスキー修道院の場合―

細 川 滋 著

〔香川大学経済研究叢書15〕

信 山 社

はしがき

　16 世紀のロシアといえば、イヴァン雷帝、農奴制などが思い出されるのかもしれない。我々の世代がロシア史を研究しようとするとき、19 世紀ロシア文学の魅力、ロシア革命と社会主義ソ連の理想像が一方でありつつ、ロシア革命以前のツァーリとツァリーズム、専制ロシアと強固な農奴制の存在、スターリンの陰と、複雑な感情が入り交じっていた。しかも、イデオロギー的色彩を強く帯びざるを得ない状況下にあり、現代史を選択することは、否応なく政治的立場を鮮明にすることにつながっていた。前近代ロシアを対象とすることは、いわばそのような状況から逃れる、という面を持っていたことも事実である。

　と同時に、我が国におけるロシア前近代史研究は近現代史のそれと比較して、大きく遅れていたことも事実であり、そこに踏み込むことへの魅力も存在していた。ロシア前近代史研究は、戦後ようやく緒につき、1960 年代後半は、新たな研究が開始されていた時期であった。

　キエフ・ルーシ期から始めた私の研究は、その後、15 世紀、16 世紀と下って、対象も郷の構造（共同体の単位が問題意識の根底にあったが）、所領構造から、修道院文書を読むことによって、修道院と農民との支配＝隷属関係へ、さらに、修道院による労働力の雇用、財の購入へと関心が移っていった。そして、オブロークの支払いに重点を置いた分析から支出帳簿の分析へと移る中で、労働力提供者の中に同一の名前が度々登場することに注目することになった。土地台帳の基になったと思われるソートノエ・ピシモーへの関心も、そこに人名が記載されていることから強くなり、人名を手がかりとして、当該修道院文書に登場する人々のあり方、結合の仕方を探ることはできないか、という思いが、収入帳簿の分析に移って一層強まっていった。

　今回まとめた本書は、この思いを形あるものにするための準備作業と位置づけることができる。

　他方で、具体的に描くことから、抽象化、一般化、普遍化が要請されることも明白である。が、歴史の展開、人々の有り様は複雑であり、多様な要素・要因が絡み合っている。その一部を取り出して一般化したところで、現実に展開したことを把握したことにはならないであろう。多様な側面を一括りにして捉えること

はしがき

が難しいとすれば、それぞれの部分を明らかにし、総合することに活路を見出さざるを得ない。ただ、部分を寄せ集めるだけでは、意味をなさないことも明白である。分析結果を総合することの難しさを自覚しておかなければならない所以である。いずれにせよ、具体的に分析することから始めなければならない。

本書は、前述のように、当時の人々の有り様、結合の仕方を明らかにするための一つの基礎的な作業であるが、そのテーマは、修道院と人々との関係のうち、オブローク授受という形で結ばれた関係をどのように理解すればよいのか、オブローク授受にとどまらず、臨時的に労働を提供するという状況の存在、そして需要を充たすために外部で財を購入するという修道院の行為をどのように位置づけることができるのか、ということにある。

史料に記載されている内容を頻繁に取り出していることに対して批判があることは十分承知しているところであるが、今後の一般化へ向けて必要な作業の一つとしてご寛容願いたい。

なお、本書の構成は、次のようになっている。

序章　ヨシフ・ヴォロコラムスキー修道院と史料群
 第1節　研究の現状と課題
 第2節　ヨシフ・ヴォロコラムスキー修道院の史料群
 第3節　所領管理の方法
第1章　オブローク受領者の職種と雇用条件
 第1節　オブローク受領者の職種
 第2節　雇用者側の対価
 第3節　オブロークの支払時期と雇用期間
 第4節　オブローク受領者による担保の提供
 第5節　オブローク受領者の義務
第2章　オブローク受領者の諸側面
 第1節　戸の所有と戸の所在地
 第2節　保証人としてのオブローク受領者
 第3節　保証人としての家族成員
 第4節　家族成員とオブローク受領者
 第5節　オブローク受領者の生活の場

はしがき

第3章　臨時的雇用労働
　第1節　オブローク受領者と共通する職種
　第2節　オブローク受領者と共通しない職種
　第3節　小括
第4章　ヨシフ・ヴォロコラムスキー修道院による財の購入
　第1節　購入された財
　第2節　購入地と購入物
　第3節　個人からの購入物
　第4節　購入の目的
終章　まとめと今後の課題
　第1節　オブローク授受及び臨時的雇用の意義
　第2節　明らかとなった諸点
　第3節　今後の課題

凡例

凡例

単位
  貨幣：
    1アルトゥイン＝6ジェーニガ＝3ノヴゴロトカ
    1グリヴナ＝20ジェーニガ
    1ループリ＝10グリヴナ＝200ジェーニガ
    （本文においては、ループリをp.、グリヴナをr.、アルトゥインをa.、ジェーニガをд.と、それぞれ表記する）
  重量：1プード＝40フント＝16.38キログラム
  穀量：1チェトヴェルチ＝2オスミナ＝8チェトヴェリーク＝約210リットル
  液量：1ヴェドロー＝4チェトヴェルチ＝1/40ボーチカ＝約12.3リットル
  長さ：1アルシン＝4チェトヴェルチ＝4ヴェルショーク＝約71センチメートル

祭日
  祭日には、固定祭日と復活祭を基準とする移動祭日があり、
  固定祭日：
  День Васильев（ヴァシーリーの日）1月1日
  Крещение Христово（主の洗礼祭）1月6日
  День Евдокиин（エヴドキアの日）3月1日
  День Благовещеньев（Благовещение、Благовещение Пресвятой Богородицы）（生神女福音祭）3月25日
  Николин день вешний（春のニコライの日）5月9日
  Петров день（ペトロの日）6月29日
  Покров святей богородицы（至聖生神女庇護祭）10月1日
  Филиппов заговен（フィリップの日）11月14日
  Филиппика（フィリップの日から40日間続くクリスマス前の斎（рождественский пост））
  Юрьев день（ユーリーの日）11月26日
  Николин день зимний（осенний）（秋のニコライの日）12月6日
  Рожество Христово（主の聖誕祭）12月25日
  移動祭日：
  Великий заговейн（大斎直前の日）
  Великий пост（復活大祭前の大斎期、四旬節）
  Сборное воскресенье（Сбор、Сборная неделя）（大斎期の第一日曜日、第1週）
  Вознесеньев день（昇天祭、キリストが復活して40日目に昇天した記念の日）
  Пасха（復活祭）
  Троицын день（三位一体祭、五旬節、復活大祭後50日目）

暦
  旧露暦では、世界開闢暦が使用されており、年の始まりは9月1日で、終わりは8月31日であった。したがって、旧露暦で7060年の場合、1551年9月1日から1552年8月31日までとなる。本書では、旧露暦を使用しているが、グレゴリウス暦とは若干のずれを生じ、新暦に換算するには、本書の対象とする時期については、10日を加えればよい。

目次

はしがき v
凡例 viii
目次 ix

序章　ヨシフ・ヴォロコラムスキー修道院と史料群 1
  第1節　研究の現状と課題 1
    1　研究の現状 1
    2　課題と視点 4
  第2節　ヨシフ・ヴォロコラムスキー修道院の史料群 9
    1　ヨシフ・ヴォロコラムスキー修道院 9
    2　«Книга ключей и денежных оброков» 12
    3　『16世紀の所領経営帳簿集』 12
    4　土地台帳その他 18
  第3節　所領管理の方法 19
    1　プリカース制とヴォロスチ 19
    2　村と部落 23
    3　集落内の諸施設 24

第1章　オブローク受領者の職種と雇用条件 31
  第1節　オブローク受領者の職種 31
    1　16世紀半ばの職種 31
    2　16世紀後半の職種 34
    3　小括 38
  第2節　雇用者側の対価 40
    1　16世紀半ばのオブローク額 40
    2　16世紀後半のオブローク額 41
    3　オブローク以外の支給物 43
    4　小括 48
  第3節　オブロークの支払い時期と雇用期間 49
    1　16世紀半ば 49

ix

凡例

  2 16 世紀後半 53

 第 4 節 オブローク受領者による担保の提供 55

  1 16 世紀半ば 56

  2 16 世紀後半 61

  3 小括 65

 第 5 節 オブローク受領者の義務 65

  1 労働の内容 66

  2 労働の場 72

  3 16 世紀後半 75

第 2 章 オブローク受領者の諸側面 93

 第 1 節 戸の所有と戸の所在地 93

  1 帳簿中のオブローク受領者 93

  2 ソートノエ・ピシモーに見られるオブローク受領者の可能性 ... 99

  3 小括 102

 第 2 節 保証人としてのオブローク受領者 103

  1 16 世紀半ば 103

  2 16 世紀後半 108

  3 小括 120

 第 3 節 保証人としての家族成員 121

  1 16 世紀半ば 121

  2 16 世紀後半 124

  3 小括 127

 第 4 節 家族成員とオブローク受領者 128

  1 16 世紀半ば 128

  2 16 世紀後半 131

  3 小括 132

 第 5 節 オブローク受領者の生活の場 133

第 3 章 臨時的雇用労働 147

 第 1 節 オブローク受領者と共通する職種 147

 第 2 節 オブローク受領者と共通しない職種 163

第3節　小括 168
第4章　ヨシフ・ヴォロコラムスキー修道院による財の購入 173
　第1節　購入された財 173
　第2節　購入地と購入物 176
　　1　購入地 176
　　2　購入地での頻度 178
　　3　各地での購入物 180
終章　まとめと今後の課題 197
　第1節　オブローク授受及び臨時的雇用の意義 197
　　1　修道院にとっての意義 198
　　2　オブローク受領者にとっての意義 199
　　3　臨時的雇用の意義 201
　第2節　明らかとなった諸点 202
　第3節　今後の課題 204
史料・参考文献 207
あとがき 213

序章　ヨシフ・ヴォロコラムスキー修道院と史料群

　この章では、本書のテーマと関わる問題の研究状況と本書の課題、本書の分析対象となるヨシフ・ヴォロコラムスキー修道院、具体的な分析を加える当該修道院史料、関連史料について、明らかにしておきたい。

第 1 節　研究の現状と課題

1　研究の現状

（1）労働力をめぐる研究状況

　16 世紀における聖俗の所領での労働力の問題、とりわけ聖界所領でのその問題については、すでにいくつかの研究が見られる[1]。その中でも、グレーコフによるノヴゴロドのソフィア大聖堂領を対象とした研究は、包括的なものである。この研究で、グレーコフは、大聖堂領をノヴゴロド市内と農村部分とに分け、それぞれにおける労働力の問題を分析している。後者では、農業労働力の問題が中心となっているが、この研究の特徴は、生産的な労働に携わっていると思われる労働力について、対象とする時期のロシア、とりわけノヴゴロドの社会的状況をも視野に入れつつ、その雇用労働者数の時系列的な推移と、減少の要因を追及していることである[2]。

　このような雇用労働力の一形態として、16 世紀、17 世紀のロシアの修道院領にジェチョーヌィシ детеныш あるいはジェチョーノク детенок が存在していたことは、衆知の事実である。ディヤーコノフは、『16－17 世紀のモスクワ国家における農村住民史概論』において、「修道院のジェチョーヌィシ」一般を論じた[3]。

　16 世紀半ば以降のヨシフ・ヴォロコラムスキー修道院においても、ジェチ、ジェチョーヌィシあるいはジェチョーノクが存在していたことを、当該修道院文書によって確認することができる。

　チホミーロフは、当該修道院の雑役を割り当てられた働き手を取り上げる中で、このジェチョーヌィシの問題に触れている。彼は、ジェチョーヌィシの出自を、自由な遍歴者 казак や一時的に修道院の仕事に雇われた雑役夫に求めているが、

序章　ヨシフ・ヴォロコラムスキー修道院と史料群

同時に、多数のジェチョーヌィシが修道院領内の人々であること、彼らは雇用期限の前に、受け取った金銭を返済した上で、自由にジェチョーヌィシであることを止めることもできたこと、また、当該修道院の経済に応えるためには、俸給を受領する人達だけでは不十分で、他の人々を別に雇用しなければならなかったこと、木さじ製造職人やろくろ師の存在は、修道院を訪れた際の記念品としてのさじやカップなどの制作を物語る可能性はあるものの、手工業者、ジェチョーヌィシの労働は主として修道院内での需要向けに採用されたものであること、等々を指摘している[4]。

　グレーコフも、「修道院のジェチョーヌィシ」において、それまでのジェチョーヌィシに関する見解を整理した上で、ヨシフ・ヴォロコラムスキー修道院の《Книга ключей и оброков》を分析して、

①《дети》は、もっぱら監督のために指名された人物の監督の下に特別の家屋の中で生活を送っていること
②《дети》に対しては、毎年、通常は年間の賃金（＝オブローク）が支払われているが、短期の者も存在したこと
③賃金に幅があること、ジェチョーヌィシの構成に変化があり、恒常的な労働者ではなく、流動的な労働者であること
④労働に就くに当たって、各人が保証人を立てているのは、当時、修道院には雇用労働者を確保するための他の手段がなかったからであること
⑤期間内の義務を遂行した後は、「従属性」はなくなっていること

等々を指摘し、続いて、雇用者の多数ある範疇の中の一つが、なぜ区別されてジェチョーヌィシという特別な名称を付けられているのか、という設問を立て、主としてディヤーコノフの見解に検討を加えつつ、最終的には、ジェチョーヌィシについて、

①修道院経済において、修道院独自の耕地の発生時及び拡張時に、幼児から修道院に扶養されるに至った人々がそのために使われたが、ここから「修道院のジェチョーヌィシ」という言葉が出現した。
②修道院独自の耕地を耕作するために雇用された労働者もまた、修道院のジェチョーヌィシと呼ばれるようになった。
③ジェチョーヌィシの義務は農業労働者としての機能にとどまるものではなく、

序章 ヨシフ・ヴォロコラムスキー修道院と史料群

ジェチョーヌィシの中には、手工業者も、修道院当局の様々な仕事を遂行する使用人も存在した。

④修道院のジェチョーヌィシは、世俗領においては、開かれた雇用という形態を取ったり、セレブレニチェストヴォというカムフラージュされた形を取ったりして仕事に参加させられる労働者という範疇に相当する。

という結論を出している[5]。

シチェペトーフは、ジェチョーヌィシについて、貧困化し、固有の生計を営む可能性を失った農民と理解し、農民ではなく、彼らこそが修道院の直領地における主要な農業労働力である、と捉えている。そして、彼らの数的変化を、修道院の土地開墾事業との関連で理解し、支払われた報酬額の変化、雇用期間、雇用に際しての担保の問題や給付内容にも言及している[6]。

このように、ジェチョーヌィシについて論じつつ、その内容はジェチョーヌィシに限定されているのではなく、修道院における雇用労働力全体の問題がテーマとなっている。

(2) 市場をめぐる研究状況

当該修道院の文書、とりわけ支出帳簿[7]には、「購入した」«купил»との表現によって、当該修道院による所領内外での財の購入が度々記載されており、当該修道院が市場との関わりを強く持っていたことが示唆されている。

にもかかわらず、従来の研究では、当該修道院に限らず、当時のロシアにおける消費の問題、さらには市場との関わりについては、ほとんど取り上げられることはなかった。流通面よりは生産面、生産関係が重視された結果と思われる。そして、16世紀後半のロシアにおける市場の問題については、全国的市場形成の前段階という位置づけのもとに言及され、全国市場の形成という観点から、概説的に言及されるにとどまっている[8]。

例えば、エス・ヴェ・バフルーシンは、『16世紀～17世紀初頭のロシア中央集権国家の手工業、商業及び都市の歴史的概説』において、修道院による食料品(農産物、魚など)、塩などの市場での購入、都市の市場としての機能、倉庫ないし集積所の存在、店舗などの商業施設の存在、買付人の活動、とりわけ修道院の支出

序章 ヨシフ・ヴォロコラムスキー修道院と史料群

帳簿から明らかな市場との密接な関わりなどを指摘し、ロシアの市場関係形成の時期を16世紀、特に16世紀後半と考えている[9]。

また、かつてのソ連の経済史教科書でも、タタールの支配下でも交易は存在しつづけ、農村においてはバーター交易が存在していたが、都市及び農村内部の交易と並んで、都市間、地域間の交易も行われており、例えば、ノヴゴロドの人々は、トヴェーリ、スーズダリ、モスクワ、キエフ、チェルニゴフと交易しており、16世紀にモスクワは、ノヴゴロド、リャザン、トヴェーリなどと取引を行い、最も重要な商品は塩と穀物であったとの記述が見られる[10]。

このように、地域間交易の存在、商品としての穀物と塩の流通などが指摘されている。確かに、塩の流通については、1518年9月10日付のヨシフ・ヴォロコラムスキー修道院宛ヴァシーリー3世の免税特許状が塩の買付に触れており[11]、塩や穀物が重要な商品であった点は否定できないであろう。また、16世紀のロシアにおいて商品流通が広く展開されていたことは、免税特許状の中で商品の売買、移動等に関する規定が見られる点からも明らかである。が、これまでの研究では、具体的な市場と商品流通の検討にまでは及んでいないと思われる。

2 課題と視点

(1) 課題

労働力の雇用に当っては、チホミーロフも指摘しているように、2つの方法が取られた。1つは、オブローク[12]の支払いによるものであり、もう1つは、オブローク授受とは無関係に、臨時的に雇用する方法である[13]。この2つの方法によって雇用された労働力が、互いに補完し合いながら、当該修道院の需要に応えていったであろうが、その割合は、一定ではなく、歴史的にも変化していったと思われる。

オブロークの支払いに当って、オブロークという表現と並んで、一定の労働の対価として与えた金銭について、«денежное жалованье»とか«годовое жалованье»という表現も散見することから[14]、オブロークは貨幣による俸給の支払いと同義であると考えられる。つまり、何らかの労働に対する報酬として、オブロークが

支払われていたのである。

　オブロークを受け取る人達は、通常「オブロートチク」ないし「オブローチニエ・リュージ」«оброчные люди»と呼ばれている[15]が、時には«деловые люди»とも呼ばれている点を考慮しなければならない[16]。

　他方、オブローク支払帳簿ではなく、支出帳簿の中に散見するその時々に必要な労働への賃金の支払に対しては、オブロークという表現は使われていない。賃金 наем あるいは могорец という表現が見られたり、賃金受領者に対して「ナイミート」«наймит»という表現が使われたりもしている[17]。また、臨時的に雇用される労働力については、典型的な事例として、明らかに雇用を意味する«наймовати»という言葉が使われている[18]。さらに、この言葉は使用されていないものの、労働への対価として金銭が支払われている事例もある。

　オブロークの支払に際しての特徴の一つは、例外があるとはいえ、すでに指摘されているように、担保あるいは保証人を必要としていたことである。このような形式が見られるのは、金銭の貸付の場合で、この際には金銭の貸与と引き換えに、「カバラー」«кабала»（借用証、債務証書）が借用者から提出されている[19]。当該修道院でも、検討の対象となっている時期に、農民などに金銭の貸与が行なわれていた。他方、賃金の支払が行われる場合には、通常、被雇用者の名前（記載のない場合もあるが）、労働の中味、賃金の額が記載されているだけで、被雇用者の側から修道院に対して提出されるものはない。オブロークの支払に際してのみ、特別な形式が採用されているのである。これはどうしてなのだろうか。

　この点で、注目しなければならないのは、オブロークと賃金 наем の、次のような用法である。すなわち、

　　同月5日（1574年2月5日－引用者）、アンギロヴォ（村）において、レオンティーの息子でジェチョーヌィシであるオルチューシカにオブローク10アルトゥインが与えられた。1年間過ごすために、15アルトゥインが彼に与えられる。すなわち、彼には25アルトゥインが賃金として与えられる[20]。

このように、ここでは、オブロークと賃金が同一の意味で使用されているのである。

　また、1590年9月4日付のオブローク支払いに際して、

　　漁師グリーシャに対して、オブロークとしてカバラーにしたがって1ルー

5

序章 ヨシフ・ヴォロコラムスキー修道院と史料群

ブリが支払われた。そして、彼には貧困の故に10アルトゥインが与えられた。彼の担保はチャシチャ部落にある彼の戸である[21]。

と、記述されている。ここでは、オブロークが貸付の際に使われるカバラーと関連づけられている。

では、オブロークという表現には、単なる労働力の雇用ではない、特別な意味が含まれているのだろうか。そのことはまた、オブロートチクという表現が特別な意味を持っていることをも示唆しているのだろうか。オブロートチクとは何であったのか。

したがって、当該修道院の雇用労働力を検討する場合には、オブローク支払帳簿に示されたオブローク受領者だけではなく、支払帳簿にオブローク受領者としては現れない労働力をも視野に入れなければならないことになる。

本書では、チホミーロフ、グレーコフ、シチェペトーフ等によって指摘された諸点に関して、ジェーチ及びジェチョーヌィシをも含めて、ヨシフ・ヴォロコラムスキー修道院の雇用労働力の問題と捉え直し、当該修道院文書[22]中のオブロークの支出に関する記載を主たる分析対象としながら、支払い関係の帳簿[23]をも利用して、再検討することを第1の課題としたい[24]。

具体的には、当該修道院の支出関係の帳簿、とりわけオブローク支払帳簿を利用して、修道院の雇用労働力の実態を、労働力の提供者であるオブロートチクの職種に焦点を当てながら、支出帳簿中の労働に対する支払をも視野に入れて、当該修道院は、どのような労働を必要としていたのか、を明らかにすることになる。と、同時に、被雇用者はどのような条件のもとに雇用されていたのか、労働力を提供していたのはどのような人達であったのか、などについても、検討を加えたい。

市場については、前述のような市場をめぐる研究状況を踏まえて、本書においては、当該修道院における需要充足の観点から、当該修道院の収支帳簿中の支出に関する分析を行い、当該修道院と市場との関わりを明らかにすることを第2の課題としたい。

具体的には、当該修道院が何を購入していたのか、誰から、どこで購入していたのか、購入の目的は何であった等を明らかにすることになる。また、修道院による必需品の購入にはどのような特徴が見られるのか、という点も検討したい。

序章　ヨシフ・ヴォロコラムスキー修道院と史料群

(2) 分析の視点

　このように、2つの課題を検討するに際して、その基礎にある視点は、労働力を雇用したり、手工業者に製品の製造を注文したり、市場で財を購入するという当該修道院の行為を、当該修道院による需要充足のための方法と位置づけることにある。

　修道院の構成員は、その性格上、宗教に関わる面を持っているが、同時に、人間に共通の日常生活を営んでいる。宗教に関わる面も、日常生活が基本にあっての上である。人間の日常生活を考えるとき、生存のための財及びそれに付随する財（日常生活用品など）の獲得は、不可欠のものである。また、消費財や用具類の獲得とともに、修道院構成員自らが労働に携わらない以上、サーヴィスの提供を受けることも必要であった。それらが、16世紀の、ロシアの、しかも一つの修道院において、どのような形で実現されていたか、という点を探ることに本書の目的がある。

　先ず、不可欠の消費財及び用具類として挙げることができるのは、
① 食料品（穀物、野菜、果物、魚、肉、その他）
② 日常生活用品（スプーン、カップ、皿、テーブルクロス、桶、その他）
③ 衣料品（衣服、ストッキングなど）・履き物（靴など）
④ 用具類
などである。また、住居に関わる建築材も必要である。さらに、家屋・納屋などの建築、炉炊き、屋敷番、馬の世話などのサーヴィス提供も受けなければならない。

　そして、財及びサーヴィスの提供者として想定できる人々の職業を分類してみると、①農業、②牧畜業、③漁業、④手工業、⑤サーヴィス業などであるが、当時の社会的分業の状況から、商業を除いたサーヴィス業は専門化していたとは考えられない。後述するように、史料中には、サーヴィス部門に関わる職種として、炉焚き人、屋敷番・門番などの番人、その他が登場しているが、職業として専門化したものではなかったであろう。が、本書では、このようなサーヴィス業を含めて、財及びサーヴィスの提供者の実態についても検討の対象としたい。

7

序章 ヨシフ・ヴォロコラムスキー修道院と史料群

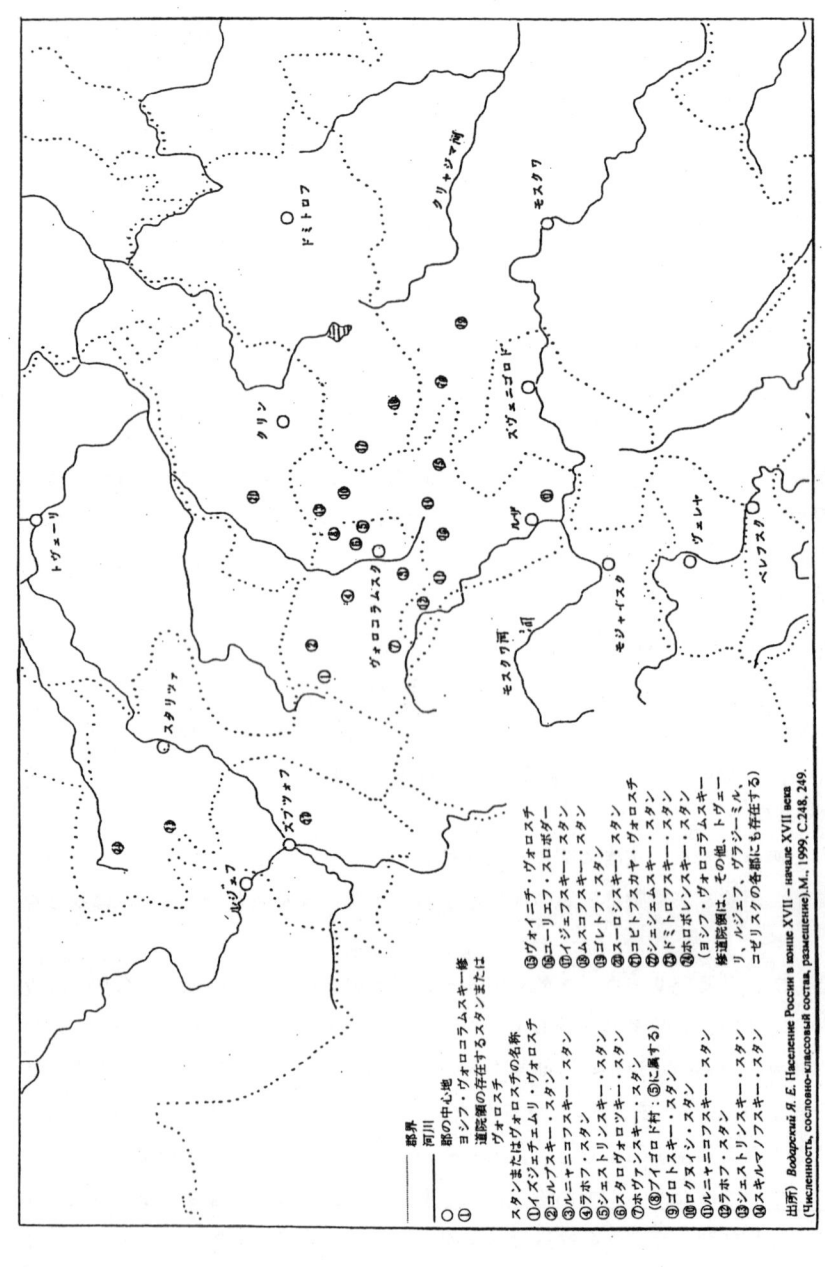

図 0-1 ヨシフ・ヴォロコラムスキー修道院料の所在地（1586年頃）

序章 ヨシフ・ヴォロコラムスキー修道院と史料群

　最後に、当時の修道院においては、それらを獲得する方法として、①自ら生産する、②領民からの納入物、③雇用労働力による生産、④市場などでの購入などが考えられる。本書で取り上げるのは③と④であり、③は第1の課題に、④は第2の課題に、それぞれ対応している。財とサーヴィスをめぐる問題は、その提供者の問題、獲得方法などとも関連しており、それらをも考慮に入れながら検討していかなければならないであろう。

第2節　ヨシフ・ヴォロコラムスキー修道院の史料群

1　ヨシフ・ヴォロコラムスキー修道院

　ヨシフ・ヴォロコラムスキー修道院は、ヴォロコラムスク市から北東20キロに立地しており、1479年にヨシフ・ヴォロツキー[25]によって創設された修道院である。

　図0-1からわかるように、当該修道院の所領は、16世紀後半には、当時のルザ、ヴォロク、ドミトロフ、クリン、スタリツァ、ズブツォフ、ルジェフ、トヴェーリ、ヴラジーミル、モスクワ、コゼリスクの計11郡[26]にまたがっていた。そのうち、ヴォロク郡では8つのスタン中7つ、ルザ郡では12のスタン中6つと5つの「ヴォロスチ」中2つに所領が存在しており、両郡における当該修道院所領の集中度の高さを示している。とりわけヴォロク郡での集中が目立っている（ヴォロク郡については、図0-2を参照）。

　これは、当該修道院の所在地が創設時にヴォロク分領公国であったこと、所領形成に当たっては、当初ヴォロク分領公が、そして1494年にヴォロク分領公国がヴォロク分領公国とルザ分領公国に分裂後は、両分領公が、当該修道院に積極的に寄進を行ったことによるものであった[27]。

　モスクワ大公国に両分領公国が吸収された後も、モスクワ大公による寄進が行われ、所領の拡大が見られた。と同時に、購入、交換、売却も行われたため、当該修道院の所領は、16世紀の段階でも流動的で、どの時点を採るかによって分布状況は異なってくる[28]。

9

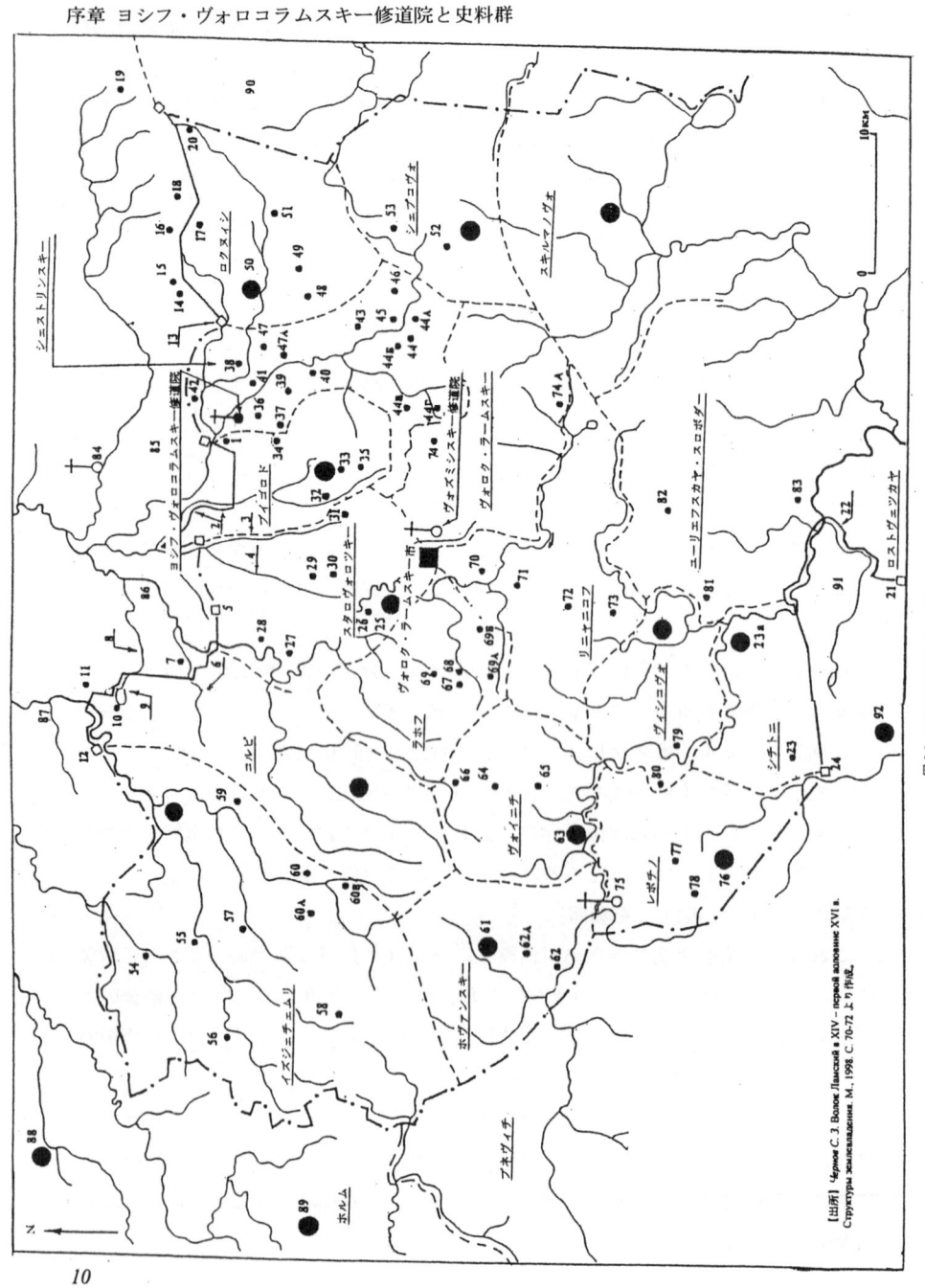

序章　ヨシフ・ヴォロコラムスキー修道院と史料群

図0-2　1462-1513年のヴォロク郡

序章　ヨシフ・ヴォロコラムスキー修道院と史料群

■：ヴォロク・ラームスキー市
●：スタンあるいはヴォロスチの中心地
ヴォロク・ラームスキー：スタンあるいはヴォロスチ名
ブイゴロド・ヴォロスチの境界：
1 – ストロミーロヴォ部落；2 – ブイゴロトカ川；3 – チョールナヤ川；4 – セーンナヤ川
コルピ・ヴォロスチの境界：
5 – パルフェニエフスキー沼を横切ってヴャソヴェツから；6 – ゴロドニャ川；7 – ソロギノ部落；8 – オゼレンカ川；
9 – クルグロエ湖；10 – クルグロヴォ（部落）；11 – フェドコヴォ部落；12 – ベールィー・カーメニまで
ロクヌィシ・スタンとクリンスキー・スタンの境界：
13 – マールィー・ロクヌィシから；14 – ザーハル・ヤロプキンのゴロドシチェスコエ村；15 – オルフェリエスコエ村；
16 – チェトヴェルジャ村の新開地ロゴヴァ；17 – タルホヴォ村；18 – ミハイル・ペトロフのパルフェンコヴァ部落；
19 – アファナーシー・サトィムィショフのペトロフスコエ村；20 – ボガエヴァ部落
モジャイスク市とルザ郡諸ヴォロスチの境界：
21 – ドゥボヴェツ川を下ってペドニャ川へ；22 – ペドニャ川を下ってルザ川へ；23 – ボリス・フィリノフのクニャジェ村；
23a – シチトニキ村（ブラゴヴェシチェンスコエ村）；24 – ウィスコン川へ、ヴォロク郡まで、レポチナまで
証書中の集落：
スタロヴォロツキー・スタン：
25 – スタロヴォロツコエ村；26 – ヴラディチノ村；27 – ヤロポルチ村；28 – イェラポルチ村のシーロヴォ部落；
29 – マスレニコヴォ部落；30 – カシノ部落；31 – ソフィイノ村；
ブイゴロド・ヴォロスチ：
32 – ポポフキノ部落；33 – グラザチョヴォ部落；34 – スターロエ・ノソヴォ部落；35 – ストロコヴォ部落；
シェストリンスキー・スタン：
36 – スピロヴォ村；37 – オトシチェヴォ村；38 – ポクロフスコエ村；39 – ニコリスコエ村とペトロフスコエ村；
40 – チェムニコヴォ村；41 – ノーヴォエ村；42 – チャシチャ部落；43 – ログシノ部落；44 – リトヴィノヴォ村；
44a – ソレヴォ部落；44б – ベレヴートヴォ村；44в – レストヴィツィノ村；44г – シシキノ部落；45 – ゴルキ部落；
46 – クチイノ部落；47 – バラバノヴォ部落；47a – クジャエヴォ村
ロクヌィシ・スタン：
48 – ウスペンスコエ村；49 – ウスペンスコエ村のシャニナ部落；50 – ロクヌィシ（シェスタコヴォ）村；
51 – コンドラトフスコエ村；
シェベコヴォ・ヴォロスチ：
52 – シャブルィキノ村；53 – ベルコヴォ村；
イズジェチェムリ・ヴォロスチ：
54 – コレネフスコエ村；55 – フロロフスコエ村；56 – プロスコエ村；57 – ラメニエ村；58 – ヤドロヴォ部落；
59 – クルピノ部落；60 – ドーブロエ（ノヴォニコリスコエ）村；60a – ロフキ部落；60б – ゴルコヴォ部落；
ホヴァンスキー・スタン：
61 – ホヴァニ村；62 – チェルレンコヴォ村；62a – ヴィシェンキ村；
ボイニチ・ヴォロスチ：
63 – ヴォイニチのロジェストヴォ・フリストヴォ・ポゴスト；64 – ヴィソコヴォ部落；65 – コビィリノ部落；
66 – ナザリエヴォ部落（所属スタンは確定できない）
ラホフ・スタン：
67 – ズボヴォ村；68 – オクセノフスカヤ部落；69 – チモニノ部落；69a – コジノ部落；69б – アレクセエヴァ・ゼムリャー
ルニャニコフスキー・スタン：
70 – ポロホフスコエ村；71 – ホルスニコヴォ村；72 – リュホフスコエ村；73 – スパスコエ村；
ラームスキー・スタン：
74 – ロジェストヴォ村；74a – ダニルコヴォ村；
レポチノ・ヴォロスチ：
75 – レフキー修道院；76 – レポチノ村；77 – ヴィソーコエ村；78 – オグルィスコヴォ村；
ヴィシコフスキー・スタン：
79 – ボゴロディツコエ・ヴァシーリエフスコエ村；80 – クサキンスコエ村；
ルースキー・スタン：ユーリエフスカヤ・スロボダー：
81 – ヴァラクシナ部落（所属スタンは確定できない）；82 – スドニコヴォ村；83 – アカチエヴァ部落；
84 – クリン郡のイソシモヴォ修道院
隣接地：
トヴェーリ郡のヴォロスチ
85 – ヴァシリコフスカヤ・スロボトカ；86 – ラマ；87 – ジノヴィエフスカヤ・スロボトカ；88 – ガストムリャ；
89 – ホルム；
ドミトロフ郡のヴォロスチ
90 – イジヴァ・ヴォロスチ；
モジャイスク郡のヴォロスチ
91 – ボヤンスカヤ・ヴォロスチ；92 – カラチャロフスカヤ・ヴォロスチ

序章 ヨシフ・ヴォロコラムスキー修道院と史料群

2 «Книга ключей и денежных оброков»

　これは、刊行年が 1948 年と最も早い«Книга ключей и долговая книга Иосифо-Волоколамского монастыря XVI века»中に含まれ、編集者によってこのようなタイトルを付けられた文書で、モスクワの中央国立古文書館にある当該修道院文書の中でも最古の経済文書であるが、原本には表題も表紙も付けられていない。四ツ折判の大きさのものが 183 葉で、年代的には 1547 年 3 月付のものから 1560／1561 年付のものまでとなっている。但し、文書の書出しは 1547 年 12 月 1 日）である。

　この文書は、同一年度についても、日付及び順序は一定しないが、手工業者・ジェーチ・炉焚き人（修道院内と村々の）・厩番・屋敷番（村々について）・番人・漁師等へのオブローク支払い、スルガーあるいはスルガー・モロドーイへのジャロバニエ授与（金銭あるいは村の授与）あるいはクリューチの授与（村の授与）、村の司祭への扶持料の授与（1548 年以降）が記載されている。

　なお、«Книга ключей и денежных оброков»では、1546 年〜1560 年の内、1559 年についてはクリューチの授与が欠けており、1558 年についてはクリューチの授与のみとなっている。が、クリューチについては、考察の対象から除外することもあり、ほぼ 12 年の動きを把握することができるものと思われる。

3 『16 世紀の所領経営帳簿集』

　これは、『1590〜1600 年の収穫・打穀帳簿集』（1976 年刊行）[29]、『1573〜95 年の貨幣オブローク帳簿集』（1978 年刊行）[30]、『16 世紀 70 年代から 80 年代の収支帳簿集』（1980 年刊行）[31]からなっている[32]。

　16 世紀の所領経営帳簿は、
1) 穀物の播種、収穫、打穀と干草の刈り入れの帳簿
2) 農民からの貨幣による支払いの徴収を記した帳簿
3) 収入・支出帳簿
4) 修道院の従者に対するオブローク（貨幣による手当て）の支払い

序章 ヨシフ・ヴォロコラムスキー修道院と史料群

という4つの基本的なグループに分類することができる[33]。

このような帳簿が一般的に修道院領で最も普及することになった要因としては、所領の広大さと分散性、副事業と副業の多さという大修道院の経済構造の特質と、経済あるいは管理部門に責任を負う人物の交替という管理の特質の中に求められている[34]。

今回刊行された当該修道院の『16世紀の所領経営帳簿集』は、現存する帳簿を上述の分類に基づいて編集し直したものであり、もともとこのような整理された形で存在していたものではない。

第1のグループに属する1976年刊行の収穫・打穀帳簿集(「帳簿1」と略記する)、第2、第4のグループに属する1978年刊行の貨幣オブローク帳簿集(「帳簿2」と略記する)についても、そして第3のグループに属する1980年刊行の収支帳簿集(「帳簿3」と略記する)についても、収録されている史料は、モスクワとサンクト・ペテルブルクの3つの文書館、すなわち、中央古文書保管局のヨシフ・ヴォロコラムスキー修道院フォンド(ЦГАДА、ф. И. В. М.と略記)、(旧ソ連邦史研究所レニングラード支局保管所)の手稿本コレクション115(ЛОИИ、колл. 115と略記)及びヨシフ・ヴォロコラムスキー修道院フォンド・ナンバー284(ЛОИИ、ф. 284と略記)とロシア文学研究所写本局(ИРЛИ、p.о.、p. IV、№ 3と略記)の中に存在しているものである。

刊行された帳簿集の中のどの部分が、これらの文書のどの部分から採られているのかを、帳簿1、帳簿2、帳簿3中のそれぞれの史料番号と古文書番号で示すと、

1) 帳簿3:№1、2、帳簿2:№30、1(ЛОИИ、ф. 284、№ 1)
2) 帳簿3:№5、帳簿2:№3、帳簿3:№6、帳簿2:№32(ЛОИИ、ф. 284、№ 2)
3) 帳簿3:№7、帳簿2:№4、帳簿3:№8、帳簿2:№33、5、6(ЛОИИ、ф. 284、№ 3)
4) 帳簿3:№10、帳簿2:№10、12、帳簿3:№.11、帳簿2:№ 34、11、13(ЛОИИ、ф.284、№ 4)
5) 帳簿2:№14、16、36、37、15(ЛОИИ、ф. 284、№ 5)
6) 帳簿3:№3、4、帳簿2:№31、2(ЛОИИ、колл. 115、№ 1028)
7) 帳簿2:№9(ЛОИИ、колл. 115、№ 1029)

序章　ヨシフ・ヴォロコラムスキー修道院と史料群

8)　帳簿2：№ 35（ЛОИИ、колл. 115、№ 1030）

9)　帳簿2：№ 19（ЛОИИ、колл. 115、№ 1031a）

10)　帳簿1：№ 7、10、11、8、9、帳簿2：№ 25、26、28、27、29（ЛОИИ、колл. 115、№ 1032）

11)　帳簿2：№ 40（ЛОИИ、колл. 115、№ 1033）

12)　帳簿3：№ 9、帳簿2：№ 7、8（ЦГАДА, ф. И. В. М., № 8）

13)　帳簿3：№ 39、23（ЦГАДА, ф. И. В. М., № 10）

14)　帳簿3：№ 21、22、24、20（ЦГАДА, ф. И. В. М., № 11）

15)　帳簿1：№ 2（ЦГАДА, ф. И. В. М., № 404）

16)　帳簿11：№ 5、6、3、4（ЦГАДА, ф. И. В. М., № 405）

17)　帳簿2：№ 18、38、17、帳簿1：№ 1（ИРЛИ, p.о., p. IV, № 3）

となっている。

　つまり、刊行された帳簿集では、同一の文書中にあるものでも、その内容に応じて分離され、前述の4つのグループのどれに属しているかによってグループ毎に分類され、同じようにして分類された帳簿群を、年代順に並べ替えているのである。その上、各かっこ内のナンバーに示された文書がすべて収載されているわけではなく、抜粋されたものでしかない。また、数量的な性格を持つ史料が圧倒的で、質的な事柄に関わるものは極めて少ない、という点も指摘されている[35]。

　また、第3のグループの刊行が1587年までのもので終わっており、これ以降1600年までのものについては1987年に刊行されているが、筆者未見であるため、修道院経済の具体的な動きを把握するためには不十分な点が残されていることを、あらかじめお断りしなければならない。

　が、これら4つのグループについて、それぞれの時系列的な状態を数量的に把握することであるとか、当該修道院のさまざまな経済活動の異なった側面を量的に明らかにすること等は可能であろう。と同時に、それらを関連づけることによって当該修道院の経済活動なり、経済規模なりの総合的な全体像を明らかにしていく上でも、また、農民の置かれていた状況を捉えていく上でも利用可能なものとなっている[36]。

　次に、オブローク受領者の分析の際に主要な史料となるこれらの経営帳簿集の中の帳簿2の№30～39中に記載されているオブローク支払時期及びカズナチェ

14

序章 ヨシフ・ヴォロコラムスキー修道院と史料群

ーイは、次の表 0-1 ようになっている。

表 0-1 史料中に記載されているオブローク支払時期及びカズナチェーイ一覧

史料番号	オブローク支払時期	カズナチェーイ казначей
№ 30	1573 年 10 月 1 日から 1574 年 4 月 30 日まで	ニキフォール・モーリン Никифор Морин
№ 31	1575 年 10 月 6 日から 1576 年 5 月 24 日まで	イェルマン=チョグロコフ Ерман Чоглоков
№ 32	1579 年 10 月 27 日から 1580 年 3 月 16 日まで	ベネディクト Венедихт
№ 33	1581 年 10 月 1 日から 1582 年 4 月 28 日まで	ニキフォール・モーリン
№ 34 *	1587 年 12 月 22 日から 1588 年 5 月 24 日まで	ニキフォール・モーリン
№ 35	1588 年 10 月 25 日から 1589 年 9 月 8 日まで	ニキフォール・モーリン
№ 36	1588 年 12 月 1 日から 1589 年 6 月 11 日まで	ニキフォール・モーリン
№ 37	1589 年 10 月 1 日から同年 11 月 20 日まで	ニキフォール・モーリン
№ 38	1589 年 12 月 11 日から 1590 年の 9 月 4 日以前	ニキフォール・モーリン
№ 39	1592 年 3 月 15 日から 1593 年まで	不明

〔備考〕*最初の 2 葉については下がもぎ取られているので、ほぼ 3 分の 1 しか保存されていない。前任のカズナチェーイはモイセイ Моисей である。
〔出所〕Вотчинные хозяйственные книги XVI в. Книги денежных сборов и выплат Иосифо-Волоколамского монастыря 1573-1595 гг. / Под ред. Манькова А. Г. М., Л., 1978.

本書では、この 10 の文書について、№ 30 の冒頭に、

> 7082 年 10 月 1 日（1573 年 10 月 1 日）に、カズナチェーイであるニキフォール・モーリンは、馬番、ジェーチ、屋敷番、炉炊き人、漁師達にオブロークを与え始めた[37]。

とあるように（№ 31、№ 32、№ 33、№ 35 の冒頭でも同様である）、旧露暦の新年の始まりである 9 月 1 日から 1 ヶ月後の 10 月 1 日、あるいはその直後にオブロークの支払いが開始され、№ 34 の冒頭に、

> カズナチェーイであるニキフォール・モーリンの支出帳簿。前任のカズナチェーイであるモイセイが与えなかった残りの人々に対して、12 月（破損）にオブロークが与えられた[38]。

とあるように（№ 36、№ 38、№ 39 も同様）、それ以外の期日から記載されている場合には、「残りの人々にオブローク」の支払いが行なわれていること、を原則として、次のような操作を行なった。

A № 35 については、冒頭では«7097-го октября с 1-го числа»（1588 年 10 月 1 日から）となっているものの、途中から«Лета 7096-го майя в 25 день（1588 年 5 月 25 日）となっていることから、後半部分については№ 34 と合体させ、それによって 1587 年 12 月 22 日から翌 1588 年 9 月までのオブローク支払い

15

序章 ヨシフ・ヴォロコラムスキー修道院と史料群

を反映したものと捉えることができること[39]、

B　№ 36 は、№ 35 の前半部分と合体することによって、1588 年 10 月から 1589 年 6 月までのオブローク支払いを反映したものと捉えることができる

C　№ 38 の冒頭では、«Лета 7098-го декабря месяца в 11 день»「1589 年 12 月 11 日」に残りのオブロートチクにニキフォール・モーリンの年のオブロークを支払い始めた、とされているが、途中で、«Лета 7099-го месяца сентября в 4 день»「1590 年 9 月 4 日」となっており、これ以降に記載されている人物と、№ 37 で記載されている人物の間では同一人物と比定される名前が相当数登場していることを考慮すると、№ 38 も前半部分と後半部分とを切り離して、前半部分を№ 37 と合体させ、1589 年 10 月から 1590 年の何月かまでのオブローク支払いを反映したものと捉え、後半部分は 10 月からオブローク支払いが開始されるという原則からは逸脱するが、1590 年 9 月以降に新たに開始されたオブローク支払いとして独立させる

D　№ 39 も冒頭では、«Лета 7100-го марта в 15 день»「1592 年 3 月 15 日」に残りのオブロートチクにオブロークを支払い始めた、とされているが、途中で、期日は記載されていないものの、«Книги Оброчный 101-го году. Почеты оброки довати всяким оброчным людем»「1592/93 年のオブローク帳簿。全オブローク受領者にオブロークが与え始められた」となっており、途中から新年度の支払いが開始されたことが分かるので、前半部分と後半部分とに分離する

　このような操作によって、結局、オブローク支払い帳簿によって網羅できる時期は、

（1）1573 年 10 月 1 日から 1574 年 4 月 30 日まで、

（2）1575 年 10 月 6 日から 1576 年 5 月 24 日まで、

（3）1579 年 10 月 27 日から 1580 年 3 月 16 日まで、

（4）1581 年 10 月 1 日から 1582 年 4 月 28 日まで、

（5）1587 年 12 月 22 日から 1588 年 9 月 8 日まで、

（6）1588 年 10 月 25 日から 1589 年 6 月 11 日まで、

（7）1589 年 10 月 11 日から 1590 年のある時期まで、

（8）1590 年 9 月 4 日からのある時期まで、

(9) 1592年3月15日からある時期まで、

(10) 1592年10月1日から翌1593年のある時期まで

の10の期間ということになる。しかも、1年間を通しての、オブローク支払いの全てを網羅したものではなく、日付の不明確なものも含まれている。とはいえ、当該修道院の雇用関係を探る上では、ある程度の事柄を把握することはできるであろう。

史料中の記載形式について、一言触れておくと、オブロークの支払いに当たっては、支払期日、オブローク受領者の名前、職種、オブロークの金額、またはそれに代わるものが記載され、ついで、担保あるいは保証人についての記載があり、保証人については、その名前、職種あるいは保証人との関係が記載されている。

例えば、«Тово ж дни дано в служню избу истобнику Ивашку Данилову сыну оброку 4 гривны. А порука по нем Михайло Вышегородов»[40]という記載があった場合、«Тово ж дни»が支払期日、«истобнику»が職種、«Ивашку Данилову сыну»がオブローク受領者、«4 гривны»がオブローク額、«Михайло Вышегородов»が保証人の名前である。が、オブロークの支払いに際して、全ての事項が漏れなく記載されているわけではなく、とりわけ支払期日の欠けている場合が多く見られる。

また、すでに触れたように、«Вотчинные хозяйственные книги XVI в. Приходные и расходные книги Иосифо-Волоколамского монастыря 70-80-х г.»の中にもオブロークの支払い関係の記事が含まれているので、それをも参考にしながら、検討を加えていきたい。

ただ、支払帳簿の記載では、担保に関する記述は欠けている場合が多い。また、木さじ製造職人ミハイル（アンドレイの息子）に対するオブロークの場合、オブローク支払帳簿では10月1日となっているが、支出帳簿では10月15日となっているように[41]、多くの場合は、オブローク帳に記載された日付と、支払帳に記載された日付とが異なっている[42]。

最後に、本書で第2の課題を検討するに当って分析の対象とする支出帳簿は、

① 7081（1573）年5月1日～7082（1574）年4月30日
② 7083（1575）年7月26日～7084（1576）年7月24日
③ 7087（1579）年4月7日～7088（1580）年3月29日
④ 7089（1581）年5月1日～7090（1582）年5月18日

序章 ヨシフ・ヴォロコラムスキー修道院と史料群

にわたるものである。従って、1570年代から1580年代初めの、時期的には継続しない約4ヶ年というごく限られた期間の状況を対象とすることになる。

なお、経済文書については、刊行される以前にシチェペトーフなどの分析が既にあり[43]、マニコーフも、修道院の帳簿類の史料的性格を述べる中で、概括的に触れている[44]。マニコーフは、これらの経済文書が、農民の従属形態と搾取の性格、またこれに関連して、修道院に対する農民の労働形式及び労働形態、農民層の手工業・副業等との結びつき、農民層の市場とのつながり等々を解明していく上での資料を提供するものであることを指摘している[45]。農民移転の問題に関連しても、ヨシフ・ヴォロコラムスキー修道院の収支帳は貴重な資料を提供するものである[46]。史料の性格上、経済的側面が中心となることは否めない。が、農民の存在形態を解明していく上でも欠かせないものである。

また、今回刊行された経済文書の価値については、コールィチェワも強調しており、とりわけ租税帳簿の評価が高い[47]。さらに、当該修道院の文書に基づく研究は数多い[48]。

4 土地台帳その他

近年、当該修道院の所領が存在するルザ郡に関わる1567－1569年の土地台帳が刊行され[49]、14〜16世紀後半のヴォロク・ラームスキーの土地所有に焦点を当てた研究書が刊行される[50]など、当該修道院に間接的に関わる史料の整備、研究の進展が見られる。

1956年に刊行された『封建的土地所有及び経済文書集』第2巻[51]は、ヨシフ・ヴォロコラムスキー修道院の文書437点をすでに収めており、その中には土地に基づく課税単位であるソハー数の確定を伴った土地目録である「ソーシノエ・ピシモー」も3点含まれている[52]。そのうち№347（1569年）が、修道院領を最も完全に網羅したものの一つである[53]。このソートノエ・ピシモーには戸の所有者名が記載されている点で重要であるばかりか、時期的にも、前述の2及び3の史料群の中間に位置していて、オブローク受領者の戸の所有、あるいは居住地を検討する上で、重要な手がかりを提供するものとなっている。

また、当該修道院の所領が分散所領であることから、個々の所領がどのような

序章 ヨシフ・ヴォロコラムスキー修道院と史料群

立地であるのか、を把握しておくことは、当該修道院の経済文書に記載されている人物の居住地が、当該修道院の立地する場所とどういう位置関係にあったのかを知る上で、不可欠の前提となる。また、居住地が当該修道院領に含まれているのか含まれていないのか、を把握しておくことは、個々の人物が、当該修道院領の領民であったのか否か、を区別するために不可欠のことであろう。

第3節 所領管理の方法

1 プリカース制とヴォロスチ

では、所領が分散していた状況の中で、当該修道院は、所領をどのように把握、管理していたのだろうか。分析に先だって、この点に触れておきたい。

当該修道院が当初どのような所領管理の方法を採用していたのかは不明であるが、1588年5月24日〜12月20日の時点では、アルセニー、チホン・ルジェフスキー、トリフォン・ビビコフ、ヴォルソノフィー・ルコヴニコフスキー、ニフォント、イグナーティー・ゴロヴニンという、修道士名によって所領を6つのプリカース[54]に分割しており[55]、1592年の時点でも、表0−2のように6つのプリカースが存在していた[56]。

このような分割による管理がいつから始まったものであるのかは不明であるが、私見の限りでは、収入帳簿の1575年7月28日付の記事[57]において見られるのが、最初のものである。そして、1592年までは所領を示すのに郡毎に列挙する場合が多く、管轄単位としてのプリカース制が確定していたとはいえない状況であったが、1592年以降は、プリカース単位による把握・管理の体制が制度として定着してきているように思われる[58]。

プリカース内部には、いくつかの村とそれに属する部落が存在しているが、プリカース内の村や部落は、同一の郡及びスタンないし「ヴォロスチ[59]」に属しているではなく、2ないし3つの郡に属する複数のスタンないし「ヴォロスチ」にまたがっている。

例えば、プリカースⅤの場合には、24〜32の9つの村とその村に属する部落が存在しているが、24〜29と31はルザ郡に、30はヴォロク郡に、32のイェヴレ

序章 ヨシフ・ヴォロコラムスキー修道院と史料群

表 0-2 1592年7月のヨシフ・ヴォロコラムスキー修道院のプリカース名とそれに付属する村

No.	プリカース名	No.		図0-1中の番号
I	ナントニー・アクロフ	1	トゥーロヴォ村	(トヴェーリ郡)
		2	ラメンカ村	⑦
		3	トゥルィズノヴォ村	⑦
		4	エリナルホヴォ村	②
		5	ボラシコヴォ村	(トヴェーリ郡)
			5村	
II	ヤコフ・ソコロフ	6	ネヴェロヴォ村	㉔
		7	ファウストヴァ・ゴラ村	㉒
		8	コジモジェミヤンスコエ村	㉓
		9	ルコヴニコヴォ村	㉔
			4村	
III	マカーリー・ルジェフスキー	10	クリヤノヴォ村	④
		11	ガヴリノ村	⑦
		12	スドゥニコヴォ村	⑯
		13	ズボヴォ村	④
		14	イヴァノフスコエ村	⑪
		15	スパスコエ村	⑪
		16	ラキティノ村	(ルザ郡)
		17	サヴァトヴォ村	⑪
			8村	
IV	ニフォント・ゴロドニー	18	ブイゴロド村	⑧
		19	ブィコヴォ村	⑤
		20	ノーヴォエ村	⑩
		21	イリイツィノ村	⑥
		22	オトチシチェヴォ村	⑤
		23	クリュコヴォ村（小村）	(ヴォロク郡)
			5村と1小村	
V	ヴァシアン・チェムキン	24	ウスペンスコエ村	⑩
		25	ラグチノ村（小村）	⑩
		26	ボロバノヴォ村	⑬
		27	シェスタコヴォ村	⑩
		28	ベルコヴォ村	⑩
		29	コンドラトヴォ村	⑩
		30	レストヴィツィノ村	⑤
		31	ヴォルシノ村	⑬
		32	イエヴレヴォ村	㉑
			8村と1小村	
VI	フェオドーシー	33	サヴェリィエヴォ村	⑰
		34	モレチキノ村	⑱
		35	ブジャロヴォ村	⑱（⑮に部落）
		36	マモシノ村	⑭
		37	ベーリ村	⑭
		38	アンギロヴォ村	⑲（後に別扱い）
		39	レトキノ村	⑯
		40	ゴルボヴォ村	⑳
			8村	
		41	オボブロヴォ村	(ウラジーミル郡)
		42	ヴェイナ村	(コゼリスク郡)
	合計		40村と2小村	

〔出所〕Вотчинные хозяйственные книги XVI в. Ужино-умолотные книги Иосифо-Волоколамского монастыря 1590-1600 гг. / Под ред. Манькова А. Г. М., Л., 1976. より作成。

ヴォ村はドミトロフ郡にある。従って、このプリカースは3つの郡にまたがって

序章　ヨシフ・ヴォロコラムスキー修道院と史料群

いる。そして、ルザ郡とはいっても、24，25 と 27〜29 は、ロクヌィシスキー・スタンに、26 と 31 はシェストリンスキー・スタンに属している。しかも、28 の場合には、部落はルザ郡に存在しているが、部落の属しているリトヴィノヴォ村はヴォロク郡に存在する部落をも含んでいる。

　しかしながら、個々のプリカースは、表 0-2 と図 0-1 からわかるように、地理的には比較的まとまった配置を示している。Ⅰはトヴェーリ郡とヴォロク郡周辺部であり、Ⅱはスタリツァ郡とズブツォフ郡という、修道院からはかなり離れたところに存在する所領をまとめたものであり、Ⅲはルザ郡とヴォロク郡にあって、修道院の西部近郊の所領をまとめており、ⅣはⅢと同様にルザ郡とヴォロク郡にあって、修道院の北部近郊をまとめ、ⅤはⅣと重なる部分もあるが、Ⅳよりは東側に遠くなる所領をまとめている。Ⅵは比較的広域にわたっており、Ⅴよりさらに東側の部分とⅤより南側の部分をまとめていると思われる。

　さらに、1599 年の史料に拠ると、1〜Ⅵの各プリカースは、それぞれ、トゥーロヴォの 5 つの村々、ザヴォリエのルコヴニコヴォの 4 つの村々、ザヴォロクのスパスコエの 8 つの村々、修道院近郊のオトチシチェヴォの 5 つの村々、ウスペンスコエの 9 つの村々、ブジャロヴォの村々、という形で、そのプリカース内で中心的と思われる村名を付した形容語を持っている[60]。これらの中で、Ⅳの「修道院近郊の」という表現は注目に値するように思われる。また、第 7 番目のプリカースとして、「コニューシー・スタレーツのプリカース」が現れる場合がある。このプリカースの草地は、Ⅳ及びⅤに存在している[61]。

　このプリカース制と並んで、当該修道院の管理方法に関して特徴的と思われるのは、このプリカースがいくつかのヴォロスチと呼ばれる区域から構成されている点である。1574 年から 1594 年の間に確認できるヴォロスチについてまとめてみると、表 0-2 中の 8、11、17、19、23、31、32、34、38〜42 を除いた 29 の村について、いずれも村名を冠したヴォロスチの存在が確認できる[62]。

　例えば、Ⅴのプリカース内のヴォロスチについてみると、
①ウスペンスカヤはウスペンスコエ村、ラグチノ村、ボロバノヴォ村とそれらの村に属する部落から
②シェスタコフスカヤはシェスタコヴォ村とそれに属する部落から
③ベルコフスカヤはベルコヴォ村とそれに属する村から

21

序章 ヨシフ・ヴォロコラムスキー修道院と史料群

④コンドラトフスカヤはコンドラトヴォ村とそれに属する部落から
⑤レストヴィツィンスカヤはレストヴィツィノ村、ヴォルシノ村とそれらに属する部落から

それぞれ成っていた。

　このように、ヴォロスチの基本的な構成要素は、村とそれに属する諸部落であるが、ウスペンスカヤ・ヴォロスチやレストヴィツィンスカヤ・ヴォロスチのように、複数の村とそれらに属する諸部落が一つのヴォロスチを構成するという場合もあった。しかも、ウスペンスカヤやベルコフスカヤのように、ヴォロスチを構成する村や部落が必ずしも同一のスタンに存在しているわけではない。

　注意しなければならないのは、このヴォロスチが、前述のプリカースと同様に、行政単位としての「ヴォロスチ」とは異なるものだという点である。そのため、16世紀の行政関係の文書中では、プリカース中のヴォロスチはヴォロスチと表現されることはなく、村とその諸部落という形でしか出てこない[63]。が、修道院の文書では明確に「〜・ヴォロスチ」という表し方がされている。「〜」に当たるのは、前述のように、村名の形容詞形である。そして、ヴォロスチという表現が使われている場合、村はそのまま「〜村」という形をとり、部落を示す時に「〜ヴォロスチの」という表現になっている。

　従って、まず村があり、それに付属する形で部落があって、それらの部落が「〜ヴォロスチ」に属していることを示していると考えられる。つまり、中心となる村があって、その村に属している諸部落の集合がヴォロスチと表現されているということになる[64]。

　このようなヴォロスチは、プリカース制に基づく管理のための単位が史料上に現れてくる前に存在していたようで、現在確認できる限りでは、1574年の史料に現れている[65]。しかも、それ以前に遡りえる可能性は高い。

　以上を踏まえた上で、次に、プリカースⅤを例として、プリカースにおける村と部落の地理的な位置、教会・庵室等の諸施設の存在、そして住居について、まだプリカース制が採用されていなかった時点のものではあるが、1569年7月20日付のソートノエ・ピシモー[66]によって、少し具体的に見てみたい。

　というのは、農村という場合、まず、生活の場、生産の場として捉え、そこでの農民の日常的営みに焦点を当てて考察していくことになると思われるが、その

序章 ヨシフ・ヴォロコラムスキー修道院と史料群

際、それを制約する枠としての、1つは自然的な環境であるとか、集落の在りかた、つまり定住形態なり、耕地形態なりと、もう1つの社会的な在り方＝関係－領主＝農民関係・農民間の関係等－とを（この2つの枠組みは、当然相互作用を及ぼす）、経営単位の問題、再生産単位の問題と関連させつつ、社会的関係の要素である政治的・行政的単位をも考慮に入れながら、検討しなければならない。その場合、単に文書史料に依るだけではなく、具体的な集落の配置、地理的・自然的条件等の把握を前提とした上で、検討が行われなければならない。

2 村と部落

まず、村と部落それぞれの地理的な位置について、川沿いへの立地という点に注目すると、この時点で、
① ウスペンスカヤ・ヴォロスチに存在する3つの村と18の部落のうち、ロクヌィシャ川畔にウスペンスコエ村と部落が1つ、コロビシカ川畔に部落が1つ、トロイカ川畔に部落が2つ、クリュコフカ川畔に部落が2つ、シェストラ川畔に部落が1つ（計8つの集落）、
② シェスタコフスカヤ・ヴォロスチに存在する1つの村と22の部落のうち、ロクヌィシャ河畔にシェスタコヴォ村と部落が6つ（計7つの集落）。
③ ベルコフスカヤ・ヴォロスチの場合には、村が2つと部落が32存在しながら、シェストラ川畔に部落が1つ位置しているにすぎず、しかも、この部落は、ヴォロク郡に存在するリトヴィノヴォ村の部落でありつつ、ベルコヴォ村に属する9つの部落の1つであった。
④ コンドラトフスカヤ・ヴォロスチについては、村が1つと部落が10存在し、タリナ川畔（トロヤーク川となっている場合もある）にコンドラトヴォ村が、トロイカ川畔に部落が1つ、シェストフカ川畔に部落が1つ、ロクヌィシャ川畔に部落が2つ、シェストラ川畔に部落が1つ立地（計6つの集落）。
⑤ レストヴィツィンスカヤ・ヴォロスチのうち、レストヴィツィノ村については不明であるが、ヴォルシノ村に属している8つの部落と荒蕪地の中で、3つの部落がシェストラ川畔に立地[67]。
という状況であった。

序章 ヨシフ・ヴォロコラムスキー修道院と史料群

　集落の立地が川沿いに限定されないことは当然であるが、同一のヴォロスチ内に同一の川に沿った集落が存在している場合、また、異なるヴォロスチに存在していても、同一の川に沿っているという場合（このことは、ヴォロスチという枠に止まらないが）、川が交通上大きな役割を果たしていたと考えることは自然であろう。

　しかし、交通路は、河川に限定されているわけではない。16世紀の段階では、既に分領公国時代に造られていた陸上での交通路を利用・整備することが一層推進されたものと思われる。1510年7月11日付のインムニテートを伴うユーリー・イワノヴィチ公のベルコヴォ村及びその諸部落の寄進状[68]の中にも、ドミトロフからヴォロクへの幹線道路が現れているが、主要な都市を結ぶ道路ばかりではなく、生活道路の存在にも目を向ける必要があるであろう。

　とはいえ、川沿いであることは、当時、河川が主要な交通路の一つであったことからも、水の確保・魚の獲得（漁業）という点からも、そして、家畜の飼料として必要な干草の刈り入れ場所である草地の存在する可能性を秘めているという点からも、大きな意味を持っていたであろう[69]。

3　集落内の諸施設

　次に、教会・庵室等の諸施設については、どのような状況だったのだろうか。ここでは、プリカースVに限定せず、1569年7月20日付のソートノエ・ピシモーに記載されている村をすべて取り上げてみよう。

　村に言及がある場合、最初に挙げられているのは教会である。教会が存在しているのは、ウスペンスコエ村、シェスタコヴォ村、コンドラトヴォ村、ベルコヴォ村、ポクロフスコエ村（所属プリカースは不明）、ニコリスコエ村（所属プリカースは不明）、ヴォルシノ村、スドゥニコヴォ村、スキルマノヴォ村、マモシノ村、ベーリ村、イヴァノフスコエ村、スパスコエ村の13ヶ村である[70]。このような教会の存在は、部落には教会がけっして存在していないことを考慮すると、社会的にも、景観的にも大きな意味を持っているといえるであろう。

　庵室は、ポクロフスコエ村に15と最も多く、次いで、ヴォルシノ村に8つ、スドゥニコヴォ村とイヴァノフスコエ村に6つずつ、ウスペンスコエ村、シェス

序章 ヨシフ・ヴォロコラムスキー修道院と史料群

タコヴォ村、スキルマノヴォ村、マモシノ村に5つずつ、ペルコウォ村とコンドラトヴォ村に4つずつ、ニコリスコエ村に2つ存在している[71]。ボロバノヴォ村、ノーヴォエ村、ログシノ村、ベーリ村、スパスコエ村には存在していない[72]。庵室には«нищие (старцы)»「貧しい者（貧しい修道士）」が居住し、「食事を受けている」という表現が見られる[73]。したがって、庵室は救貧施設的な役割を果たしていたものと思われる。そして、このような施設の存在も、教会の存在と並んで、村の社会的機能を考える上で、大きな意味を持っていると思われる。

なお、シェスタコヴォ村、コンドラトヴォ村、レストヴィツィノ村、ヴォルシノ村については、寄進された段階で既に教会が存在していたことが確認される[74]。つまり、分領諸公、後にはモスクワ大公、また、在地の中小領主等による寄進を中心に形成された修道院の所領は、既に、修道院領となる以前の段階で集落として、ある程度の発展を遂げていたのである。

このように、施設的に、そして、明示的に、村と部落の違いを示しているのは、教会と庵室の存在の有無である。それと関連して、農業関係についても、村と部落では「教会の耕地」、「教会の干草」、「教会の森」の、存在の有無という点で違いが出てくる。

住居については、村及び部落には、当然のことながら、「農民の戸」が存在していた。しかしながら、その戸数は、村だからといって、部落と比較して圧倒的に多いというわけではなかった。プリカースVに存在する5つのヴォロスチの中では、シェスタコヴォ村だけがヴォロスチの中で他の部落と比べて戸数、農民数とも多いが、残り3つのヴォロスチの中心的村では、戸数は、部落と比べて多いとは言えず、むしろ部落によっては、村内の戸数より多いという場合がある。したがって、戸数によって村と部落が区別されているわけでは必ずしもない、ということになる。

また、レストヴィツィノ村については不明であるが、それを除く他の中心的村には「修道院の戸」があった。これについては、ラグチノ村、ボロバノヴォ村、ヴォルシノ村にも存在しているし、スドゥニコヴォ部落[75]にも存在しており、教会や庵室の存在とは、少し意味が異なるように思われる。ただ、ラグチノ村とスドゥニコヴォ部落の場合には、「戸に修道院の下僕某が」という形式になっており、ウスペンスコエ村、シェスタコヴォ村、ペルコヴォ村、コンドラトヴォ村のよう

25

序章 ヨシフ・ヴォロコラムスキー修道院と史料群

に、はっきりと「修道院の戸」と表現されているわけではない。ただ、ボロバノヴォ村、ウォルシノ村の場合には、「修道院の戸」という表現になっている。

---

¹ *Дьяконов М.* Очерки из истории сельскаго населения в московском государстве (XVI-XVII вв.). С.-Петербург. 1898 (SLAVISTIC PRINTINGS AND REPRINTS 210. Ed. by C.H.VAN SCHOONEVELD. MOUTON, 1969), С. 295-321 ; *Тихомиров М. Н.* Монастырь-вотчинник XVI в.//Историчечкие записки. Т. 3. 148-152 ; *Греков Б. Д.* Очерки по истории хозяйства Новгородского Софийского Дома XVI−XVII вв. Избранные труды. Том III, С. 40-191. (以下 Очерки と略記) ; *его же,* Монастырские детеныши//Вопросы истории. № 5-6. 1945 ; *Щепетов К. Н.* Сельское хозяйство в вотчинах Иосифо-Волоколамского монастыря в конце 16 веке//Исторические записки. Кн. 18. 1947. С. 92-147.

² 以上については、*Греков Б. Д.,* Очерки, С. 40-191 参照。

³ *Дьяконовъ М.* Указ. соч.

⁴ *Тихомиров М. Н.* Указ. статья. С. 148-152. チホミーロフは、本書で主として利用する史料集中の文書にも言及し、利用もしているが、彼が主として利用しているのは、彼がヨシフ・ヴォロコラムスキー修道院の文書保管所で発見し、後に監修者の一人となって刊行した文書である (Книга ключей и долговая книга Иосифо-Волоколамского монастыря XVI века, Под редакцией *Тихомирова М. Н. и Зимина А. А.* М., Л., 1948). 本書では、この史料集を利用するにまでは至らず、今後の課題としたい。

⁵ *Греков Б. А..* Указ. Статья. С. 74-84.

⁶ *Щепетов К. Н.* Указ. статья. С. 99, 100, 103.

⁷ Вотчинные хозяйственные книги XVI в. Приходные и расходные книги Иосифо-Волоколамского монастыря 70-80-х гг.,/Под редакцией доктора исторических наук *Манькова А. Г.* М., Л., 1980. (以下 ВХКПРК と略記)

⁸ *Чунтулов В.Т., Кривцова Н.С., Чунтулов А.В., Тюшев В.А.* Экономическая история СССР. М., 1987. С.32-34.; *Хромов П. А.* Очерки экономики докапиталистической России. М., 1988. С.113-136.

⁹ *Бахрушин С. В.* Научные труды. Очерки по истории ремесла, торговли и городов русского централизованного государства XVI-начала XVII в. М., 1952. С.25-54.

¹⁰ *Хромов П.А.* Указ. соч. С. 143-144.

¹¹ 「余、全ロシアの大公ヴァシーリー・イヴァノヴィッチは、ヨシフ・ヴォロコラムスキー修道院長ダニールと修道士たちに、ダニールの後に誰が修道院長であろうと、次のことを認可した。修道院長ダニールと修道士たちが売却あるいは購入のために、商人あるいは修道士をノヴゴロド、デモン、ルザ、ベロオーゼロの市場に150台の荷馬車で冬季に、秋季には5艘の平底川船で派遣する時、あるいは秋に同じくそれら5艘の平底川船から150台の4輪荷馬車に荷を移し替える時、我々の、また代官及び郷司の通関税徴収官、及びすべての関税徴収官と漁労官は、これらの商人から秋季には平底川船及び4輪馬車から、冬季にはそり及び荷馬車から、そして商品から、通関税、関税及び他のいかなる税をも徴収してはならない。彼らの商人あるいは修道士が年に一度ルザを塩の購入のために訪れる時、かれらは塩を購入し、こもに入れるが、лубья は支払わない。これら荷馬車 150 台分の塩を冬季にはそりで、あるいは秋季には 5 艘の平底川船で輸送するとき、我々のルザ及びデモンの関税徴収官は、これらの塩から **пошлины ножовые 及び 黄金税 золотники を徴収しない**。

同じく、修道院長ダニールと修道士たちに、年に1度、秋季に、荷馬車150台分あるいは平底川船5艘分の塩をルザで購入し、ルザから運ぶこと、かれらのこの塩が修道院の消費後も残っていることを認可したし、さらに、彼らに、この塩をヴォロク、ルジェフ、ジェグニノで自由に売却することを認可した。我々の通関税徴収官と関税徴収官及びヴォロク、ルジェフ、ジェグニノの代官は、それらの塩から通関税及びいかなる関税をも徴収しない。また、これらの(塩の)代金で、修道院に必要なものを購入しようとも、そのことにより、通関税及びいかなる関税も、我々の通関税徴収官及び関税徴収官に与えることはない。しかし、これらの塩をヴ

オロク、ルジェフ、ジェグニノで売却し、修道院に必要というためにではなく購入し、購入したものを再び売却しようとするときには、我々の通関税徴収官及び関税徴収官は、商品を扱う人々から（徴収するの）と同様に、彼らの持つ商品から通関税及び関税を徴収する」。(Акты феодального землевладения и хозяйства. Часть вторая. М., 1956 （以下、АФЗиХ, Ч. 2 と略記）№ 82。)

[12] オブロークは、一方では領民から納入される収入を、他方では支払いを、と全く相反する内容を表わしていることに注意しなければならない。本書で対象とするのは、後者の場合である。

[13] グレーコフも、2種類の労働力について言及している（*Греков Б. Д.* Очерки, С. 57）。ここでグレーコフは、いずれのグループも、ソフィア大聖堂のために労働を提供している点では同じであり、違いは年給を受取っているか否かにある、と理解している。

[14] «В том 90-м году казначей Никифор давал денежное жалованье, оброки, ...» (Вотчинные хозяйственные книги 16 в. Книги денежных сборов и выплат Иосифо-Волоколамского монастыря 1573-1595 гг./Под редакцией доктора исторических наук *Манькова А. Г.* М., Л., 1978. (以下 ВХККДСВ と略記), С. 224)、あるいは «Дано годового жалованья Кузьме Креницыну 2 рубля денег.» (Там же, С. 282) 等。

[15] Там же, С. 215, 237, 238, 244, 248, 256, 261, 277, 281.

[16] Там же, С. 224.

[17] «наем»、«наняти»、«наймит»、«наимовати»についてはВХКПРК, С. 30, 32, 33, 35-39, 43, 44, 51, 57, 74, 77, 81, 125, 126, 128, 129, 131, 206, 207, 210, 213, 215, 216, 259 で、«могорец»についてはТам же, С. 31, 32, 58 で、それぞれ使われている。

[18] Там же. С. 32, 36-39, 57, 81 и др.

[19] 貸付の場合には、次のような形式が取られている。

«Того ж дни дано Меншику Ортемьеву сыну, туровскому ключнику, рубль денег. А дати ему крестьяном взаймы и взяти на крестьян кабалы.»「同日、アルチェムの息子で、トゥーロヴォ村のクリューチニクであるメンシクに1ループリが渡されたが、彼はこのお金を農民達に貸付け、農民達に対してカバラーを取らなければならない」(Там же, С. 25)。

[20] «Тово ж месяца в 5 день дано в Ангилове детенышю Ортюшке Левонтееву сыну оброку 10 алтын. А как отживет год, ино ему дать 15 алтын. И всего ему дать найму по-30 алтын.» (Там же, С. 69-70)

[21] «Заплачено за Гришу за рыболовля по кабале за оброк рубль денег. Да ему ж дано за бедность 10 алтын.» (ВХККДСВ, С. 276)。

[22] Книга ключей и Долговая книга Волоколамского монастыря XVI века. / Под ред. М. Н. Тихомирова и А. А. Зимина. М., Л., 1948 及び ВХККДСВ.

[23] ВХКПРК.

[24] 1978年刊行の史料集については、オブローク収入とともに、オブロークの支出に関する記載も収められている。したがって、支出に関する帳簿は、分類すると、2通りあり、1つは当該修道院の日常的支出に関するものであり、もう1つはオブロークの支払いを中心とするものということになる。本書で検討の対象となるのは、後者の意味で使用されているオブロークの、その支払い対象となっている人々に関するものである。

[25] 俗名はイヴァン・サーニンで、1439/40年に生まれ、1515年に没している。ヨシフ・ヴォロコラムスキー修道院の創設者であり、修道院長であった。著述家でもあり、『啓蒙思想家』などを著し、多くの書簡を残している。また、ノヴゴロド及びモスクワの異端、清廉派との論争において、ヨシフ派の中心人物として、重要な役割を果たした。彼の政治理論については、栗生沢猛夫「ヨシフ・ヴォロツキー（1439/40-1515）の政治理論（Ⅰ）」（『スラヴ研究』第16号、1972年）；同「ヨシフ・ヴォロツキー（1439/40-1515）の政治理論（Ⅱ）」（『スラヴ研究』第17号、1973年）を参照されたい。

[26] 「ウエースト уезд」は、通常ここで訳出したように、郡と訳されているが、日本語の感覚及び歴史的経緯からすると、我が国における古代中世の「国」に近いものであり、我が国における郡から思い浮かぶものとは異なっているように思われる。我が国における郡との違いを示

序章　ヨシフ・ヴォロコラムスキー修道院と史料群

す意味で、括弧付きの郡を用いることにしたいところであるが、煩雑であることを避けるため、本書では、そのまま郡としておきたい。ただ、あくまでも歴史的形成物であり、その地域のモスクワ国家への併合・編入の時期によっても、その形成の経緯は異なってくる。が、ここに挙げられている 11 の郡のうち、少なくともルザ、ヴォロコラムスク、ドミトロフについては、その範囲がかつての分領公国の領域にほぼ近いものとなっている (*Готье Ю. В.* Замосковный край в XVI веке. Опыт исследования по истории экономического быта Московской Руси. Второе просмотренное издание. М., 1937, С. 374, 375, 379, 399)。

[27] *Зимин А. А.* Крупная феодальная вотчина и социально-политическая борьба в России (конец XV-XVI в.), М., 1977; *Тихомиров М. Н.* Указ. статья, С. 130-160 を参照されたい。

[28] そういう意味で、本書の図 0-1 も一つの目安としての役割を果たすにすぎない。16 世紀後半においても所領が流動的であったことにかわりはなく、固定的には捉えられない。

[29] Вотчинные хозяйственные книги XVI в. Ужино-умолотные книги Иосифо-Волоколамского монастыря 1590-1600гг. Под редакцией доктора исторических наук *Манькова А. Г.* М.-Л., 1976.（以下、ВХКУУК と略記）。

[30] ВХККДСВ.

[31] ВХКПРК

[32] なお、当該修道院の 16 世紀 90 年代の収支帳については、1987 年に刊行されたが (Вотчиные хозяйственные книги XVI в. Приходные и росходные книги Иосифо-Волоколамского монастыря 1580-1590-х гг./ Под редакцией *Манькова А. Г.* М., Л., 1987. 1. – 168 с. 169 – 280 с.)、残念ながら、未見である。

[33] ВХКУУК, С.2.

[34] *Маньков А. Г.* Хозяйственные книги монастырских вотчин XVI века как источник по истории крестьян// Проблемы источниковедения, Сб. 4, М., 1955. С. 288。

[35] ただ、帳簿 2 に限っても、帳簿中に数値だけが列挙されているわけではなく、質的な情報も含まれているし、帳簿 2: № 9、19、 27、 29 のように、質的な内容のものもあることは事実である。

[36] これら修道院の帳簿が与えてくれる研究上の意義については、帳簿 1、帳簿 2 及び帳簿 3 の序文及び *Колычева Е. И.* Податное обложение в центральных уездах России.// Россия на путях централизации. М., 1982. С. 107-115; *Маньков А. Г.* Указ.статья. С. 287-306 を参照されたい。
1980 年に刊行された史料集中の支払関係の帳簿では、当該修道院に関わる支出項目をほぼ時系列に沿って、各地に散在する所領からの覚書をも挿入しながら、したがって、実際の支払期日と支払関係の帳簿に記載された期日とが異なる場合も伴いつつ、何に、いくら支出されたのか、購入あるいは支払いの担当者は誰なのか、等々が記載されている。

[37] «Лета 7082-го месяца октября в 1 день почел давати казначей Никифор Морин оброки конюхом и детем, и дворником, и истобником, и рыболовом.»(ВХККДСВ, С. 190)

[38] «Книги расзходные казначея старца Никифора Морина, давал оброк достольным людем, которым не давал прежней казначей старец Моисей 96-го декабря...»(Там же, С. 235)

[39] 史料集の刊行者は、№ 35 の後半部分にある「97-го сентября в 1 день」の箇所について、この帳簿は「Лета 7097-го октября 25 день」で始められているのだから、「98-го сентября в 1 день」でなければならないとしている (Там же, С. 248)。しかし、後半部分は「Лета 7096-го майя в 25 день」で始まっているのだから、ちょうど年がかわる 9 月 1 日にこのような表記がなされたとしても、それは当然なのではないだろうか。

[40] ВХККДСВ, С. 191。

[41] Там же, С. 190、ВХКПРК, С, 44。

[42] これは、修道院側がオブロークとなる金銭をオブロートチクに渡すべき人物に与えた時期と、実際にオブロートチクが金銭を受け取った時期とのタイムラグを示すものとも考えられる。あるいは、2 つの帳簿の記載者が異なっていることによるものとも考えられる。

[43] *Щепетов К. Н.* Указ. статья。

[44] ВХКУК С.; *Маньков А.Г.* Указ. статья。

[45] *Маньков А.Г.* Указ. статья。

⁴⁶ 石戸谷重郎「1550年法典第88条と16世紀後半ロシアの農民移転」『奈良教育大学紀要』第26巻第1号、1977年。
⁴⁷ *Колычева Е. И.* Указ.статья. С. 108〜114.
⁴⁸ すでに言及したもののほか、*Победимова Г. А.* К вопросу о ставильности сельского вотчины в XVI в.// Вопросы экономики и классовых отношений в Русском государстве XII-XVIII вв. М.. Л., 1960. С. 172-190.などを挙げることができる。
⁴⁹ Рузский уезд по писцовой книге 1567-1569 годов / Составители *С. Н. Кистерев*, *Л. А. Тимошина*. М., 1997(далее: РУПК).
⁵⁰ *Чернов С. З.* Волок Ламский в XIV – первой половине XVI в. Структуры землевладения и формирование военно-служилой корпорации. М., 1998.
⁵¹ АФЗиХ. Ч. 2.
⁵² Там же, №178, 179, 198, 347. なお、ソーシノエ・ピシモーもその一つである土地記載文書については、石戸谷重郎「16世紀ロシアの土地記載文書」『奈良教育大学紀要』第27巻第1号、1978年; *Абрамович Г. В.* Об изучении писцовых книг XV-XVI вв// Советская историография аграрной истории СССР (до 1917). Кишинев, 1978. С. 251-253; *Анпилогов Г. Н.* К изучению переписных материалов студентами-историками (Некоторые методические замечания и наблюдения)// Весеник Московского университета. 1975. № 4. С. 61-76; *Киселев Е. А.* О приемах исследования некоторых приправочных книг второй половины XVI века// Вестник Московского университета. 1976, № 2. С. 61-77; *Колычева Е. И.* Вытное письмо и феодальная рента в дворцовых хозяйствах XVI в.// Проблемы социально-экономической истории феодальной России. М., 1984, С. 261-270; *Милов Л. В.* Методологические проблемы источниковедения писцовых книг(О концепции С. Б. Веселовского)// История СССР. 1978, №2, С. 127-142; *Павлов-Сильванский В. Б.* К историографии источниковедения писцовых книг («Приправочные книги»)// История СССР, 1976, № 5. С.99-118.を参照されたい。
⁵³ *Чернов С. З.* Указ. соч.. С.24.
⁵⁴ プリカースという名称は、国制レヴェルの行政組織としても16世紀に現れている（さしあたり、*Ерошкин Н. П.* История государственных учреждений дореволюционной России. Издание третье, переработаное и дополненное. М., 1983; *Зимин А. А.* О сложении приказной системы на Руси.// Доклады и сообщения института истории. Вып. 3, М., 1954, С. 164-176; *Каштанов С. М.* К проблеме местного управления в России в первой половине XVI в.// История СССР, 1960, № 6. С. 134-148 を参照されたい）。当該修道院でのプリカース制導入が、国制レヴェルのものとどう関連しているのかは、不明である。なお、16世紀前半の地方行政制度については、吉田俊則「ロシアにおける中央集権化と地方社会—いわゆるグバー制度の導入過程をめぐって—」『スラヴ研究』第32号、1985年; 同「中央集権化ロシアの地方制度」『ロシア史研究』43号、1986年を参照されたい。
⁵⁵ ВХККДСВ, № 13.
⁵⁶ Там же, № 21. シチェペトーフは、1591年までは5つのプリカースに分割されていたが、1592年にそのうちの1つがさらに分割されて6つのプリカースとなった、つまり、プリカースⅠとⅡはもともと1つのプリカースであったと捉えている（*Щепетов К. Н.* Указ. статья. С. 114）が、ここで触れたように、1588年の時点ですでに6つのプリカースが存在している。これ以前にいくつのプリカースに分割されていたのかは、不明である。なお、今後本書においてプリカース、村落に触れる場合には、この表0-1の番号を使用する。
⁵⁷ «Тово ж месяца в 28 день положил казначей старец Ерман Чоглоков в казну 4 рубль земляных денег, што давал в Бужарове и в Мамошине, во всех селех *своево приказу* давал землю в наем»(ВХКПРК, С. 85-86).
⁵⁸ ただ、必ずしもこうではなく、郡毎の列挙は、1592年以降も見受けられる。これは、対象となっている税が何か、対国家であるのか、対修道院であるのかによって、決定されていたようである。
⁵⁹ この「ヴォロスチ」は、後述するように、行政単位としての「ヴォロスチ」である。通常「郷」と訳されているが、日本語的感覚の郷とは、内容が異なるように思われる。むしろ、日

序章 ヨシフ・ヴォロコラムスキー修道院と史料群

本語では郡に当たるのではないだろうか。本書では、そういう意味で、行政単位を示す場合には、括弧付きで使用することにしたい。

なお、スタンと「ヴォロスチ」の歴史的関連についても、ゴチエが詳しく述べている（*Готье Ю. В.* Указ. соч. С. 93～103）。確かに、スタンよりも「ヴォロスチ」が先行するであろうが、「ヴォロスチ」という表現が使われていても、内容的に同一であるのかどうかが明確ではなく、行政単位なのか、自然的単位であるのかも曖昧であるようであり、もう少し詳しく検討してみる必要があるように思われる。

[60] ВХКУК, № 13.
[61] Там же, № 3, 4. プリカースⅣとⅤは、内部にそれぞれルザ郡とヴォロク郡のシェストリンスキー・スタンに存在する村落を含んでいるが、この両スタンは、いずれもその名称がシェストラ川に由来し、隣り合っているだけではなく（*Готье Ю. В.* Указ. соч., С. 357, 400）、かつては一つのまとまりを持っていたのではないだろうか。その上、いずれも当該修道院に近い。
[62] ВХКУК; ВХККДСВ; ВХКПРК.
[63] ただ、1571/72 年の支払帳簿から抜粋したと思われる 1584 年頃の文書中（АФЗиХ, Ч. 2, № 376）に、「ベルコフスカヤ・ヴォロスチのペニヤ部落」という表現がみられる。この抜粋部分は、1584 年頃に、1571/72 年に行われた調査より後の所領の様子を記した部分であり、修道院の手になるものと思われる。

この文書については、石戸谷重郎氏が検討を加えており、ベルコフスカヤ・ヴォロスチという表現が出ている部分を「現地で住民に事情を聴取したときの聞取り（検地帳そのものではない）」とされている（石戸谷重郎（1978）、80 ページ）。
[64] ここに古代ロシア語の«волость»と教会スラヴ語の«власть»との関連から推測される、ヴォロスチ＝権力が及ぶ範囲、勢力圏という意味での「村の領域」的意味合いが出ているように思われる。
[65] «Тово же месяца (января) в 4 день взято *Туровские волости* на крестьянине з деревни из деревни из Окулова на Борисе полтина за избу.» (ВХКПРК, С. 16)

修道院領だけの事例から一般化することは危険であるが、私的領主の所領においても、村（複数の村の場合も含むン）とそれに属する諸部落から成る一定の地域が、ヴォロスチ、あるいは別の名称の可能性もあるが、何らかの名称で呼ばれる一つの単位を形作っていた、と推測することができる。
[66] АФЗиХ, Ч. 2. № 347.
[67] ここでは、「川畔」と訳したが、使用されている言葉は«речка»であり、小川である。
[68] АФЗиХ, Ч. 1, М., 1951. № 47.
[69] その他、川沿いには製粉のために必要な製粉所が設置されていた。当時は水車による製粉であり、川はどうしても必要であった。当該修道院の場合、修道院近郊に、ニジナ、ヴェルヒナ、フォデエフスカヤという 3 つの製粉所を持っていたが、いずれもシェストラ川畔にあったと推測されている（*Горская Н. А.* Обработка зерна и зернопродуктов в центральности Русского государства во второй половине XVI–начале XVII в.// Материалы по истории сельского хозяйства и крестьянства СССР. Сб. 6, М., 1965, С. 40）。
[70] АФЗиХ, Ч. 2. № 347.
[71] Там же.
[72] ボロバノヴォ村とノーヴォエ村は、ポクロフスコエ村と一体として扱われているので、ポクロフスコエ村に多数の庵室が集中していると思われる。また、ブジャロヴォ村（Там же, № 148, 294）、サヴェリイェヴォ村（Там же, № 294）、ファウストヴァ・ゴラ村（Там же, № .434）、アンギロヴォ村とベリヤミノヴォ村（Там же, № 435）については、庵室の記載はない。これは、文書の性格にもよるが、庵室の有無をこれだけで判断することはできない。
[73] Там же。ウスペンスコエ村の場合を例に挙げると、«пять келей, а в них живут нищие, питаютца от церкви божии.»という記述になっている。その他の村についても、ほぼ同様である。
[74] Там же, № 119, 251, 296, 297.
[75] プリカースⅢのスドニコヴォ村とは別の集落である。

第 1 章 オブローク受領者の職種と雇用条件

第 1 章 オブローク受領者の職種と雇用条件

第 1 節 オブローク受領者の職種

1　16 世紀半ばの職種

　16 世紀半ばには、修道院がオブロークを与えるに際して、次のような表現が見られる。
①カズナチェーイのフィロフェーイは、大工たちとジェーチたちにオブロークを与えた[1]。
②カズナチェーイのヨシフは、大工たち、ジェーチたち、炉焚き人たちにオブロークを与えた[2]。
③カズナチェーイのイリヤは、大工たち、ジェーチたち、馬係たち、ドヴォールニクたち、炉焚き人たちにオブロークを与えた[3]。
　つまり、一括して、代表的な職種名を挙げる場合である。が、それに続いて、「ジェーチたちに」、「大工たちと桶屋たちに」、「馬係たちに」、「スルガー・モロドーイたちに」、「町の番人たちに」、「炉焚き人たちに」、「錫杖製造職人たちに」、「ろくろ師たちに」、「森番たちに」、「テーブルクロス織り工に」、「家畜の世話人たちに」、「ドゥヴォールニクたちと炉焚き人たちに」、「十字架製造職人たちに」、「裁縫師たちに」、「靴工たちに」、「鍛冶工たちに」、「ストッキング製造工たちに」、「火掻き棒製造職人たちに」、「漁師たちに」と、個別的な職種が示されている。
　このような形で示されている職種は、次のようなものである。
（1）手工業関係[4]
①大工 плотник、②車大工 колесник、③桶屋 бочарник、④製粉用臼製造職人 мельник[5]、⑤鍛冶工 кузнец , кузнечные дети[6]、⑥火掻き棒製造人 кочережник、⑥靴工 сапожник, сапожной мастер、⑦ろくろ師 токарь、⑧裁縫師 портник, портной мастер、⑨ストッキング製造工 чюлочник、⑩テーブルクロス織工 скатерник、⑪クニージニク книжник, книжный мастер[7]
（2）漁業

第1章 オブローク受領者の職種と雇用条件
①漁師 рыболов
（3）牧畜関係
①牧者 воловик
（4）サーヴィス業
①馬係 конюх、②炉焚き人 истобник、③屋敷番 дворник、④各種の番人 сторож、
⑤ジェーチ дети

　これらの職種の後に人名が列挙されることになるが、職種名の後に名前を挙げられてはいても、次の事例
①錫杖製造職人たちに：アンドレイカ（コナンの息子）に、鞍師のクジマに、フォマに、パニカ・パレノイに。かれらに 0.5 p. ずつ[8]。
②大工たちに：(以下人名が続く)、桶屋のシーリャイに、(中略)かれら全員に 0.5 p. ずつ[9]。
③この年、錫杖製造職人たちに与えた。アンドレイに 0.5 p.、ろくろ師のミーチャに 0.5 p.、クジェムカに 4 r.、テーブルクロス織工ボリスに 10 a.[10]。
④火掻き棒製造職人たちに：コナンの子供たち（アンドレイカとマーカル）に、コスチャ・スピロフの息子クジマに；ろくろ師のミーチャに；クニージニクのグリーシャに；ろくろ師のクジェムカに、鞍師のクジマに[11]；かれら全員に 0.5 p. ずつ[12]。
⑤大工たちと桶屋たちに：シーリャイに；(中略)；車大工のイグナートに；(中略)；鞍師のクジマに；(中略)。かれら 10 人に 0.5 p. ずつ[13]。

のように、人名の前後に付けられている職種名が、その前に包括する形で挙げられている職種名と異なる場合がある。このような記載形式は、この時期の帳簿の特徴といえるが、その場合、人名に付けられている職種名は、オブローク受領者自身の職業を指していると思われる。したがって、包括的な形で挙げられている職種が、修道院の必要とする労働を指していると解釈できるであろう[14]。

　このような理解のもとに、16世紀半ばについて、年次別に、職種毎にオブロークを受領している者のおおよその人数をまとめたものが表 I-1 である。
　この表及びオブローク受領者の配置場所から分ることは、
①炉焚き人・屋敷番・番人については、修道院内・修道院領の村々において、必ず毎年雇用されていること

第 1 章 オブローク受領者の職種と雇用条件

表 I-1 オブローク受領者数の推移（1547 年～1559 年度）

	1547 年	1548 年	1549 年	1550 年	1551 年	1552 年	1553 年	1554 年	1555 年	1556 年	1557 年	1559 年
大工	12	21	12	12	12	12	13	15	14	10	13	16
桶屋	8	3	8	3	2	1	1	1	1	2		
鍋杖製造職人		1	1	1				3	3	1		1
製粉用臼製造職人	3	4	3	4	6	3	3	3	4	2	3	3
鍛冶工①	4	5	3	4	4	4	4	4	4	4	4	3
火箸き棒製造職人							3	3				2
靴工		5	6	7	6	6	8	8	5	6	7	6
ろくろ師	1	1			1		1			2	2	
十字架製造職人		2	3	4	4	4	4	2	3	4	4	2
裁縫師	11	14	14	16	15	14	17	13	15	13	17	13
ストッキング製造工	1	1	1	1	1	1	1	1	1	1		1
テーブルクロス織工		2	2	2	2	2	2	2	2	2	2	2
クニェージニク	1	1	1	1					1	1		
漁師				3	3	2	12	5	1	4	3	3
馬係	15	14	20	14	19	18	19	21	16	10	12	15
牧者							2	2	2	2		
炉焚き人	38	72	39	50	47	41	41	41	37	8	47	49
尾敷番	27	27	26	34	32	30	32	32	27	6	32	36
番人	7	6	11	9	13	11	9	11	11	14	16	12
ジューチ	59	55	50	56	54	29	57	60	47	44	48	54
合計	187	234	199	221	219	178	230	227	199	140	214	224

〔備考〕鍛冶工①は кузнец を、鍛冶工②は кузнечные дети を、それぞれ指している。
〔出所〕Книга ключей и Доловая книга Волоколамского монастыря XVI века. Под ред. Тихомирова М. Н. и Зимина А. А. М., Л., 1948. より作成。

第1章 オブローク受領者の職種と雇用条件
②ジェーチの雇用数が他の職種と比較して、圧倒的に多いこと
③手工業者については、火掻き棒製造人の雇用が一定していないこと、桶屋の雇用が大工とセットになっているためその数を正確に掴めないことを除くと、総数としては少ないものの、必ず雇用されていること
④漁師については、1547〜1549年、1551年に欠けているものの、それ以外の年には雇用されており、とりわけ1553年には異常に多くの漁師が雇用されていること
⑤牧者については、1553年以降、1557年を除いて2人ずつ雇用されていること
⑥馬係については、年によって人数は異なるものの、10〜21人の範囲で毎年雇用されていること
の諸点であろう。

2 16世紀後半の職種

16世紀後半に登場するオブローク受領者の職種を分類すると、
（1）手工業関係
①大工 плотник、②石工 каменщик、③桶屋 бочарник、④車大工 колесник、⑤木さじ製造職人 ложечник、⑥製粉用臼製造職人 мельник、⑦鍛冶工 кузнец、⑧槌工 молотовшик、⑨火掻き棒製造人 кочережник、⑩靴工 сапожник, сапожной мастер、⑪製革工 кожевник、⑫鞍師 седельник、⑬ろくろ師 токарь、⑭裁縫師 портник, портной мастер, портной швец、⑮ストッキング製造工 чюлочник、⑯テーブルクロス織工 скатерник
（2）農業関係
①野菜栽培者 огородной、②草刈り用地摘取り人 островщик
（3）漁業
①漁師 рыболов
（4）牧畜関係
①馬係 конюх、②牧者（家畜の世話人）воловик、③牧人 пастух（пастух животинной）
（5）サーヴィス業[15]
①炉焚き人 истобник、②屋敷番 дворник、③各種の番人 сторож、④ジェーチ дети、

34

⑤ジェチョーヌィシ детеныш, детенок，⑥料理人 повар，⑦射手 стрелец

　このように、16世紀半ばには雇用されていたクニージニク、十字架製造職人など、当該修道院の宗教的業務と関わっていたと思われる職種が消えているのとは対照的に、16世紀半ばには見られなかったか、あるいは職業としては存在していても当該修道院の雇用の対象とはなっていなかった木匙製造職人、槌工、石工、製革工、鞍師、牧人、料理人、射手などの職種が登場している。新たな職種として目立つのは、手工業業関係である。が、他方で、鍛冶工に分類したクズネーチヌィ・ジェーチという表現は消えており、これが特定の職業を意味していたと捉える根拠も失われることになるように思われる[16]。また、射手については、当時のロシアの対外戦争、軍制と関わるものであり、労働力ではなく、修道士に代わって、軍隊に派遣されたものと思われる。

　農業関係の野菜栽培者と草刈り用地摘み取り人については、前者は1573年12月に2人、後者も1573年11月と1574年1月に1名ずつ記載されているだけであり、一時的なものでしかないため、除外すべきであろう。また、ジェーチという表現は、1581年10月15日付と1588年5月25日付のものしかなく、この時期、これに代わってジェチョーヌィシが一般的な表現となっている。が、これに関連して、注意しなければならないのは、次のような表現である。

① «Тово ж месяца давоны оброки в селех в Леонидове в приказе детем, каторые по селом пашни похали: в Успенском дано детенку Гаврилку Тимофееву пол-30 алтын; в Ворсина детенку Третьяку пол-30 алтын; да в Ворсина ж Треньке лученину пол-30 алтын; на Белкова взял приказщик Игнатей на два детеныша пол-2 рубли: в Успенскоя дано детенку Бориску полтина; в Болобонова дано детенку Осташю полтина. И въсего семи человеком дано 4 рубли 25 алтын.»[17]

② «Того ж дни дано детям ноугородцам Истоме Ондрееву сыну оброку рубль да сыну его Третьячку дано пол-30 алтын. Да ноугородцу ж детенку Луке Демидову сыну дано оброку рубль. Да детенку Ондрюше Овдееву дано 30 алтын без гривны. Итого им дано пол 4 рубли 10 денег, а на всех чатырех на них деньги взял дворецкой Сергей.»[18]

③ «В Ангилове ж дано оброку детем Трешке Екимову 10 алтын с полугривною, порука по нем Василей Фомин; да Савке Иванову 10 алтын с полугривною, порука

第1章 オブローク受領者の職種と雇用条件

表1-2 オブローク受領者数の推移 (1573~1592年度)

	1573年	1575年	1579年	1581年	1587年	1588年	1589年	1590年	1591年	1592年
製革工	6	4	2	2		2	2			
鞍工	1	1	1	4	5	5	5			
靴師	1	1		1		1	2			2
鍛冶工	2	1	1	2		3	3	3		1
錺工										
大掘き棒製造職人	1	1	1	1	1	1	1	1		1
木挽製造職人										
ろくろ師	1	1	2	2		2	2	2	2	2
大工	6	6	4	4		3	4	4	4	5
車大工			1	1		2	1	1		
桶屋	2		2	2		1	1	2	2	1
建職亜剤作人										
石工										1
イコン制作者	1	2	1	3		1	2	2	2	
ストッキング製造工	1	1		1		1	1	1	1	1
テーブルクロス織工								2		2
炭焼師	5	5	6	10	5	7	8			
製粉従事者	1	1	1	1		2	3	3	3	2
日雇い製粉菜者	1									
ジェチョーヌイ・チューノク	52	40	38	54	20	64	79	42	27	42
野菜栽培者	2									
草刈り地の撚み取り人	2						1			1
家畜の世話人	1			1	4	3	4	4	4	
牧人	15	14	13	15	3	12	12	12	5	14
漁師	5	5	4	3		4	4	9	4	
屋敷番	29	5	8	4	26	24	31		18	12
炉焚き人	32	6	13	12	13	20	25		15	20
番人	4	4	2	6	1	5	6	2	2	7
カザーク	1		1							
行軍付料理人						1				
料理人	4		2	4	1	3	5	5	1	4
Тележной повар	3	6		2		1	1			1
使用人	4								2	
家内使用人	1			2	6					
召使い	1		1							
下男							1	1		
堂務者	3	2	1	1	1		1			
下級堂務者									1	
射手	7	6	4	2		3	3	1		1
不明	5	2	2	2		2	3	3	1	
合計	198	109	119	140	87	178	211	84	78	121

(出所) Вотчинные хозяйственные книги XVI в. Книги денежных оброков и выплат Иосифо-Волоколамского монастыря 1573-1595 гг. Под ред. *Маньков А. Г.* М., Л., 1978. № 30-39. より作成。

第 1 章 オブローク受領者の職種と雇用条件

по нем Иван Данилов; Лукашю Власову 10 алтын, порука по нем Василей Фомин да Тимофей Иванов; Проньку Исаеву 10 алтын с полугривною, порука Мотфей ж да Иван Данилов.»[19]

④ «Да савельевским детям дано оброку: Гаврилку 10 алтын да Данилку 10 алтын жа. Порука по них печятчик Захар да дворник Первуша.»[20]

⑤ «Майя в 27 день дано в подмонастырные села, на Буйгород, в Ыльицыно, в Очищево, в Новая село, старцу Ворсунофью Луковниковскому 13 человеком детенышам да 4-мя пастухом оброку 6 рублев с четью.»[21]

⑥ «Да туровским жа трем детенышам дано оброку по две гривны.»[22]

①は支出帳簿中の 1581 年 6 月 7 日付の記事、②は 1581 年 10 月 1 日付のオブローク支払帳簿中の記事、③と④は 1588 年 5 月 25 日付のオブローク支払帳簿中の記事、⑤と⑥は 1588 年 5 月 27 日付のオブローク支払帳簿中の記事である。①～④ではジェーチがジェチョーヌィシあるいはジェチョーノクの複数形の形で使われており、⑤と⑥ではジェチョーヌィシの複数は別の形で表されている。ジェーチという固有の範疇のオブローク受領者が存在するのではなく、ジェーチという表現は、より包括的な範疇であったと思われる。そして、より狭い意味では、ジェチョーヌィシあるいはジェチョーノクをもともと表すものであったと考えられる。16 世紀後半には、それがより明確な形で帳簿の中にも現れてきたのではないだろうか。

クズネーチヌィ・ジェーチという表現がなくなったことと併せて、なぜ名称がなくなったのか、変化したのか、役割に変化はなかったのか、という問題も発生するが、その点は、次節で検討することとして、次に、職種毎の雇用人数の変遷を見てみたい。序章で触れた時期区分に沿って、雇用数の変遷をまとめたものが表 I-2 である。

オブローク支払帳簿が完全なものではないため全てが網羅されているわけでもなく、記載期間の不統一もあるので、年次[23]によってばらつきが大きいが、各年次を通して必ず登場しているのがジェチョーヌィシと馬係、1 年だけ欠けているのが炉焚き人と番人、2 年欠けているのが屋敷番、鍛冶工、製粉業従事者、大工、裁縫師、ろくろ師、ストッキング製造工である。кузнец と молотовщик の仕事内容が同一であること、同一人物が кузнец とも молоновщик とも呼ばれていること

第1章 オブローク受領者の職種と雇用条件

を考慮すると、鍛冶工については、欠けている年は1年だけということになる。炉焚き人と屋敷番については、個別具体的に名前が記載されてはいないものの、村々の炉焚き人と屋敷番にオブロークとして支払うため、修道士に金銭が渡されている事例があり[24]、表中に加算することのできなかった炉焚き人と屋敷番の存在が推測される[25]。

　表Ⅰ-2からほぼ年間の趨勢を捉えることができるのは、前述の時期区分に従うと、1573年、1588年、1589年で、1587〜1592年は、不十分ながら、連続している。各年次で圧倒的な部分を占めているのはジェチョーヌィシで、次いで炉焚き人と屋敷番である。恒常的に雇用されているのは農業関係ではジェチョーヌィシ、牧畜関係では家畜の世話人と馬係、手工業関係では火掻き棒製造職人、鍛冶工、裁縫師、靴工、鞍師、テーブルクロス織工、ろくろ師、ストッキング製造工、また、大工を加えることができる。また、漁業の漁師、そして、サーヴィス業の屋敷番、炉焚き人、番人である[26]。

　職種としては、前述のように、手工業関係が多いものの、その人数は1〜7人と、多くはない。圧倒的に多いのは、屋敷番、ジェチョーヌィシ、炉焚き人、馬係で、中でもジェチョーヌィシの比率が最も高い。屋敷番と炉焚き人についてはほぼ同数で、後述するように、修道院領内の村の数にほぼ等しく、プリカース単位に、中心となる村を基地として、各村にオブロークが配分されていたと思われる[27]。馬係については、ほぼ12人前後となっている[28]。

　牧人は、1581年以降にしか現れておらず、牧人が雇用されているのは当該修道院の近郊の村々と呼ばれているノーヴォエ村・オトチシチェヴォ村・ブイゴロド村・イリイツィノ村の4ヶ村だけである。製粉業従事者は、複数の人物が記載されている年もあるが、1人だけの場合が多い[29]。

3　小括

　16世紀40年代後半から50年代にかけての時期と同世紀70年代から90年代にかけての時期の、オブローク受領者の職種あるいは名称を比べてみると、次の3点を指摘することができる。

　第1に、16世紀半ばにはジェーチという名称が一般的であったが、後半にはジ

第1章 オブローク受領者の職種と雇用条件

ェチョーヌィシという名称が一般的となっている。ジェーチ、ジェチョーヌィシあるいはジェチョーノクは、いずれも職能が不明確な名称で、特にジェーチについては、オブローク受領者一般を指すこともあった。そして、ジェチョーヌィシもジェチョーノクも、ともにジェーチに由来する言葉であり、特定の職能を有する人物がジェチョーヌィシあるいはジェチョーノクという名称を冠されることはなかった点を考慮すると、ジェーチのより狭い意味を継承したものと考えられる。

第2に、①クニージニク、②錫杖製造職人、③十字架製造職人、④酒蔵係補助人、⑤クズネーチヌィエ・ジェーチあるいはクズネーチヌィエ・カザークという職種あるいは名称は、16世紀半ばには存在していたが、16世紀後半にはなくなっている。ここにに挙げた職種は、⑤のクズネーチヌィエ・ジェーチを除くと、いずれも修道院の宗教活動と密接に結びついているか、あるいは修道士の業務を補助する役割を担っているものである。

第3に、①製革工、②鞍師、③桶屋、④車大工、⑤木匙製造職人、⑥金槌製造職人、⑦石工、⑧牧夫、⑨料理人、⑩堂務者、⑪射手という職種は、16世紀半ばにはなく、16世紀後半になって登場している。ここに挙げた職種のうち、木工関係の③桶屋、④車大工、⑤木匙製造職人のうち、③桶屋と④車大工は、オブローク受領者の職業としては記載がみられたものの、オブローク受領者を必要とする職種として修道院側が挙げていたものではなかった。すなわち、すでに職業として存在していたものの、修道院が必要とする職種ではなかったものである。16世紀後半になって、必要とする職種となったことをどう理解すればよいかが問われることになる。⑤木匙製造職人は、16世紀の80年代末になって登場した新しい職種である。

次に、第3の①製革工と②鞍師は、いずれも皮革業に関わるものであり、①製革工の担う仕事は、この中でも基礎的な工程である。従来も、靴工という製品化工程を担う職種を抱えていたのであるから、材料の入手が不可欠であったと思われるが、これについては、後述するように、修道院側から与えられたものの中に含まれていない。靴工が、自ら調達していたのであろうか。⑥金槌製造職人は、鍛冶工業と関係しており、同一人物が、時期は異なるが、両方の職種名を冠されている場合がある[30]。

⑦石工は建築関係であり、従来もこの業務に関わるものは存在したと思われる

39

第1章 オブローク受領者の職種と雇用条件

が、職業として明確に専門化した結果であると理解できるかどうか問題が残る。
⑧牧夫は、同一の業務に携わると思われる家畜の世話人（牧者）воловикがすでに16世紀半ばから、そしてこの時期にも存在していることを考慮すると、これもまた、専門化を意味するものと理解してよいのだろうか。

⑨料理人については、修道院で生活する人々にとって、最も基本的な要素の一つである食に関わるサーヴィスについても、外部の労働力に依拠するようになったことを示唆するものと思われる。

第2節　雇用者側の対価

オブローク受領者に支給されていたオブローク額は、どれくらいだったのだろうか。

1　16世紀半ばのオブローク額

オブローク額がもっとも高い職種は十字架製造職で、20 а.＝120 д.から 30 а.＝180 д.が一般的である。

手工業については、
① 大工・桶屋・錫杖製造職人・火掻き棒製造職人・靴工・ろくろ師・鍛冶工・裁縫師・ストッキング製造工では 1/2 р.＝100 д.が一般的で、
② クズネーチヌィエ・ジェーチでは 4 г.＝80 д.、
③ テーブルクロス織工とクニージニクでは 10 а.＝60 д.が一般的となっている。

牧畜関係については、家畜の世話係では 10 а.＝60 д.が、馬係では 4 г.＝80 д.が、それぞれ一般的である。

漁師では 1/2 р.＝100 д.が一般的となっている。

サーヴィス関係では、
① 屋敷番では 10 а.＝60 д.が一般的
② 番人は 10 а.＝60 д.と 1/4 р.＝50 д.が一般的
③ 炉焚き人では 2 г.＝40 д.が一般的
となっている。

第1章 オブローク受領者の職種と雇用条件

ジェーチの場合は多様で、4 г.＝80 д.から、12.5 а.＝75 д.、12 а.＝72 д.、11.5 а.＝69 д.、11 а.＝66 д.、10.5 а.＝63 д.、10 а.＝60 д.と、格差が付けられており、他の職種とは異なったものとなっている。

このように、
① 手工業関係者と漁師のオブローク額が相対的に高いものとなっていること
② ジェーチのオブローク額の多様であること
等が職種によるオブローク額の違いに見られる特徴と言える。ジェーチのオブローク額の多様性は、ジェーチという名称によって括られている労働内容の多様性を反映しており、ジェーチの一般性、包括性と関わっているように思われる。

そして、同一人物が継続してオブロークを受領している事例に注目してみると、一定の上限はあるが、年を追う毎にオブローク額が増加されている場合がいくつか見受けられる。例えば、イヴァンの息子ヴァシーリーの場合、1547年10月1日、1550年10月1日、1551年10月1日に、それぞれ5 а.＝30 д.、11.5 а.＝69 д.、4 г.＝80 д.と、オブローク額が増加している[31]。彼が継続して雇用されていたとすると、1年間隔で、平均11～13 д.ずつオブローク額が増加している計算となる。また、ジェーチの場合も、多くはそのような形でオブローク額が増加しており、経験年数による違いを示している。

2　16世紀後半のオブローク額

この時期についても、オブロークの額は、職種によって異なっていただけではなく、同一職種でも一定ではなく、年によって異なっていた。そこで、1年に満たない短期間や特定の時期に支給されるオブロークと追加のオブロークを除いて、各職種のオブローク受領額を見てみると、
（1）　当該期間を通して変化がないと思われるのは、
① 靴工の1 p.
② 鞍師の40 а.
③ テーブルクロス織工の20 а.[32]
④ 馬係の1 p.[33]
⑤ カザクの1 p.[34]

第１章　オブローク受領者の職種と雇用条件

⑥　火掻き棒製造職人の場合、ほぼ40ａ．[35]

（２）　年を追って増額されている場合

①　木さじ製造職人の場合、1588年には30ａ．であったが、翌年以降は１ｐ．に増額されている[36]。

②　製粉業従事者の場合も、オブローク額は一定していないが、同一人物で見た場合[37]、１ｐ．、30ａ．から１ｐ．に、１ｐ．から40ａ．に、と増額の傾向が見られる[38]。

③　裁縫師の場合も、製粉業従事者の場合と同様で、同一人物について見た場合、１ｐ．に固定されている人物もいるが[39]、0.5ｐ．から30ａ．に、さらに１ｐ．に[40]、また、20ａ．から１ｐ．に[41]、そして、0.5ｐ．から20ａ．に、さらに20ａ．から20ａ．１ｒ．へ[42]、また、１ｐ．から40ａ．へ、さらに40ａ．から1.5ｐ．へ[43]と、それぞれ年を追って増額されている事例が見られる。

④　ろくろ師の場合も、ろくろ師としてオブローク額が同一というわけではなく、25ａ．から30ａ．へと増額していたり[44]、40ａ．で一定していたりする[45]。

⑤　漁師の場合も、人によって異なり、30ａ．ないし１ｐ．で、年を追って30ａ．から１ｐ．に増額されるという方法が採られていたようである[46]。

⑥　大工の場合は、一般的には１ｐ．あるいは40ａ．であったが、やはり、年を追って増額するという方法が採られていたように思われる[47]。

⑦　ストッキング製造工についても、年を追って増額という傾向が見られるが、最高額は40ａ．である[48]。

⑧　製革工についても、一定の額ではなく、１ｐ．あるいは２ｐ．に固定されていることもあるが[49]、年期を積むことによってオブローク額も増額されていったと思われる[50]。

⑨　鍛冶工の場合は、10ａ．から２ｐ．までかなり幅があり、しかも個人差があったが、やはり年を追って増額されている事例が存在する[51]。

（３）　特定できない場合として、

①　番人の場合は、５ａ．から２ｐ．の幅があり、一定額というわけではなかった。個人的に見た場合にも、固定されている人物も、変動している人物も存在するという状況であった[52]。

②　炉焚き人については、10ａ．が一般的であるが、２ｒ．、４ｒ．、0.5ｐ．、20ａ．、25ａ．とさまざまで、しかも、規則的に増額されているというわけでもなかった。

第1章 オブローク受領者の職種と雇用条件

③ 屋敷番については、4 r .と 0.5 p .が一般的であり、時に 20 a ., 25 a .となっている。
④ 最も人数の多いジェチョーヌィシの場合は、当初 1 p .が一般的であったが、1588 年から 0.5 p .あるいは 20 a .に減額され、1592 年に再び 25 a .あるいは 30 a .に増額されたたようである。年を追って、増額されていくという傾向も見受けられる[53]。

このように、オブロークの額は、最低 20 a .から最高 2 p .まで多様であった。しかも、同一の職種であっても、同じ金額というわけでもなかった。そして、手工業のような熟練を要する職種については、テーブルクロス織工を除いて、比較的高額のオブロークが支給されていたように思われる。逆に、炉焚き人や屋敷番の場合には、オブロークの支給額も低いものであった。

それでは、オブローク受領者は、オブロークだけを得ていたのだろうか。次に検討するのはこの点である。

3 オブローク以外の支給物

オブロークとは別に、現物あるいは金銭が支給されている事例として、16 世紀半ばについては、
① 裁縫師に対して、1548〜1551 年、1557 年、1559 年に、針用として 1 人 3 д .ずつが与えられている[54]。
② ストッキング製造工アーセイとグリーシャに対して、1556 年・1557 年 10 月 6 日・1559 年 12 月 25 日に、弦用に総計 2 a .が与えられている[55]。
③ 靴工アンティプに対して、1555 年 10 月 7 日に、毎年ライ麦と燕麦が 3 オスミナずつ与えられている[56]。
④ トヴェーリの屋敷番パーニャ（グリージャの息子）に対して、1549 年 10 月 1 日に、丸太用に 4 д .が与えられている[57]。
⑤ クニージニクのヤコフに対して、オブローク 10 a .の他に、1547 年 10 月 1 日・1548 年 10 月 1 日に、ライ麦と燕麦が 6 チェチずつ、1549 年 10 月 1 日と 1551 年に、ライ麦と燕麦が 6 桶ずつ与えられている[58]。
⑥ トヴェーリの屋敷番に対して、1547 年 10 月 1 日に、オブロークとして 1 r .

43

第1章 オブローク受領者の職種と雇用条件

表 I-3　オブローク以外の支給物

	1573.10.1~1574.4.30米		1575.10.16~1576.5.24米		1579.10.27~1580.3.16米		1581.10.1~1582.5.9米		1587.12.22~1588.9.8米		1588.10.25~1589.6.11米		1589.10.11~1590米		1590.9.4~米		1592~米	
	職種	件数	職種	件数	職種	件数	職種	件数	職種	件数	職種	件数	職種	件数	職種	件数	職種	件数
手数用金銭	馬係	1	大工	6	馬係	1	大工	4										
	大工		ヴィチョーズィク	34	大工	2	ヴィチョーズィク	33							ヴィチョーズィク	32	ヴィチョーズィク	2
					ヴィチョーズィク	32	南大工	1										
					南大工	1	カヅク	2										
					商屋	2		1										
					鍛師	1												
					不明	1												
計用金銭・貸用金銭	鞍趾師	5	鞍趾師	5	鞍趾師	6	鞍趾師	10	鞍趾師	4	鞍趾師	7						
	ストッキング		桃工	4	桃工	4	桃工	4	桃工	5	ストッキング						
	製造工	1	ストッキング		ストッキング		下張器具	1	ストッキング		製造工	2	ストッキング	2	ストッキング		
			製造工	1	製造工	3			製造工	2			製造工		製造工	1	
長靴											戸境き人	2	封筒業従事者	1			
													ろくろ師	2			
シューバ													ヴィチョーズィク	1			
帳証用金銭													製歯業者	1			
長靴と手袋															射的平使作者	1	

(出所) Вотчинные хозяйственные книги XVI в. Книги денежных оброков и выплат Иосифо-Волоколамского монастыря 1573-1595 гг. Под ред. Маньков а А. Г. М., Л., 1978. № 30-39. より作成。

注) 金額については、
※、鞍趾師の一人が針用に1ジューニガを支給されている以外は、全て17アルトィンを支給されている。
※、手袋用については10ジューニガを、他は17アルトィンを支給されている。
※、手袋用について、大工の2人に2アルトィンを、他の大工2人に10ジューニガを、針用・弦用については17アルトィンを支給されている。
※、全て17アルトィンを支給されている。

第１章 オブローク受領者の職種と雇用条件

の他に、上着 кожара が与えられている[59]。

　その他、宗教関係として除外した職種についても、

⑦ 十字架製造職人ダニールに対して、1552年12月6日に、ライ麦及び燕麦4チェーチずつを、その半分を秋に、残り半分を6月29日に与え、さらに、えんどう・麻・打穀した穀類・燕麦粉を半オスミナずつと塩1プードを与えている[60]。

⑧ 錫杖製造職人として雇用されたろくろ師ミーチャ（コスチャの息子）に対して、1547年10月1日に、オブロークの他に、桶1杯のライ麦と燕麦が与えられた（1548年と1549年も同様）[61]

を挙げることができる。これらの事例の内、その職種に関わる全員に与えられているのは、①の裁縫師に対する針用の金銭と、②のストッキング製造工に対する弦用の金銭のみで、あとは個別的に与えられたものとなっている。

　16世紀後半についても、オブローク受領者の中には、修道院からオブローク以外のものを、金銭あるいは現物で、別途に支給される場合があった。これを年代順にまとめたものが表Ⅰ－3である。

　同表に示されているように、別途に支給されていたものは、手袋・針・弦・靴底用の金銭、または長靴・シューバ（毛皮外套）・手袋などの現物である。職種によって支給されるものが決まっていたようで、労働上必要なものを補充するという位置づけであったと思われる。例えば、

① ストッキング製造工には、弦用の1 а.が確実に保障され、
② 裁縫師についても1589年度までは針用の1 а.あるいは4 д.が保障されていた。
③ 靴工については、1579年度と、1587年度から1589年度にかけては、針用の1 а.が部分的に保障されていた。
④ ジェチョーヌィシについては手袋用の金銭が支給されているが、全員に確実に支給されているというわけでもなく、毎年ということでもない。
⑤ 大工については、1581年度までしか、しかも部分的にのみ、手袋用の金銭が支給されているに過ぎなかった。
⑥ 表中の他の職種については、恒常的な支給といえるものではない。

　オブローク以外の支給については、上述のもの以外に、食糧が与えられている場合が見られる。

第1章 オブローク受領者の職種と雇用条件

① 1573年12月22日に、鍛冶工アレクセイ（グレゴリーの息子）に対して、2チェトヴェルチずつの燕麦とライ麦が与えられている[62]。

② テーブルクロス織工イヴァン・グビンに対して、1573年12月24日と1575年12月28日に、いずれも6チェトヴェルチずつの燕麦とライ麦が与えられている[63]。

③ 1592年に、鍛冶工ボグダン、大工モイセイ、同セメン・クチンに対して、それぞれ2チェトヴェルチずつの燕麦とライ麦が与えられている[64]。

④ 1581年には、裁縫師のボリス（グレゴリーの息子）とルカ（ボリスの息子）について、前者に対しては、オブローク20а.の他に、3.5ヶ月分の住居費2ｒ.と針用の1а.が、後者に対しても、オブローク30а.の他に、2ヶ月分の住居費1ｒ.と針用の1а.が与えられており[65]、住居費の支給もあり得たのである。

このようなオブローク以外の物品の支給について最も典型な形を示しているのが、1593年4月1日（年度でいえば1592年度）に修道師ミサイル・ベズニンとブジャロヴォ村の漁師との間で結ばれた取決めである[66]。その内容は次のようなものである。

① ブジャロヴォ村の漁師ヤコフとその息子及び妻の3人に、1人当たり月1オスミナのライ麦（年間総高18チェトヴェルチ）、1人当たり年間1チェトヴェルチずつの燕麦、1プードずつの塩、肉の塊、1チェトヴェルチずつのえんどうを与えること

② 漁師であるヤコフと息子に対しては、毎年のオブロークとして1ｐ.ずつを大斎の時に与えること

③ 長靴、手袋、皮革、袖当てをヤコフと息子に与えること

④ 穀物については、目録に則って、セメンの日（10月1日）から与え、長靴、手袋、皮革、袖当てについては、年間のオブロークと共に、大斎の時に与えること

⑤ 漁師トミーラに、年間25а.のオブローク、4チェトヴェルチずつのライ麦と燕麦、1チェトヴェルチの大麦、長靴、手袋、皮革、袖当てを与えるが、その時期は漁師ヤコフと同時にであること

⑥ 漁師トミーラには、半プードの塩も与えること

ここに見られるように、ブジャロヴォ村の漁師も、穀物をはじめとする食糧、

第 1 章 オブローク受領者の職種と雇用条件

長靴・手袋・皮革・袖当て等を支給されていた。しかも、この場合には、年間を通してであり、生活保障とも考えられる。しかし、これが全てのオブローク受領者に当てはまるかというと、それについては疑問が残る。だが、一部ではあれ、食糧や住居費が与えられていることも事実である。

さらに、夏期用の手当が支給されている場合を、オブローク支払帳簿の中でも、また支出帳簿の中でも、次のように、確認することができる[67]。

① 1581 年 5 月 13 日に、イリイツィノ村でジェチョーノクであるイヴァンと彼の仲間 3 人（計 4 人）に対して、夏期用に 1 人 160 д.ずつ、総額 3 p.2 r.が与えられた。彼らの保証人なったのは、イリイツィノ村のペチャートチクのイヴァン・ベケトである。

② 同月 15 日には、ノーヴォエ村で、3 人のジェチョーノク、つまりアンドレイ、ドミトリー、イヴァンに対して、夏期の賃金として 1 人 160 д.ずつ、総額で 2 p.4 r.が与えられた。

③ また、同月 21 日は、オトチシチェヴォ村で、4 人のジェチョーノク、つまりマトヴェイ（イヴァンの息子）、ヤコフ、イヴァン（ザーハルの息子）、スチェパン（アレクセイの息子）に対して、夏期の賃金として 1 人 160 д.ずつ、総額で 22 p.4 r.が与えられた。

④ 同月 26 日にも、ブイゴロド村で、4 人のジェチョーノク、つまりイヤキム（ピョートルの息子）、イヴァン（ドミトリーの息子）、セミョーン・ボゴロチェツ、コルニール（フョードルの息子）に対して、同様のことが行われている。

⑤ 同月 28 日には、ノーヴォエ村の牧人イヴァンに対して、夏期用の牧養費用として 20 a.が与えられた。

⑥ 同年 6 月 23 日には、イリイツィノ村の管理人ウシャークが牧人アンドレイ宛の牧養費用 20 a.を受け取っている。

⑦ 同月 29 日には、アンギロヴォ村で、3 人のジェチョーノク、つまりジェメフ、ミーシカ・ブラガ、オナシカに対して、1 人 0.5 p.ずつ、総額で 1.5 p.が与えられたが、彼らにはこれ以前にカズナチェーイのグーレイが 10 a.ずつ与えていた。

⑧ 同年 7 月 9 日にも、トゥルィズノヴォ村で、ジェチョーノクのイヴァンに夏期用の賃金 30 a.1 д.が与えられている。

第 1 章 オブローク受領者の職種と雇用条件

⑨ 同月、オトチシチェヴォ村で、牧人ボグダン（マトヴェイの息子）に対して、夏期用の牧養費用 20 a .が与えられた。

⑩ 同年 8 月 9 日にも、トゥーロヴォ村で、2 人のジェチョーノクに対して、夏期用の賃金として 1.5 p .4 a .が、そして、牧人にも 8.5 a .が与えられた。

⑪ 同月 26 日にも、サヴェルィエヴォ村で、2 人のジェチョーノクに対して、夏期用の賃金として 1 人 30 a .1 д .ずつ、総額で 1.5 p .1 г .が与えられた。

⑫ さらに、ブイゴロド村でも、牧人シドルコ（ヴァシーリーの息子）に対して、夏期用の牧養費用 25 a .が与えられた[68]。

⑬ 1581 年 10 月に、マモシノ村で、ジェチョーノクのクジマに、夏期用の 30 a .1 г .が与えられた[69]。

⑭ 1589 年 5 月 9 日に、オトチシチェヴォ村のジェチョーヌィシ 4 人、つまりイヴァン（ボクシェイの息子）、イヴァン（ドミトリーの息子）、イヴァン（ザーハルの息子）、デニス（マクシムの息子）に対して、夏期用のオブロークとして 12 a .ずつが、また、同村で牧人トゥロフィムに夏期用のオブロークとして 8 a .が、それぞれ与えられた。いずれの場合も、保証人を立てている[70]。

これらの事例から判断すると、夏期の手当についても、賃金という言葉とオブロークという言葉が使用されていることが分かる。また、これらの表現を伴わない場合もある。が、いずれにせよ、夏期手当の支給対象となっているのは、ジェチョーヌィシと牧人だけである。これは、労働の集中する時期に対応した特別手当という性格を持つものなのだろうか。

4 小括

16 世紀半ばと後半のオブローク額を比較すると、後半になるほど全体的に高くなっている。

また、オブローク受領者の一部は、オブローク以外にも当該修道院から何らかのものが支給されることが期待できたのである[71]。

オブローク以外の支給物について、16 世紀の半ばと後半とを比較すると、後半の方がより一般化しているという点で、後期になるほどそれまで与えられていたオブローク以外の支給物が減少してくる、というシェペトーフの主張[72]とは相反

第 1 章 オブローク受領者の職種と雇用条件

するものとなっている。

第 3 節 オブロークの支払い時期と雇用期間

では、オブロークはいつ支払われたのか。また、オブローク受領者はどれくらいの期間、拘束を受けることになったのだろうか。無制限であったのか、それとも、期間が限定されていたか。

通常、オブロークは年に 1 度与えられており、オブローク受領者の労働力提供の期間は 1 年間であったと考えられることは、すでに述べた通りであるが、具体的事例に基づきながら、検討を加えてみよう。

1　16 世紀半ば

«Книга ключей и денежных оброков» 中にオブロークを支払った日を示す表現とその回数を見てみると、

① 「大斎 1 週間前の肉食期に」«в Великой Мясоед за неделю да заговен» (1 回) [73]

② 6 月 12 日 (1 回) [74]

③ 「ペトロの日 (6 月 29 日) 前の斎を終えて」«уговев Петрова поста неделю» (1 回) [75]

④ 7 月 1 日 (1 回) [76]

⑤ 「至聖生神女庇護祭に」«на Покров святей богородицы» あるいは 10 月 1 日 (11 回) [77]

⑥ 「至聖生神女庇護祭の 10 月 1 日に」«октебря 1 на Покров святии богородицы» (1 回) [78]

⑦ 「至聖生神女庇護祭の 11 月 1 日に」«ноября первы на Покров святей богородицы» (1 回) [79]

⑧ 10 月 6 日 (2 回) [80]

⑨ 10 月 7 日 (1 回) [81]

⑩ 10 月 9 日 (1 回) [82]

49

第1章 オブローク受領者の職種と雇用条件

⑪ 「聖神父奇跡者ニコライの記念日に」«на память святого чюдотворца Николы» (6回)[83]

⑫ 「聖神父奇跡者ニコライの記念日から」«с Николина дни» (1回)[84]

⑬ 「キリスト降誕祭に」«на Рождество Христово»あるいは12月25日 (2回)[85]

となっている。

　このように、支払日については、10月1日が圧倒的に多く、10月上旬を含めると、ほとんどがこの頃に集中している。次いで、12月6日が多い。したがって、支払日は、この2ヵ月余りの間であったと考えられる[86]。

　では、オブロークは、労働の結果として支払われたものであったのか、あるいは、労働力提供以前にあらかじめ支払われたものであったのか。この点の判断は難しい。ただ、史料中に、「昨年分」との表現が行われている事例があり、しかもこれが例外的な表現となっているので、通常は前渡しであったと考えられる。

　また、後述するように、通常、オブローク受領者は、修道院に対して保証人を立てるかあるいは戸を担保としているが、オブローク受領者が、労働力の提供を放棄する、例えば逃亡した場合に、どのような措置が取られたのかという点も、オブローク授受の時期を判断するための材料を提供するものと思われる。

　オブローク受領者の逃亡については、この時期の唯一の事例として、1559/60年のものがある。これは、漁師メレフが逃亡したため、カズナチェーイのイサーク・ザイツォフが、メレフの保証人アンドレイに対してオブローク 0.5 p.を取立てた事例である[87]。メレフは、1550年12月6日付の受領から6回登場しており[88]、1559年10月1日には、保証人をアンドレイとして 0.5 p.が与えられている[89]。逃亡はこれ以後のことであり、保証人、取立てられた金額とも、符合している。この事例は、オブロークの授受が労働力の提供以前に行われていたことを示唆している

　さらに、オブローク授受の時期を検討する材料としては、途中で雇用されたり、中断があって、働いた期間が記載され、その期間に応じたオブロークが与えられたりしている場合が考えられる。このようなものとして、次のような事例がある。

①ジェーチのイヴァン・プルとイストマ（クジマの息子）の場合、カズナチェーイのセラピオンが、1551年のペトロの日（6月29日）前の斎週を終えて、ジェーチにオブロークを与えた際、10月1日までの分として、それぞれ 4 a.が与え

第 1 章 オブローク受領者の職種と雇用条件

られている[90]。

②メドヴェージャ（カルプの息子）の場合、1548 年 10 月 1 日に、10 月 1 日までの分として 4 а .2 д .が与えられている[91]。

③マクシムカ（イヴァンの息子）の場合、1548 年 10 月 1 日に、10 月 1 日までの分として 1 r .が与えられている[92]。

④ペトルーシカ（フェドトの息子）の場合、1548 年 10 月 1 日に、10 月 1 日までの分として 3 а .が与えられている[93]。

⑤クズネーチヌィエ・ジェーチのイヴァン・ネーモイ（グリージャの息子）の場合、1548 年 12 月 6 日に、12 月 6 日までの分として 2 r .与えられたが、これは、ジェニスとの交代によって渡されたものである[94]。

⑥モスクワの炉焚き人イヴァンコ（イグナートの息子）の場合、1549 年 4 月 16 日に、復活祭までの 4 週間モスクワに居住したので、6 а .が支払われた[95]。

⑦ジェーチのイヴァン（ネフェドの息子）の場合、1551 年 10 月 1 日に、復活祭（1551 年 3 月 29 日）の 2 週間前に仕事を始めたため、5.5 а .が与えられた[96]。

⑧水門の番人であるイヴァンカ・トリシェフスキーの場合、1551 年に、復活祭（1551 年 3 月 29 日）の 5 週間前に仕事を始めたため 3.5 а .が与えられた[97]。

⑨ジェーチのアンドレイ（ヤコフの息子）とハルカ（ニキフォールの息子）の場合、1547 年 12 月 1 日に、6 月 20 日から 10 月 1 日までのオブロークとして 2 а .ずつ与えられた[98]。

⑩修道院内のジェーチ用建物を担当する炉焚き人バブカの場合、1547 年 10 月 1 日に、6 月 29 日から 10 月 1 日までの約 3 ヵ月分に相当するオブロークとして、2 а .が与えられた[99]。

⑪イェロポルチ村の炉焚き人フィリップ（セメン・ソロキンの息子）の場合、1549 年に、昇天祭（同年の場合 5 月 30 日）から 10 月 1 日までの分として 16 д .が与えられた[100]。

⑫漁師メレフとワシカの場合、1551 年 12 月 6 日に、大斎期の第一日曜日（同年の場合 3 月 2 日）から 10 月 1 日までのオブロークとして、それぞれ 7 а .、2 r .が与えられた[101]。

⑬ジェーチのネーチャイ（イェフレムの息子）の場合、1552 年に、7 月から 10 月 1 日までのオブロークとして、5 а .2 д .が与えられた[102]。

51

第1章 オブローク受領者の職種と雇用条件

⑭ジェチョーナクのコニャシカ（ミーチンの息子）の場合、1559年10月1日に、6月1日から10月1日までの4ヶ月間のオブロークとして4а.2д.を受取っている[103]。

⑮ジェーチのレフカ（ガヴリールの息子）の場合、1559年10月1日に、三位一体祭（同年の場合5月14日）から10月1日までのオブロークとして3.5а.が与えられた[104]。

⑯ジェーチのイヴァンカ（ガヴリールの息子）の場合、1559年10月1日に、7月1日から10月1日までの分として1 r.が与えられた[105]。

⑰ジェーチのイヴァン（イヴァンの息子）の場合、1559年10月1日に、5月26日から10月1日までの分として6а.が与えられている[106]。

⑱ノーヴォエ村の炉焚き人のアフォニカ（セメンの息子）の場合、1559年10月1日に、6月から10月1日までのオブロークとして、2а.1.5д.が与えられた[107]。

⑲製粉用臼製造職人のイストマ（ズヴァーガの息子）の場合、1559年12月25日に、復活祭（同年の場合、3月26日）から10月1日までのオブロークとして、0.25 p.が与えられた[108]。

⑳裁縫師イヴァン・ニキーチンとネーチャイの場合、1553年12月6日に、オブローク12а.ずつの他に、セメンの日（9月1日？）から12月6日まで働いた報酬として、9а.が2人に与えられた[109]。

㉑ジェーチのヴァシーリー・ビク（イヴァンの息子）の場合、1554年7月1日に、それまでの10ヵ月分10а.と、この日から10月1日までの3ヵ月分として1 r.を受け取っている[110]。

㉒チェルレンコヴォ村の森番イストムカ（モイセイの息子）の場合、10а.与えられているが、期間はキリスト降誕祭（12月25日）とされている[111]。

㉓ジェーチのグリーシャ（ボリスの息子）の場合、1550年10月1日に、大斎直前の日（同年の場合2月16日）[112]からジェーチとなったため、7а.が与えられた[113]。

㉔1547年12月1日に、フィリップの斎（11月15日から40日間）からの分として12а.ずつ支払われている[114]。

㉕1547年12月1日に、フィリップの斎（11月15日から40日間）からの分として11а.ずつ支払われている[115]。

第1章 オブローク受領者の職種と雇用条件

以上の 25 例は、いずれも中途雇用で、仕事を行った後にオブロークを受け取ったものと思われる。支払い時期は、ほとんどの場合が 10 月 1 日である。⑳は、前渡しとしてのオブロークの他に、途中で採用されてから区切りの時期までの報酬が与えられていることを示している。㉑は、原文では 10 ヶ月となっているが、恐らく昨年の 10 月 1 日からこの年の 7 月 1 日までの 9 ヶ月であり、その分にその後の 10 月 1 日までの分 1 г.が前渡しとして与えられたことを示しているのであろう[116]。

このように、年度としては 10 月 1 日から翌年の 9 月 30 日までと考えられるが、その途中で雇用された場合には、雇用されてから通常オブローク授受が行われる期日までの分が後日支払われると理解することができる。そして、オブロークの支払いは、一般的には 10 月から 12 月にかけて行われており、前渡しであった、と考えてよいであろう。

ただ、すべての職種について年間を通して拘束する必要があったのか、という点では、不明なところがある。年間を通して同じような労働の提供の仕方であったとは考えられないからである。

2　16 世紀後半

この時期も、オブローク支払帳簿で判断する限り、オブローク受領者については、雇用期間は限定されており、その支払時期は職種によってさまざまであったように思われる。

雇用期間を明記している場合、それを示す形式として、次のような 3 種類のものがあった。

（1）　期間を示しているもの
① 至聖生神女庇護祭から至聖生神女庇護祭まで«от Покрова до Покрова»[117]
② 大斎から至聖生神女庇護祭まで«от Велика дни до Пакрова»[118]
③ 春のニコライの日から至聖生神女庇護祭まで«от Николина дни вешняго да до Покрова святей богородицы»[119]
④ 大斎前週（乾酪の週）から至聖生神女庇護祭まで«с масленых заговен да по Покров святей богородицы»[120]

第 1 章 オブローク受領者の職種と雇用条件

⑤ 復活祭第 3 週（携香女の週）から至聖生神女庇護祭まで《от Жон мироносиц да по Покров святыя богородицы》[121]

⑥ 何月何日から至聖生神女庇護祭まで[122]

⑦ 春のニコライの日（5 月 9 日）から主の降誕祭（12 月 25 日）まで[123]

⑧ 主の降誕祭（12 月 25 日）から春のニコライの日（5 月 9 日）まで《от Рождества Христова по Николин день вешней》[124]

⑨ ヴァシーリーの日（1 月 1 日）からエウドキアの日（3 月 1 日）まで《от Васильева дни до Евдокиина》[125]

⑩ 聖母受胎告知祭（3 月 25 日）から 1 年分《годового оброку от Благовещеньева дни》[126]

⑪ 何月何日から何月何日まで居住しなければならない[127]

⑫ 単に 1 年《на год》《за прошлой за 94-й год》[128]

（2） 終期を示しているもの

① 至聖生神女庇護祭（10 月 1 日）まで《до Покрова святей богородици》[129]

② フィリップの日（11 月 14 日）まで《до Филипова заговенья》[130]

③ 主の降誕祭（12 月 25 日）まで《до Рождества Христова》[131]

（3） 期間がいつかを示すもの

① 大斎 срок Велик день[132]

② フィリップの日 срок Филипповы заговена（11 月 14 日）[133]

③ 主の洗礼祭 срок Крещения Христово（1 月 6 日）[134]

④ 主の降誕祭 срок Рождество Христово（12 月 25 日）[135]

⑤ 至聖生神女庇護祭 срок Петров（10 月 1 日）[136]

　　（1）の①については、炉焚き人に関して 1 例、（1）の②については、ジェチョーヌィシに関して 1 例、（1）の③については、ジェチョーヌィシに関して 1 例、（1）の④については大工に関して 1 例、（1）の⑤については家畜番と製粉業従事者に関して 1 例ずつ、屋敷番に関して 2 例、（1）の⑥と⑦については、製粉業者と鍛冶工に関して 1 例ずつ、（1）の⑧については、鍛冶工に関して 1 例、（1）の⑨については炉焚き人に関して 11 例、（1）の⑩については、ジェチョーヌィシ・火掻き棒製造職人・鍛冶工について 1 例ずつ、（1）の⑪については屋敷番・テーブルクロス織工に関して 1 例ずつ、番人に関して 2 例、（2）の①については屋敷

第 1 章 オブローク受領者の職種と雇用条件

番に関して 3 例、炉焚き人と厩番に関して 1 例ずつ、ジェチョーヌィシに関して 4 例、(2) の② についてはジェチョーヌィシに関して 7 例、(2) の③ については堂務者に関して 1 例、(3) の① については、屋敷番に関して 2 例、(3) の② については、屋敷番に関して 1 例、ジェチョーヌィシに関して 5 例、(3) の③〜⑤ については、いずれも屋敷番に関する 1 例という状況である。

このように、同一職種についても、拘束される期間はさまざまであったが、«годовое жалованье» という表現や、半年分とか 1 年分というような表現が頻繁に見られる[137]ことから判断すると、拘束期間は、基本的には 1 年間であったように思われる。また、終了時期については、10 月 1 日（至聖生神女庇護祭）が最も多かったようである。これは、オブロークの支払が始まる時期が 10 月に入ってからということと関連しているのであろう。

では、この拘束期間は、オブローク受領者にとってどういう意味を持っていたのだろうか。

この点については、すでに触れたように、チホミーロフが、ジェチョーヌィシの従属性を論じる中で、ジェチョーヌィシは、受領したオブロークを返済すれば、期限前であっても、自由に離れることができていたことを指摘している[138]。また、結婚のために前任者がその任を離れ、新任者が残りの期間に相当するオブロークを受け取っている場合も見られる[139]。

このような点から判断すると、オブローク受領者に対する修道院側の拘束の度合は、緩やかなものであったと言える。しかし、保証の必要性を考慮すると、そう単純に判断することもむずかしい。この問題については、オブローク受領者の実態を検討する中で、もう一度触れることにしたい。

第 4 節 オブローク受領者による担保の提供

それでは、オブロークの受領に際してオブローク受領者は当該修道院に対してどのような保証を与えたのだろうか。保証に当たっては、自己の戸を担保とする場合、保証人をたてる場合、両方の場合、どちらも提供していない場合、の 4 つに分類できるが、保証の内容については、同一人物でも固定的ではなく、時とともに変化が見られる場合もある。

第1章 オブローク受領者の職種と雇用条件

　グレーコフは、修道院が保証人を採ったのは、オブローク受領者を逃がさないためであるが、その理由として、前述のように、雇用労働者を確保するそれ以外の方法が当時の修道院にはなかった点を挙げ、しかも、この方法が極めて強い効力を持っていたことを示す事例として、1573年5月9日付の支出帳簿の

　　　ジェチョーヌィシのトゥリョーシカに対するオブローク 12а.3д.が取り立てられたが、金銭を支払ったのは彼の保証人で射手のヴァシーリー（ザーハルの息子）である。というのは、トゥリョーシカが半年の任期を残して去ったからである[140]。

という事例を引用している[141]。このように、グレーコフは、オブローク授受に伴う保証人制度は実質的な内容を伴った、強制力のあるものと捉えている。

　グレーコフの引用した事例は16世紀70年代初めのものであるが、実際にはどうであったのだろうか。戸を担保としている事例にも注目しながら、40年代後半以降の事例から、保証の問題を検討してみよう。

1　16世紀半ば

　戸を担保としている人物は、27人登場しているが、一貫して戸を担保としているわけではなく、個々によって事情は異なっている。
　(1) 一貫して、戸を担保としている事例として、
　　① ジェーチのヴァシーリー・ゴリク（オフチンニツァの息子）[142]
　　② 森番のイヴァン・ジェミニン[143]
　　③ ジェーチのラグリー（アレクセイの息子）[144]
　　④ 漁師のスネギリ[145]
　　⑤ ジェーチのネーチャ・メルズリツィン（フョードルの息子）[146]
　　⑥ スルガー・モロドーイのトヴァンコ（ゴロフの息子）[147]
の6人を挙げることができる。が、残り21人については、
　(2) 最初のみ戸を担保としていたが、後には担保もなく、保証人も立てていない
　　　事例として、
　　① 番人のアルフェーリー（アンドレイの息子）[148]
　　② 大工のジェグリ（グリージャの息子）[149]

(3) 当初、担保もなく、保証人も立てていなかったが、その後、戸を担保とした にもかかわらず、後には、担保もなく、保証人も立てていない事例として、
　① 錫杖あるいは火掻き棒製造職人のアンドレイ（コナンの息子）[150]
　② 大工のコジョール（イェルモラの息子）[151]
　③ 大工のロジオン・スターロイ[152]

(4) 当初、担保もなく、保証人も立てていなかったが、その後、戸を担保としている事例として、
　①森番ヴァシーリー・ベシェンコフ（イヴァンの息子）[153]
　②金庫番のフェディカ（モセイの息子）[154]

(5) 当初、戸を担保としていたが、後に1度、保証人を立て、次いで保証人に加えて戸も担保としていたが、その後再び戸のみを担保として、最終的には担保もなく、保証人も立てていない事例として、
　①大工のイェルモラ・モロドーイ（チモフェーイの息子）[155]

(6) 最初は保証人を立てていたが、後に戸を担保としている事例として、
　①ジェーチのイヴァン・クロハ（カルプの息子）[156]
　②ジェーチのチモフェーイ（フロルの息子）[157]

(7) 当初、戸を担保とするが、その後、担保もなく、保証人も立てない状態となり、再び戸を担保としている事例として、
　①ジェーチあるいは大工のコリャーカ[158]

(8) 当初は保証人を立て、後に戸を担保とするものの、最終的には担保もなく、保証人も立てていない事例として、
　①クズネーチヌィエ・ジェーチのイヴァン（ラヴルの息子）[159]

(9) 当初は戸を担保とするとともに、保証人も立てていたが、その後、戸を担保とすることもなく、保証人も立てていない事例として、
　①ろくろ師のクジマ（チェレシハの息子）[160]

(10) 戸を担保とすることもなく、保証人も立てないという状態と戸を担保にすることを繰り返し、最終的には戸を担保とすることもなく、保証人も立てないという状態になっている事例として、
　①ろくろ師のミーチャ（コスチャの息子）[161]
　②炉焚き人のソコール[162]

第1章 オブローク受領者の職種と雇用条件
　　③大工のフョードル・クルィシカ[163]
（11）戸を担保とすると同時に保証人も立てている事例として、
　　①　　ジェーチのミーチャ・トレウス[164]
　　②　　番人のイグナーティー（アファナーシーの息子）[165]
（12）当初は保証人を立てるだけであったが、次に保証人だけではなく、戸も担保とする。そして、再び保証人だけを立てた後、保証人もなく、戸を担保とすることもないという事例として、
　　①大工のニキフォール（ミハイルの息子で、ソコールの継子）[166]
（13）当初は保証人を立てるだけであったが、その後保証人だけではなく、戸も担保とする。が、いずれもないという状態になり、再び保証人を立てている事例として、
　　①ジェーチのプローニャ・ジェルニャ（アルフェーリーの息子）[167]
（14）最初、保証人を立て、次に戸を担保とするが、戸を担保とすることもなく、保証人も立てないという状態となる。そして、これを繰り返した後、最終的には戸を担保としている事例として、
　　①クズネーチヌィエ・ジェーチのスチェパン・ソビン（ナザロフの息子）[168]
のように、必ずしも戸を担保としているわけではない。
　次に、職種ごとに担保あるいは保証人の状況を検討してみることにしたい。
　ジェーチの場合、圧倒的に保証人を立てており、前述の人物のように、まれに戸を担保とすることがある。保証人も立てず、戸を担保とすることもなかった人物は、11人と極めて少なく、全体に占める比率も低い。炉焚き人と屋敷番の場合には、この時期、名前を挙げられていないことが多いが、名前を挙げられている場合に限ってみると、やはり保証人を立てていることが多い。炉焚き人については、10人が保証人を立てず、戸を担保とすることもなかったが、そのうち6人は一度しか登場していない点を考慮しなければならない。家畜番については、ほとんどの場合、保証人を立てている。厩番の場合は、逆に、保証人を立てることが少なく、戸を担保とする事例は皆無であるが、1559年11月1日（10月1日の間違いであろう）のオブローク授受に際しては、15人中6人が保証人を立てており、様相が少し変わっている[169]。
　製粉業者は延べ4例と少ないが、そのうち保証人を立てているのは1例だけで

第 1 章 オブローク受領者の職種と雇用条件

ある。

　大工については、年によって違いが大きく、1547 年 10 月 1 日付では、10 例中 1 例が戸を担保としているだけ、1548 年 10 月 1 日付では、16 例中 2 例が戸を担保とし、5 例が保証人を立てており、1549 年 10 月 1 日付では、11 例中 2 例が戸を担保とし、3 例が保証人を立て、1550 年 10 月 1 日付でも、10 例中 2 例が戸を担保とし、3 例が保証人を立て、1551 年 10 月 1 日付では、13 例中 4 例が戸を担保とし、5 例が保証人を立て、1552 年には 14 例中 6 例が戸を担保とし、5 例が保証人を立て、1553 年 10 月 9 日付では、16 例中 3 例が戸を担保とし、5 例が保証人を立て、1554 年 10 月 1 日付では、1 例が戸を担保とし、3 例が保証人を立てている。1555 年 10 月 1 日付と 1556 年には、それぞれ 16 例、12 例あるが、いずれの場合も、戸を担保とする者も、保証人を立てる者もいなかった。そして、1557 年 10 月 1 日付では 13 例中 1 例のみが保証人を立て、1559 年 11 月 1 日付では 15 人中 2 例が戸を担保とし、5 例が保証人を立てている。

　鍛冶工の場合、オブローク受渡記載時に、2〜4 人がオブロークを受領しており、延べ 40 例で、9 人が登場しているが、戸を担保にすることも、保証人を立てることも皆無である。逆に、クズネーチヌィエ・ジェーチについては、ほとんどの場合、鍛冶工が保証人となっており、保証人が全く記載されていない 1551 年 5 月 9 日付、1556 年及び 1557 年 10 月 6 日付のオブローク授受の場合を例外として、保証人の名前が挙げられている（戸を担保としている事例が 3 例あり、うち 2 例は同一人物である）。

　火掻き棒製造業者については、ほとんどの場合、保証人を立てることも、戸を担保とすることもなく、延べ 18 例中、戸を担保としているのが 1 例、保証人を立てているのが 2 例という状況であった。十字架製造業者についても同様で、39 例中 5 例のみが保証人を立てている。しかも、5 例中 3 例は同一人物である。

　錫杖製造業者の場合、火掻き棒製造業者・大工・ろくろ師としても登場したり、そのような職種名を帯びた人物が含まれたりしているため、それ自体で職業として成立していたのかどうか不明なところもあるが[170]、保証人を立てているのは、32 例中 1 例、11 人中 1 人のみである。しかも、この人物は 3 度登場しているが、そのうちの最初の場合のみで、後の 2 回については、保証人を立てていない。

　ろくろ師が、ろくろ師としてオブローク支払帳簿に記載されるのは、1551 年 10

第1章 オブローク受領者の職種と雇用条件

月1日付以降であるが、この時には3人中1人が戸を担保とし、もう1人が保証人2人を立てると共に戸も担保としている。しかし、1557年10月1日付の3人、1559年11月1日付の2人については、戸を担保とすることも、保証人を立てることもなかった。人物としては3人しか登場せず、うち2人が戸を担保としたり、それに加えて保証人を立てたりしているが、それは最初のみであり、2度目以降は、戸を担保とすることも、保証人を立てることもなかったのである[171]。

　製革工の場合は、1548年12月6日付以降1559年12月25日付に至るまで、1552年付の1人を除くと、オブローク支払時に5～7人のオブローク受領者が記載されている。延べ68例中3例しか保証人を立てている事例はなく、16人中3人で、オブローク受領者となった最初の時だけに限られており、その後は保証人を立てていない。

　裁縫師の場合は、保証人を立てることが極めてまれであり、166例中7例しかない。うち3例と2例はそれぞれ同一人物が保証人を立てたもので、保証人を立てた人物は裁縫師として登場してくる29人中4人だけということになる。テーブルクロス織工の場合は、毎回1人、しかも同一人物がオブローク受領者となっているが、戸を担保とすることもなく、保証人も立てていない。ストッキング製造工の場合は、オブロークの受渡記載時に、1548年12月6日付以降、2人ずつ登場している。延べ22例、この間2人の人物がオブロークを受領しているが、この2人は、戸を担保とすることも、保証人を立てることもなかった。

　クニージニクの場合、延べ8例あるが、オブローク受渡記載時に1人ずつで、最初の5回はヤコフ、後の3回はヤコフの息子グリーシャで、両人とも、担保もなく、保証人もいない。

　漁師については、登場するのが1551年5月9日付からであるが、1553年10月9日付の10人（うち1人は名前不詳）を例外として、1度に1～5人がオブローク受領者として登場している。延べ33例（うち2例は名前不詳）、16人が登場するが、うち8人は1度だけであり、3人についても2度と、継続性はあまり見られない。1551年5月9日付、1552年付ではいずれも戸を担保とする者も、保証人を立てるものもいなかったが、1553年10月9日付では10人中3人が保証人を立て、1554年7月1日付で3人中1人が保証人を立て、1554年10月1日付では5人中1人が戸を担保とし、もう1人が保証人を立てている。ところが、1555年10月7

第1章 オブローク受領者の職種と雇用条件

日付の1人は保証人を立て、1556年付の4人中、名前が不詳の1人を除く3人、1557年10月1日付の3人、1559年11月1日付の3人が、いずれも保証人を立てている。

　番人については、労働の場が様々であり、また、すべてのオブローク受領者が名前を記載されているかどうか疑問であるが、1547年10月1日付では、7人中誰1人として戸を担保とすることもなく、保証人も立てていない。1548年10月1日付でも6人中1人が戸を担保としているだけであり、1549年10月1日付でも11人中2人が、1551年6月付でも8人（うち1人については、名前不詳）中1人（名前不詳の人物）が、1551年10月1日付でも12人中1人が、1552年付でも12人（うち2人については、名前不詳）中3人が、1553年10月9日付でも9人中3人が、1554年10月1日付でも11人中3人が、1555年10月1日付でも11人中2人が、1556年付でも13人（うち2人については、名前不詳）中2人が、それぞれ保証人を立てているだけであった。ところが、1557年10月1日付になると、15人（うち2人については、名前不詳）中1人が戸を担保とし、10人が保証人を立て、1559年11月1日付でも、12人中2人が戸を担保とし、8人が保証人を立てるなど、状況が変化している[172]。

　以上、1540年代後半から50年代にかけてのオブローク受領者の担保あるいは保証人について検討してきたが、これらに関して、職種によって状況が異なっていることは明らかである。

　ただ、職種によっては、この間、担保あるいは保証人に関して状況の変化が見られるものがあることもまた、伺うことができる。それでは、1570年代以降、担保あるいは保証人の問題は、どのような様相を呈することになったのだろうか。

2　16世紀後半

　この時期、保証人も戸を担保とする必要もない場合は
① レストヴィツィノ村の屋敷番アンドレイ
　　古参住民なので、保証を必要としなかった[173]。
② リトヴィノヴォ村の屋敷番ニキータ
　　古参住民なので、保証を必要としなかった[174]。

第1章 オブローク受領者の職種と雇用条件

③ ジェチョーヌィシのダニール（チモフェーイの息子）
ファジェイェヴァ部落に住み、戸を持っているので、保証を必要としなかった[175]。

という3例しかなく、そのうち2例は、いずれも屋敷番として雇用されており[176]、保証を必要としない理由として、古参住民であることが挙げられている[177]。

また、大工あるいは車大工とされているアクセン（イグナーティーの息子）[178]、大工あるいは桶屋とされているシーリャイ（イヴァンの息子）[179]、大工のアルチェム[180]、ストッキング製造工のグリゴリー[181]、鍛冶工のイヴァン（ミハイルの息子）[182]の場合のように、その理由が示されることなく、担保についても、保証人についても、いずれも記載されていない事例も見られる。

しかし、大部分のオブローク受領者は、何らかの形で保証となるものを修道院に提供していた。この点は、16世紀半ばの状況と大きく異なっている。

保証としては、16世紀半ばと同様、戸を担保とする、あるいは保証人を立てる、両方を保証とする、という3つのケースが考えられるが、圧倒的多数は保証人を立てている。そこで、比較的少ない事例として、戸を所有している場合を取り上げてみると、次のようにまとめられる。

(1) 自己の戸を担保として提供している人物は18人で、
① 靴工イストマ（マトヴェイの息子）[183]
② 鞍師ルダク[184]
③ 大工のトレチヤーク（アンドレイの息子）[185]
④ 車大工・大工イストマ[186]
⑤ 大工セメン・クチン[187]
⑥ 石工イヴァン・グベンコ[188]
⑦ ろくろ師リュビム[189]
⑧ ジェチョーヌィシのアンドレイ（ヴァシーリーの息子）[190]
⑨ ジェチョーヌィシのアンドレイ（マーカルの息子）[191]
⑩ ジェチョーヌィシのアンドレイ（ヤコフの息子）[192]
⑪ ジェチョーヌィシのイヴァン・ドルゴイ[193]
⑫ ジェチョーヌィシのヴァシーリー・グルホイ[194]
⑬ ジェチョーヌィシのエロフェーイ（フョードルの息子）[195]

第 1 章 オブローク受領者の職種と雇用条件

⑭ ジェチョーヌィシのスチェパン[196]
⑮ ジェチョーヌィシのペールヴォイ（ロジオンの息子）[197]
⑯ 町の番人ドルガーニャ[198]
⑰ オトチシチェヴォ村の屋敷番ペールヴォイ（ルカの息子）[199]
⑱ 「雇用労働者用の戸」«на детин двор»の炉焚き人ミハイル（チェムリュークの息子）[200]

　このように、手工業者が7人、ジェチョーヌィシが8人、屋敷番・番人・炉焚き人が1人ずつとなっている。ただ、オブローク受領者として登場している回数を見ると、1回が11人、2回が3人、残り4人は3回ということで、その後の変化を追うのは難しい。

（2）戸を担保とせず、保証人を立てている人物は8人で、
① ジェチョーヌィシのアンドレイ（ミハイルの息子）[201]
② ジェチョーヌィシのイヴァン（ハリトンの息子）[202]
③ ジェチョーヌィシのイヴァン（フョードルの息子）[203]
④ ジェチョーヌィシのイェレメイ（クジマの息子）[204]
⑤ ジェチョーヌィシのイサーク（フョードルの息子）[205]
⑥ ジェチョーヌィシのオフシャニク（オヌフリーの息子）[206]
⑦ ジェチョーヌィシのミハイル（オブロシムの息子）[207]
⑧ ジェチョーヌィシのモルチャンコ（マトヴェイの息子）[208]

　このように、いずれもジェチョーヌィシだという点が特徴的である。

（3）一時保証人を立てていたが、その後、戸を担保としている人物は36人で、
①靴工ヴァシーリー（ブダイの息子）[209]
②靴工トレチヤーク（イヴァンの息子）[210]
③靴工ドロガーニャ（フィリップの息子）[211]
④ストッキング製造工ペールヴォイ（アルチェムの息子）[212]
⑤テーブルクロス織工アレクセイ[213]
⑥裁縫師イヴァン（アンドレイの息子）[214]
⑦裁縫師イヴァン・カシャ（セルゲイの息子）[215]
⑧裁縫師ヴァシーリー（ミハイルの息子）[216]
⑨裁縫師ピャートイ（フョードルの息子）[217]

第 1 章 オブローク受領者の職種と雇用条件
⑩鍛冶工トレチヤーク（イストマの息子）[218]
⑪ろくろ師フィリップ（ドミトリーの息子）[219]
⑫大工モイセイ（トゥルフォンの息子）[220]
⑬大工カリーナ[221]
⑭車大工・大工ミハイル（ヨシフの息子）[222]
⑮桶屋レオンティー[223]
⑯漁師アレクセイ（カルプの息子）[224]
⑰漁師グリーシカ（タラスの息子）[225]
⑱漁師フェディカ（ロジオンの息子）[226]
⑲ブイゴロド村の屋敷番ミハイル[227]
⑳厩番ザーハル[228]
㉑ジェチョーヌィシのイストマ[229]
㉒ジェチョーヌィシのイヴァン（フォードルの息子）[230]
㉓ジェチョーヌィシのエメリヤン（フォマの息子）[231]
㉔ジェチョーヌィシのガヴリール・ヤリル（ジェメーンティーの息子）[232]
㉕ジェチョーヌィシのジェニス（マクシムの息子）[233]
㉖ジェチョーヌィシのセメン・ボルジンスコイ[234]
㉗ジェチョーヌィシのセメン（マルチヤンの息子）[235]
㉘ジェチョーヌィシのトレチヤーク・プレシヴォイ[236]
㉙ジェチョーヌィシのフォードル（シドルの息子）[237]
㉚ジェチョーヌィシのマトヴェイ（ミヘイの息子）[238]
㉛ジェチョーヌィシのミハイル・ヴォドピヤン[239]
㉜ジェチョーヌィシのミハイル（セメンの息子）[240]
㉝ジェチョーヌィシのメンシク（グリゴリーの息子）[241]
㉞ジェチョーヌィシのメンシク（ナウムの息子）[242]
㉟ジェチョーヌィシのヤキム（チモフェーイの息子）[243]
㊱ジェチョーヌィシのヤコフ・ラティシャ[244]

　この場合には、職種がさまざまであり、手工業者が15人、ジェチョーヌィシが16人、漁師が3人、その他2人である。
　(4) 戸を担保としつつ、同時に保証人も立てている人物は5人で、

第 1 章 オブローク受領者の職種と雇用条件

① ストッキング製造工アナーニー[245]
② ジェチョーヌィシのドロフェイ（フョードルの息子）[246]
③ ジェチョーヌィシのロマン（ヴァシーリーの息子）[247]
④ ジェチョーヌィシのロマン（ヴァシーリーの息子）[248]
⑤ 馬係マトヴェイ（エフスターフィーの息子）[249]

　この場合も、ジェチョーヌィシが比較的多い。

3　小括

　戸を担保とするあるいは保証人を立てる、という点でも、時期的な違いが明確に見られることを指摘することができる。
　これについては、火掻き棒製造工、鍛冶工、大工[250]、裁縫師、靴工、テーブルクロス織工、ストッキング製造工のように、16世紀半ばには戸を担保とすることも、保証人を立てることもなかった職種においても、確実にいずれかが記載されている点に端的に示されている。
　すでに指摘したように、漁師については1555年以降、番人については1557年以降、馬番については1559年11月1日付のもので、保証人を必要とする傾向が見られた。そして、1570年代以降になると、いずれの職種についても、保証人もなく、担保もないということが、むしろ例外的状況となっている。
　このことは、オブローク受領者の把握の点にまで拡大し、それまで単に部落名、村名しか記載されていなかった屋敷番や炉焚き人についても、オブローク受領者の名前と保証人あるいは担保としての戸が記載されるようになっている。
　ここに、オブローク受領者と修道院との関係に大きな変化があったことが示唆されているように思われる。

第5節　オブローク受領者の義務

　次に、保証となるものを修道院に提供した後、オブロークを受領した人達が当該修道院に対して負うことになった義務内容について、労働の内容と労働の場、拘束内容の順で検討してみたい。

65

第1章 オブローク受領者の職種と雇用条件

1 労働の内容

　職種によってオブロークを受領しているのであるから、労働の内容は自明のことであるかもしれない。オブローク受領者は、当然のことながら、職種にふさわしい労働を提供していたのであろう。だが、彼らの労働は、それに限定されていたのだろうか。
　職種以外の労働に携わっている事例として、木匙製造職人としてオブロークを受領している前述のろくろ師ミーチャ（コスチャの息子）の場合を挙げることができる。彼は、1547年10月1日付、1548年10月1日付、1549年10月1日付で、いずれも木匙製造職人としてオブロークを受領しているが、「1週間にカップ30個、大杯20個、そして大皿20個ずつ製造する」ことを義務づけられている[251]。
　また、森番のフェディカ（カシマンの息子）についても、「クワスを製造すること」を義務づけられている[252]。ジェーチについても、1548年10月1日付のジェーチを列挙している中に、「ネスチェルと酒蔵係補助人セニコ」との記載が見られる[253]。
　16世紀70年代以降のオブローク支払帳簿で具体的な義務が記載されている事例は火掻き棒製造職人であるミハイルの場合で、1573年10月1日付でオブロークを受け取った際に、その代償として錫杖と火掻き棒をいずれも200本ずつ製造することが義務づけられている[254]。
　次の事例は、オブローク受領者と考えられる屋敷番が、オブロークの受領と並行して、別の労働を遂行する代償として、賃金あるいは報償を受け取っている場合である。
a　耕地の耕作が義務づけられている事例
① ブィコヴォ村の屋敷番は、名前が記載されていないが、ジェチョーヌィシと同じく、耕地を耕作することとされている（1574年1月8日）[255]
② イエヴレヴォ村の屋敷番であるアンドレイは、1年前にイエヴレヴォ村において耕地を耕作しているので、そのオブロークとして15a.受け取っている（1574年2月16日）[256]。
③ エリナルホヴォ村の屋敷番であるザハルコは、1年前にネヴェロヴォ村にある

第 1 章 オブローク受領者の職種と雇用条件

修道院の耕地を耕作した報酬として 0.5 r .受け取っている（1588 年）[257]。
④ トゥリズノヴォ村の屋敷番であるマカルコは、オブローク 4 r .の他に、耕作の報酬として 2 r .を受け取っている（1588 年）[258]。
⑤ ウスペンスコエ村の屋敷番であるルカシは、オブローク 0.25 p .の他に、雇用労働者用の耕地の耕作に対する賃金 наем として 2 r .を受け取っている（1588 年）[259]。
⑥ ボロバノヴォ村の屋敷番であるマクシムコは、オブローク 2 r .の他に、雇用労働者用の耕地の耕作に対する報酬として 2 r .を受け取っており、しかも、それぞれについて別の保証人を立てている（1588 年）[260]。
⑦ 屋敷番が、雇用労働者用の耕地の耕作に対するオブロークとして 10 a .を受け取っている（1589 年 7 月 11 日）[261]。
⑧ ガヴリノ村の屋敷番であるマーカルは、オブローク 10 a .の他に、修道院の耕地の耕作に対する報酬として 4 r .を受け取っている（1589 年 12 月 11 日）[262]。

(2) 家畜の放牧が義務づけられている事例
① ヴェリヤミノヴォ村の屋敷番であるイヴァンは、息子が家畜の放牧を行うことを前提に 5 a .を受け取っている（1573 年 12 月 7 日）[263]。
② マモシノ村の屋敷番であるダニルコ（1574 年 1 月 8 日）[264]。
③ リトヴィノヴォ村の屋敷番であるニキートカ（1574 年 1 月 8 日）[265]。
④ オヴドチイノ村の屋敷番であるミハルコ（1574 年 1 月 8 日）[266]。
⑤ トゥリズノヴォ村の屋敷番であるオフォンカ（1574 年 1 月 16 日）[267]。

屋敷番については、この他、菜園用の野菜の種子、燕麦を購入するための費用が渡されている場合があり[268]、菜園の世話にも携わっていたと思われる。

このように、オブローク受領者のオブローク受領に伴う具体的な労働内容を史料から伺うことは難しい。が、以上の限られた事例から伺うことのできる点は、手工業者についてはオブローク受領者の職業と深く関わっているものの、屋敷番については曖昧だということである。屋敷番という特定の専門化した職業があったとは思われない。この点は、サーヴィス業と分類した他の職種についても言えることであろう。したがって、この場合は、職種というよりは、役割と表現した方がよいのかもしれない。

1581 年 10 月 1 日付以降、オブローク授与に際して、職種は明確に示されてお

第1章 オブローク受領者の職種と雇用条件

り、職種あるいは役割に対応したサーヴィスの提供が期待されていたと思われる。労働内容がきわめて不明確な名称は、それ以前のジェーチとジェチョーヌィシあるいはジェチョーノクである。

ただ、ジェチョーヌィシあるいはジェチョーノクについては、前述のブィコヴォ村の屋敷番の箇所で触れた、「ジェチョーヌィシと同じく、耕地を耕作する」という表現や、次のようなイヴァノフスコエ村のヴァシーリー（フョードルの息子）の場合から、ある程度判断することができる。すなわち、彼ヴァシーリーは、

① 1573年12月20日に、ジェチョーヌィシとしてオブロークを受領し、保証人は管理人の修道士セルゲイであった[269]。
② 1574年4月1日に、イヴァノフスコエ村の屋敷番クリメンティー（セメンの息子）の保証人となっており、この時にはイヴァノフスコエ村の農民とされている[270]。
③ 1575年11月17日に、ジェチョーヌィシとしてオブロークを受領し、保証人はジェチョーヌィシのセメン（マルチヤンの息子)であった[271]。
④ 1581年10月15日に、ジェチョーノクとしてオブロークを受領し、保証人は射手のトレチヤークであった[272]。
⑤ 1589年12月11日に、イヴァノフスコエ村の屋敷番ドミトリーの保証人となっており、この時には、イヴァノフスコエ村の農民とされている[273]。

このヴァシーリーを同一人物と理解した場合、彼は、オブローク受領者として断続的にジェチョーヌィシあるいはジェチョーノクと記載されているが、常時オブローク受領者であった訳ではなく、保証人として登場する際には農民と記載されている。事実、彼は、1569年7月20日付のソートノエ・ピシモーにおいて、農民の戸として記載されており、彼が農民であることを確認できる[274]。

継続性あるいは保証人の問題は後で検討することになるが、当面の課題との関係では、農民がジェチョーヌィシあるいはジェチョーノクとしてオブロークを受領している点が重要である。ジェチョーヌィシあるいはジェチョーノクに期待されたサーヴィスは、農業に関わるものであったことは明らかであろう。

とすれば、ジェチョーヌィシあるいはジェチョーノクが特定の職業を指す言葉ではなかったとしても、ジェチョーヌィシあるいはジェチョーノクとしてオブロークを受領した場合の、提供すべきサーヴィスの内容ははっきりしていたと理解

第1章 オブローク受領者の職種と雇用条件

することができるように思われる。

　では、ジェーチはどうであったのか。最大の問題は、ジェーチに期待されている労働の内容である。ジェチョーヌィシあるいはジェチョーノクは、ジェーチに代わる表現と考えられるが、この変更は、単なる名称の変更にとどまるものではなく、内容的にも変化があったと思われる。それは、ジェーチとしてオブロークを受領している人々の、それ以前あるいは以後のオブローク受領に際しての職種と関係している。そこで、労働内容の検討からは少しずれるが、ジェーチのそれと無関係とは思われないので、ジェーチとしてオブロークを受領した人々の、オブローク受領時の職種の変化に注目してみることにしよう。

a) 錫杖製造職人等としてもオブロークを受領している事例
① グリージャの息子ザーハル[275]

b) 裁縫師としてもオブロークを受領している事例
① ヴァシーリーの息子スチェパン[276]。

c) 大工又は桶屋としてもオブロークを受領している事例
① スチェパンの息子アレクセイ[277]
② イヴァンカ・スリャーニン[278]
③ ドミトリーの息子オスターニャ[279]
④ ノーヴォエ村出身のジャギリ[280]
⑤ ミハリの息子でソコールの娘婿ニキフォール[281]
⑥ クリーシカの娘婿ダニーラ[282]
⑦ フョードル・クリーシカ[283]
⑧ イェルモラの息子ミーチャ[284]
⑨ ヨシフの息子モーケイ[285]
⑩ パルフェンの息子レヴォン[286]

⑦の人物を除き、大工と分類してもいいような事例と言える。

d) 大工にとどまらず、それ以外でもオブロークを受領している事例は、
① イグナートの息子イヴァン[287]
② イヴァンカ・コリャーカ[288]
③ ミハリの息子モチューシャ・スニェグリ[289]
④ アナーニーの息子パーニャ[290]

第1章 オブローク受領者の職種と雇用条件
⑤ イヴァンの息子マクシム[291]

　この場合、①と②については、大工関連の職業と考えられるが、それ以外については、同一人物と考えてよいのか、との疑問も残る。

e）クズネーチヌィエ・ジェーチ等としてもオブロークを受領している事例
① イヴァンの息子キリル[292]
② ナザールの息子スチェパンカ[293]

f）馬係等としてもオブロークを受領している事例
① セメンの息子アンドレイ[294]
② アヴェルキーの息子イストムカ[295]
③ ヴァテーリの息子イストムカ[296]
④ ジェメーニャの息子ヴァシーリー[297]
⑤ イヴァンの息子ネスチェル[298]
⑥ グリゴリーの息子フォードル[299]
⑦ ボリスの息子ヤクーシ[300]

g）牛番等としてもオブロークを受領している事例
① イヴァンの息子ヴァシーリー[301]
② アレクセイの息子グリーシャ[302]

h）1549年4月16日にのみモスクワの炉焚き人としてオブロークを受領している事例
① アンドレイの息子アフォーニャ[303]
② エメリヤン・グプの息子イヴァン[304]
③ イヴァン・プル・ヴォズミンスキー[305]
④ フョードルの息子イヴァン[306]
⑤ ネフェドの息子イヴァンカ[307]
⑥ ミーチャの息子ヴァシーリー[308]
⑦ スチェパンの息子ヴァシーリー[309]
⑧ オンツィフォルの息子ガヴリール[310]
⑨ ミハリの息子カルプ[311]
⑩ フョードルの息子グリーシャ[312]
⑪ ニキフォールの息子セニカ[313]

第1章 オブローク受領者の職種と雇用条件

⑫ ドミトリーの息子チート[314]
⑬ ダニールの息子チーホン[315]
⑭ ヤコフの息子チモーシャ[316]
⑮ ポタプの息子ナザール[317]
⑯ フョードルの息子ネーチャイ[318]
⑰ フェドトの息子ペトルーシャ[319]
⑱ グリゴリーの息子ユーリャ[320]
⑲ ヤコフの息子ヤクーシ[321]

この19例は、モスクワの炉焚き人が異常に多い年であり、注意が必要である。

i ）上のモスクワの炉焚き人を除いて、炉焚き人等としてもオブロークを受領している事例

① クラクの息子イヴァン[322]
② ニキフォールの息子イヴァンカ[323]
③ クジマの息子イストマ・グレザ[324]
④ ボリスの息子ヴォロージャ[325]
⑤ チモフェーイの息子クロク[326]
⑥ イヴァンの息子サモイリク[327]
⑦ コルニールの息子フェディカ[328]
⑧ モーケイの息子フェディカ[329]
⑨ ユーリャの息子フェディカ[330]
⑩ フィリップの息子ポズニャク[331]
⑪ グリージャの息子レヴォン[332]

j ）番人等としてもオブロークを受領している事例

① ネフェドの息子スピリドン[333]
② カシマンの息子フェディカ[334]

このように、ジェーチとしてオブロークを受領した経験のある人物が、他の職種についてもオブロークを受領するという事例が多いという点に、ジェーチの曖昧さの一面が見られる。そして、ジェチョーヌィシあるいはジェチョーノクの場合には、このような事例がないということからも、単なる名称の変化ではない、ということを指摘できるように思われる。

71

第1章 オブローク受領者の職種と雇用条件

　確かに、16世紀40年代後半から50年代にかけての時期に、農業関係のサーヴィスに関わっているのは、前述のように、屋敷番へのオブローク授受に際して言及されている事例だけであり、職種の中にも農業関係と理解できるものはないことを考慮すると、農業に関わると思われるのはジェーチのみである。したがって、ジェーチが農業に関わるサーヴィスの提供を期待されている、ということを否定することはできないであろうが、ジェーチが包括する内容はこれにはとどまらない、広範な、したがって曖昧な性格を帯びたものだったとも言えるのではないだろうか。

2　労働の場

　では、オブローク受領者はどこにおいて労働力を提供していたのであろうか。

(1) 16世紀半ば

　オブローク受領者たちの労働の場がはっきりと示されているのは、炉焚き人の場合である。かれらの労働の場は、まず、修道院内と修道院領の村々とに区分されている[335]。修道院内では、次のような彼らの仕事場となる施設が列挙されている。

① 来客用の建物で«в гостину избу»、«на гостин дворец (двор)»[336]
② 使用人用の建物で«в служню избу»[337]
③ 雇用労働者用の建物で«в детину избу»、«на детин дворец (двор)»[338]
④ 大工用の建物で«в плотникову избу»[339]
⑤ 火掻き棒製造職人用の建物で«в кочережникову избу»[340]
⑥ 裁縫師用の建物で«в портную избу»[341]
⑦ 漁師用の建物で«в рыболовлеву избу»[342]
⑧ 鍛冶用の部屋で«на кузничной дворец (двор)(на кузницу)»[343]
⑨ 裁縫用の建物で«на швальской (швалев) двор (в швалеву избу)»[344]
⑩ 靴製造用の建物で«в сапожную избу»[345]
⑪ 製パン所で«в хлебню»（モスクワの炉焚き人）[346]
⑫ 宝物用建物で«в казенную избу»、«в казну»[347]

72

第 1 章　オブローク受領者の職種と雇用条件

⑬　厩舎で《в конюшенную избу (на конюшеной дворец)》[348]

　①～⑦はそれぞれの人たちを対象とした宿泊・生活施設を、⑧～⑪は手工業者の仕事場を、⑫と⑬は、文字通り、宝物用建物と馬小屋を示している。これらの施設のうち、モスクワに所在の製パン所を除いた施設が修道院内に存在していたことになる[349]。

　次に、修道院領の各村については、村名が列挙されている場合（1547/48～1553/54 年）と、管轄単位毎に村の数のみが挙げられている場合（1554/55～1557/58 年、1559/60 年）がある。さらに、モスクワ[350]、トヴェーリ[351]、ヴォロコラムスク[352]にも配置されていた。このような列挙の仕方は、屋敷番についても同様であり、かれらも修道院領の各村とトヴェーリ[353]及びヴォロコラムスク[354]に配置されていた。

　これは、各村及びモスクワ、トヴェーリ、ヴォロコラムスクに炉焚き人及び屋敷番を必要とする、修道院の施設が存在していたことを示唆している。修道院領の村における施設については、前述のように、教会・救貧施設等が考えられる。が、炉焚き人・屋敷番が各村に 1 人ずつであることを考慮しなければならない。

　また、番人についても、その対象とする場所が、①聖門で《у Святых ворот》[355]、②金庫で《у казны》[356]、③水門で《у Водяных ворот》[357]、④厩舎で《на конюшенной двор》[358]のように示されている。

　以上の所在地は、修道院内であったと思われる。あるいはまた、к Святым воротам сторож[359]、воротной сторож[360]、казенной сторож[361]、коневой сторож[362]、конюшенной сторож[363]、лесной сторож[364]、быковой сторож[365]と呼ばれており、労働の場を推察することができる。

　あとの 4 つは、馬や牛の飼育に関わっている可能性と、森での監視を必要とするような施設の存在を示唆するものとなっている。聖門については、昼と夜それぞれの門番が存在しており、昼夜交替で番人が立っていたことを示唆している。

　その他、アンギロヴォ村、チェルレンコヴォ村、都市にも番人が配置されている[366]。アンギロヴォ村とチェルレンコヴォ村の場合は、森番と明記されていることがあり[367]、これらの村には監視する必要のある施設を備えた森が存在していたのであろう。また、馬番については「コラシニコヴォ村」と記されており[368]、この村と牧畜との関わりが考えられる。都市の番人は、単に городовой сторож、あ

第 1 章 オブローク受領者の職種と雇用条件

るいは сторож на город という表現がされているので、どこを具体的に指しているのか、不明であるが、屋敷番から類推すると、少なくともヴォロコラムスクとトヴェーリということになる。また、「町の水門へ」という表現がある[369]ことから、水門の存在する都市が想定される。

その他、鍛冶工について「鍛冶場で」«на кузницу»という記載[370]、大工・錫杖製造職人・製粉用臼製造職人について「製粉場で」«на мельницу»[371]、テーブルクロス織工について「ノーヴォエ村で」[372]、漁師について「レストヴィツィノ村で」[373]との記載が見られる。前 2 者は、それぞれの仕事場を指すものとなっている。あとの 2 つについては地名であり、そこにかれらの仕事に関わる施設が存在することを示しているのであろう。

このように、炉焚き人・屋敷番・番人のようなサーヴィス業務については労働の場が特定されていた、というよりも、労働の内容そのものが、特定の場における労働提供のために雇用されていた分野ということになる。

しかし、森番としてオブロークを与えられているカシマンの息子フョーディカの場合、クワスを醸造する、と条件が付けられているし[374]、同じ森番であったチョールヌィの場合も、れんが作りの物置小屋に配置されたことが記載されている[375]。したがって、森番という職種名からでは引出すことのできない労働内容も課されていた可能性がある。

他方、特殊な技能を提供する分野もあり、この労働の場＝仕事場については、炉焚き人の労働の場を通して推測することができる。この点に関して、«Книга ключей и Долговая книга»の監修者も、序文において

> 修道院に隣接し、ケーラリやカズナチェーイの監視の元にあった修道院固有の経済と、修道院領の村落との間には大きな違いがあった。修道院固有の経済は大規模で、修道院には«дворцы»や«избы»、すなわち職務上の建物があり、手工業者やその他の使用人«слуги»がそこで仕事を行い、生活していた。16 世紀半ばには（不完全な情報によってではあるが）修道院には、«швалева изба»、«сапожная изба»、«кочережникова изба»、«портная изба»が存在していた。さらに、別に、鍛冶場も記載されている。古手の使用人用には«служня изба»が、雑役夫（ジェチョーヌィシ）用には«детин дворец»が備えられていた。修道院は、修道院の複数の門に門番を、森番と「牛」番を、屋敷番、炉

第 1 章 オブローク受領者の職種と雇用条件

焚き人、そして漁師を抱えていた。特別の«гостин дворец»が、来訪者を迎え入れた。
と述べている[376]。修道院内に裁縫用の建物、靴製造用の建物、火搔き棒製造職人用の建物、裁縫師用の建物、鍛冶場が存在していたことは確認できるであろう。

さて、大雑把に労働の場を区分すると、修道院内と修道院領の村内ということになるが、職種という点から労働の場を見てみると、修道院内外のいずれにも共通して労働を提供する職種と、特定の場・地域において労働を提供する職種の 2 通りに大きく区分されるように思われる。また、炉焚き人や屋敷番のような単純労働と、手工業者のような熟練労働とに区分することも可能であろう。

3 16 世紀後半

修道院は、本院だけではなく、さまざまな施設を所有していた。所領内の村には教会・救貧施設、司祭 поп・輔祭 дьякон・堂務者 пономарь・проскурница・слуга монастырской の居住する戸などが、検地帳などに記載されており、教会の耕地、修道院の草地などにも言及があることは、序章で述べた通りである。

職種の中で、村名との結びつきがとりわけ強いのは、屋敷番と炉焚き人についてである。屋敷番の場合、クリュコヴォ村・ゴルボヴォ村・オボブロヴォ村・ヴェイナ村を除く全村と関わっており、ヴェリヤミノヴォ村・リトヴィノヴォ村についても、屋敷番が登場している。

炉焚き人については、ネヴェロヴォ村・クリヤノヴォ村・ズボヴォ村・クリュコヴォ村・ラグチノ村・ベルコヴォ村・モレチキノ村・レトキノ村・ゴルボヴォ村を除く 33 ヶ村と関わっており、モスクワにも派遣されている[377]。が、炉焚き人の場合に特徴的なのは、炉の存在が人間の生活の場、あるいは労働の場と結びついていることによって、後述するように、炉焚き人自身の労働の場が他の人々の生活の場、労働の場と密接に結びついていることである。

ジェチョーヌィシの場合も、まれに村名あるいは部落名と結びついている。例えば、ガヴリノ村については 2 例が各 1 人、1 例が 2 人[378]、もう 1 例が 4 人[379]、ネヴェロヴォ村・エリナルホヴォ村・ラグチノ村・サヴェリイェヴォ村・ボロバノヴォ村・ブジャロヴォ村については、それぞれ 1 例で 1 人[380]、ブイゴロド村・

75

第1章 オブローク受領者の職種と雇用条件

トゥーロヴォ村については各1例で3人[381]、レリャヴィノについては1例で4人[382]、レチノでは1例で8人[383]、レトキノ村・クリュコヴォ村については1例で、それぞれ5人[384]、ウスペンスコエ村については2例で、1例が3人[385]、もう1例が1人[386]、ゴルボヴォ村については1例で3人[387]、ベーリ村については2例あり、1例が2人で[388]、他の1例が4人[389]、アンギロヴォ村については4例あり、2例が1人ずつ[390]、1例が4人[391]、もう1例が5人[392]、ノーヴォエ村については3例で各3人ずつ[393]、イリイツィノ村については1例が3人[394]、3例が4人ずつ[395]、オトチシチェヴォ村については4例で各4人ずつ[396]、という事例が見られる。

しかし、ジェチョーヌィシの場合の村名との結びつきは、前2者とはその性格が少し異なるように思われる。屋敷番と炉焚き人については、その村を担当するという意味合いで使われているようであるが、ジェチョーヌィシの場合には、第5節で述べた点を考慮すると、その村に居住しているという意味合いで使われていると思われる。

ジェーチについては、サヴェリイェヴォ村とアンギロヴォ村の2つの村について確認でき、前者の場合は2人で、いずれも保証人が2人ずつ[397]、後者については4人で、2人については保証人が2人[398]、残り2人については保証人が1人となっている[399]。

牧人については、すでに言及したように、イリイツィノ村・オトチシチェヴォ村・ノーヴォエ村・ブイゴロド村という同一のプリカースに所属する、しかもいずれもヨシフ・ヴォロコラムスキー修道院近郊の4ヶ村[400]と、他の2ヶ村についてのみ確認することができる。さらに、時期が示されている場合には、夏期であり、収穫後の耕地（おそらく、修道院の直領地）での放牧と考えられる。日常的には、馬係、家畜の世話人が家畜の世話に当たっていたのであろう。ただ、馬係の場合は、その存在が特定の村に限定されていなかったとはいえ、数的には限定されていた。

мельник については14例確認できるが、うち4例はアンギロヴォ村に関わり、いずれもノヴゴロドの人であるイヴァン・リャプンが製粉業従事者である[401]。また、8例はオヌフリーの息子ロジオンが製粉業従事者で[402]、そのうち2例について「製粉場で」«на мельницу»との言葉が付されている。残り2例は、イゾシミンスキー修道院のヴァシーリーが製粉業従事者である[403]。支出帳簿では、«нижная

第 1 章 オブローク受領者の職種と雇用条件

мельница»という表現が使われている[404]。

　番人については、比較的サーヴィス提供の場がオブローク支払帳簿の中に記載されている。これは、提供するサーヴィスの性格が影響していると思われるが、労働の場は、「大門で」«у большие вороты»[405]、「厩舎で」«на конюшенной двор»[406]、「水門で」«у водяных ворот»[407]、「聖門で」«к свяным воротам»[408]、「ヨシフ・ヴォロコラムスキー修道院で」«на Богородной монастырь»[409]、「邸で」«на дворцы»[410]という形か、あるいは「門の」«воротной»[411]、「町の」«городовой»[412]、「金庫の」«казенной»[413]、「モスクワの」«московской»[414]、「漁場の」«рыбной»[415]という形容詞形で示されている。

　また、すでに触れたように、派遣先の指定が行なわれてい事例があり、例えば、モスクワへは、1581年10月25日付で、炉焚き人としてミクルコが、番人としてペルヴーシカが、それぞれ派遣されており[416]、1573年11月16日には炉焚き人のクジマ（アレクセイの息子）がモスクワで勤務していた[417]。さらに、1592年には、モスクワ勤務への追加のオブロークとして 0.5 p. が、馬係のヴァシーリー・オフヴァートとグリゴリー・スコカ、裁縫師のヴォイカ、靴工のダニール（ドロガーニャの息子）、ジェチョーヌィシのカリン（チモフェーイの息子）、料理人のハリシム、служкаのザミャトナ（ヴァシーリーの息子）とセメンに、そしてフォマにそれぞれ与えられている[418]。料理人のハリシムは1589年10月11日にも、モスクワへ炉焚き人として派遣されており、オブローク 1 p. の他に 0.25 p. が与えられている[419]。この時には、ジェチョーヌィシであるイヴァンコが番人として派遣され、報酬として 0.25 p. の追加の上に、シューバが与えられている[420]。

　モスクワだけではなく、すでに1573年12月17日に、被解放者トゥリョンカ（スチェパンの息子）が炉焚き人としてオボブロヴォ村に派遣されたり[421]、1588年にはカルガポリでの奉仕に対する報酬として、馬係のラルギーに 10 a. が追加されたりしている[422]。

　手工業者の労働の場の存在を示唆しているのは、炉焚き人へのオブロークの授与に際して、炉を炊くべき具体的な建物が示されている場合である。例えば、

① 「裁縫小屋で」«в портную избу»あるいは«в портную келью»[423]
② 「裁縫小屋の縫製場で」 «на швальню в портную избу»[424]
③ 「製革小屋で」«в кожевную избу»[425]

77

第1章 オブローク受領者の職種と雇用条件

④ 「靴製造小屋で」《в сапожную избу》[426]
⑤ 「靴製造小屋の縫製場で」《на швальню в сапожную избу》[427]
⑥ 「鍛冶場で」《на кузницу》[428]
⑦ 「ろくろ小屋で」《в токарную избу》[429]

という表現である。

　事実、支出帳簿の1581年7月30日付で鍛冶工ボリス（ペトロフの息子）は、「春のニコライの日（5月9日）から翌年の春のニコライの日まで鍛冶場で仕事をしなければならない」との記載がある[430]ことから、修道院所有の鍛冶場の存在を推測することができる。また、казак の場合、製粉場と結びついて、《казак на мельницу》、《мельничной казак》となっている事例もある[431]。

　裁縫師、製革工、靴工、鍛冶工、ろくろ師のような屋内での労働に携わる人々、また、製粉業という特定の設備を備えた製粉場を必要とする製粉業従事者は、それぞれの労働を行うにふさわしい小屋＝仕事場で労働を行っていたものと考えられる。それがどこに存在していたのかを示す記述は見つからないが、可能性があるのは、当該修道院そのものの内部か、修道院近郊の村々の中心地であるノーヴォエ村の内部ということであろうか。しかし、労働の場の存在は、オブローク受領者の生活の場との関連もあり、もう少し検討を加えてみなければならない。

　次に、建物そのものの造営に携わる大工はどうであったのだろうか。オブローク支払帳簿では、前述のように、大工もまた恒常的にオブローク受領者として現れ、ほぼ1p.のオブロークを与えられていた。しかし、彼らの年間を通しての居住場所、仕事の内容については不明であり、また、労働の性格上、本来的には、大工は複数で仕事をしていると考えられるが、オブローク受領者の数が少ないことについて疑問が残る。

　漁業関係では、第4章で検討するように、支出帳簿の中に魚類の購入が頻繁に記載されている。が、その種類を見ると、チョウザメ等の、高価な、おそらく当該修道院領内には漁場のないものであり[432]、日常の消費に必要な魚類ではない。漁師のうち戸を所有している者が、どこに戸を所有しているのかを見てみると、12人中ファジェイェヴァ部落に1戸[433]、チャシチャ部落に3戸[434]と、チャシチャ部落に多くが存在している。1589年、1590年のオブロークを受領している漁師4人のうち3人はチャシチャ部落に戸を所有する者であった。いずれの部落も、当

第1章 オブローク受領者の職種と雇用条件

該修道院から遠くない、川沿いに位置する集落であり[435]、漁業が営まれていたのであろう。そして、漁師の場合は、後述するブジャロヴォ村の漁師のように、特定の村の漁師がオブローク受領者となっていたように思われる。

そこで、章を改めて、オブローク受領者の実態を、居住地、家族という観点から検討してみたい。

[1] Книга ключей и Долгавая книга..., С. 13 и др.
[2] Там же, С. 18 и др.
[3] Там же, С. 25 и др.
[4] 以下に挙げるもののほか、錫杖製造職人 посошник、十字架製造職人 крестечник なども登場している。
[5] мельник あるいは мельничный мастер は、製粉業者と理解されているが、大工との関わりで登場していることを考慮して、本文のように訳した。
[6] クズネーチヌィエ・ジェーチ кузнечные дети を鍛冶工と捉えることができるかどうか、問題もあるが、とりあえず鍛冶に関わるサーヴィスの提供に従事している、という意味で、ここに分類しておきたい。
[7] これは、写字生、書籍商と訳しうるが、当該史料中のこの言葉をそのように訳すことは適当ではないと思われる。しかし、適当な訳を思いつかないので、原文のまま記すことにした。
[8] Там же, С. 20.
[9] Там же, С. 14. ここにも示されているように、職種が桶屋である人物が、大工として雇用されている点に注意が必要である。
[10] Там же, С. 33.
[11] 監修者は鞍師 седельник を職種ではなく、名前の一部であると捉えている。
[12] Там же, С. 63.
[13] Там же, С. 75.
[14] ここで、オブローク受領者としての職種とオブローク受領者自身の職業とを区別したが、それは、オブローク受領者の存在形態を検討する際に意味を持ってくるものと思われるからである。そして、オブローク受領者が保証人となった場合に付されている職種をも考慮することによって、オブローク受領者としての職種とオブローク受領者自身の職業との関連を、ある程度判断することが可能となるであろう。ただ、保証人となった年に、保証人自身もオブローク受領者となっているのかいないのかを考慮しなければならない。
[15] その他、教会・修道院の宗教的業務関係として、дьячок、イコン制作者 иконник、使用人 слуга、下級堂務者 трапезной、человек などが登場している。
[16] クズネーチヌィ・ジェーチあるいはクズネーチヌィ・カザークについては、次節の労働内容の箇所で、もう一度触れることにしたい。
[17] ВХКПРК, С.208.
[18] ВХККДСВ, С. 231.
[19] Там же, С. 245.
[20] Там же.
[21] Там же.
[22] Там же, С. 246.
[23] 年次については、10月1日を起点として翌年の9月30日までを、起点の10月1日を含む年の年次とする。例えば、1573年度という場合は、7082年10月1日（1573年10月1日）から7083年9月30日（1574年9月30日）までを指している。
[24] 村名が分からないものが Там же, С. 206, 209 に、また、ブジャロヴォの村々、スパスコエの村々、ウスペンスコエの村々、ルコヴニコヴォの村々について、Там же, С. 233, 234 に、それぞれ記載されている。なお、後者については、«детеныши» あるいは «дети» も対象となっ

79

第1章 オブローク受領者の職種と雇用条件

ている。
25 表中に加えることのできなかった可能性がある職種は、屋敷番と炉焚き人に限定されない。牧人についても（*Тихомиров М. Н.* Указ. соч., С. 151）、また、ジェチョーヌィシについても言えることである。
26 なお、下級堂務者と射手も、恒常的に雇用されている。
27 1589年7月11日に、シェスタコヴォ村、コンドラトヴォ村、レストゥヴィツィノ村、ラグチノ村、ウエペンスコエ村、ベルコヴォ村、ボロバノヴォ村、ヴォルシノ村の屋敷番にオブロークが支払われたが、金銭が渡された場所はウスペンスコエ村（ВХККДСВ, С, 253, 254）で、これらの村は同一のプリカース内にあり、そのプリカースの中心がウスペンスコエ村であった。
28 馬は耕作用としても必要であり、支払帳簿でも馬の治療のために、またオブローク支払帳簿では保証人として、馬医者が登場しているほどであるから、12人という数字は少ないように思われる。家畜数を考慮すると、家畜の世話人が1人だけというのも奇妙である。
29 教会・修道院の宗教的業務に関わるものについては、オブローク受領者そのものが多くない。射手は、常時オブローク受領者として抱えられていたようである。1588年と1589年には、2人の射手に対して、カザン遠征の報償として追加分0.5 p.が与えられている（Там же, С. 250.）。
　なお、すでに述べたように、本書では非宗教的業務に関わる職種を主として扱うことにしたので、教会・修道院の宗教的業務に関わる職種と射手については後の検討対象からは除外することにする。
30 ロジオンの息子イシドールの場合、1588年2月27日付と同年10月25日付では金槌製造職人とされているが、1589年10月11日付、1590年9月4日付、1592年10月付では鍛冶工とされている（Там же, С. 236, 242, 260,275, 283）。
31 Там же, С. 14, 32, 36.
32 靴工の場合、最高額は1 p.と固定されていたようだが、オブローク受領者となった時点で即1 p.を支給されるということでもなかったと思われる。例えば、父親ドロガーニャの場合には、当初から1 p.を支給されているが（Там же, С. 198, 213, 220, 235, 250, 264）、彼の息子ダニールの場合は、10 а.から出発して、年を追って、4 г.、0.5 p.と増額されている（Там же, С. 236, 250, 264, 281）。また、ピョートルの場合も、10 а.、4 г.、30 а.、1 p.と増額されているし（ВХПРК, С. 29, ВХКВДСВ, С. 199, 213, 222）、トロヒムの場合も、0.25 p.（50 д.）、0.5 p.、30 а.と増額されている（ВХКПРК, С. 33、ВХККДСВ, С. 199, 213）。鞍師については、1例だけ1 p.が支給されている。
33 馬係の場合も、確かに1 p.が一般的ではあるが、初めてオブロークを受領する際には、1 p.ではなく、25 а.あるいは30 а.を支給されていたようであり（Там же, С. 192, 193, 210, 211）、また、1 p.を経て、40 а.を支給される場合もあった（Там же, С. 241, 259, 274, 283）。
34 オブローク受領者として登場してくる頻度はそう高くなく、1573年に2度、1579年12月と1581年10月に1度ずつの、計4回である（Там же, С. 33, 197, 219, 230）。
35 1例だけ1 p.が支給されている（Там же, С. 226）。
36 木さじ製造職人として登場しているのはグリゴリー（ヤコフの息子）だけであるが、彼の場合も、初年度は30 а.のオブロークであった（Там же, С. 250）。
37 すでに触れたように、製粉業従事者として登場してくるのはイソシミンスキー修道院のヴァシーリー、イヴァン・リャプン、ロジオン（オヌフリーの息子）の3人だけである。なお、人物の比定に当たっては、あだ名に注目する、また、*Петровский Н. А.* Словарь русских личных имен, М., 1984 によって、愛称形などを本来の名前に戻す、という手続きを採った。
38 ヴァシーリーの場合は、当初から1 p.で（ВХККДСВ, С. 265, 275）、イヴァンの場合は、30 а.から1 p.に（Там же, С. 241, 262, 274, 284）、ロジオンの場合は、1 p.から40 а.に（Там же, С. 203, 210, 217, 226, 241, 259, 284）、それぞれ増額されている。ただ、ロジオンについては、1590年だけはそれまでの、そしてその後の40 а.ではなく、1 p.の支給であった（Там же, С. 274）。
39 ヴァシーリー（Там же, С. 227, 249, 264）、イヴァン（Там же, С. 198, 219, 220, 227, 249）、コスチャ（Там же, С. 198, 212, 219）、ピャートイ（Там же, С. 228, 249, 264）、フョードル（Там же, С. 221, 228, 249, 264）の場合がこれに当たる。

第1章　オブローク受領者の職種と雇用条件

⁴⁰ ボグダンの場合がこれに相当する（Там же, C. 199, 213, 220, 227）。
⁴¹ クジマの場合がこれに相当する（Там же, C. 228, 235, 249, 264）。
⁴² ラトゥィシャの場合がこれに相当する（Там же, C. 235, 249, 264, 265）。
⁴³ イヴァン（トレズヴォン）の場合がこれに相当する（Там же, C. 198, 212, 219, 235, 249－251）。
⁴⁴ ミハイル（フィリップの息子）の場合がこれに相当する（Там же, C. 260, 276）。
⁴⁵ ミハイルの父親フィリップ（ドミトリーの息子）の場合がこれに相当する（Там же, C. 194, 213, 216, 226, 242, 260, 276, 284）。
⁴⁶ アニシム（Там же, C. 211, 219）、グリゴリー（Там же, C. 195, 211, 218, 226, 243, 261, 276）の場合がこれに相当するが、グリゴリーは、1573年5月19日に半年分のオブロークとして4グリヴナを得ており（ВХКПРК, C. 27）、1年間では8グリヴナに相当する額から出発したことになる。
⁴⁷ ミハイルの場合、車大工とも表現されているが、当初、車大工として1р.10д.から40а.に、さらに40а.1г.に増額された後、大工として40а.を得ている(ВХККДСВ, C. 226, 241, 259, 274)。
⁴⁸ ペルヴーシカの場合がこれに相当し、10а.から1р.に、さらに40а.へと増額されている（Там же, C. 213, 226, 242, 260, 275）。また、彼の弟子アナーニーの場合は、0.25р.から10а.へと増額されている（Там же, C. 260, 275）。
⁴⁹ ヴァシーリーの場合は2р.に（Там же, C. 217, 226）、グリゴリーの場合は1р.に（Там же, C. 243, 263）、それぞれ固定されている。
⁵⁰ アクセンの場合、1.5р.から2р.に増額されている（Там же, C. 217, 226, 242, 263）。
⁵¹ イシドールの場合、当初10а.であったが、0.5р.、25а.、1р.と増額されている（Там же, C. 236, 242, 260, 275, 283）。
⁵² イヴァン（イヴァンの息子）の場合、0.5р.から20а.に増額されている（ВХКПРК, C. 27、ВХККДСВ, C. 194, 195, 217）。また、フォマ（タルフの息子）の場合も、25а.から1р.に増額されている（Там же, C.199, 212, 214）。しかし、アルチェム（ヤコフの息子）の場合は、1р.から25а.に減額され、再び1р.に戻っている（Там же, C. 218, 232, 243, 261, 286）。
⁵³ アンドレイ（ヤコフの息子）の場合、20а.から160д.に増額されている（Там же, C. 272, 288）。ヴァシーリー（フョードルの息子）の場合も、20а.から1р.に増額されている（Там же, C. 199, 209, 231）。グリゴリーとエメリヤン（フォマの息子）の場合は、いずれも20а.から30а.に増額されている（グリゴリーについては、Там же, C. 239, 257, 272, 287、エメリヤンについては、Там же, C. 258, 271, 287）。デニス（マクシムの息子）の場合は、20а.から25а.に増額されている（Там же, C. 258, 271, 287, 288）。
⁵⁴ Книга ключей и Долговая книга ..., C. 21, 28, 34, 39, 71, 77.
⁵⁵ Там же, C. 64, 71, 77.
⁵⁶ Там же, C. 60.
⁵⁷ Там же, C. 28.
⁵⁸ Там же, C. 15, 20, 27, 33.
⁵⁹ Там же, C. 16.
⁶⁰ Там же, C. 46.
⁶¹ Там же, C. 15, 19, 26.
⁶² ВХККДСВ, C. 199.
⁶³ Там же, C. 200, 211.
⁶⁴ Там же, C. 283.
⁶⁵ Там же, C. 227.
⁶⁶ Там же, C. 291.
⁶⁷ 支出帳簿ではオブロークとは表現されていないし、夏期用の手当を受け取っている者がオブローク受領者であるかどうかについては明確に示されているわけでもないので、全ての夏期用の手当の受領者についてオブローク受領者であるかどうかの確定はできないが、彼らの中にオブローク受領者が含まれており、オブローク支払帳簿中の記載形式と同一であることから、

第1章 オブローク受領者の職種と雇用条件

支出帳簿中の夏期用手当の受領者をオブローク受領者と判断した。
[68] 以上、①〜⑫については、ВХКПРК, С. 206, 207, 209-211, 213, 215.
[69] Там же, С. 219.
[70] ВХККДСВ, С. 252.
[71] 支出帳簿によると、1575年10月2日付で、修道院長の命によってラキチノの漁師アニシムに防寒帽用に1 г.が（, С. 112）、1579年10月29日付で、«детенышы прихожие»マチューシカ（イヴァンの息子）とカリンカ（チモフェーイの息子）に、わらじ用に2 а.が（Там же, С. 170）、1580年2月7日付で、ろくろ師イヴァンに、ルバーシカ用に2 г.が（Там же, С. 178）、同年3月19日付で、炉焚き人ラティシャにもルバーシカ用に1г.が（Там же, С. 180）、それぞれ与えられている。また、1581年10月29日付で、修道士ニカンドラがサヴェリイェヴォ村のジェチョーノク2人に、塩用の費用として8 д.を与えている（Там же, С. 219）。
[72] *Щепетов К. Н.* Указ. статья. С. 100.
[73] Книга ключей и Долговая кника..., С. 21
[74] Там же, С. 51.
[75] Там же, С. 32.
[76] Там же, С. 51. 当初8月と記載されていたものが削除され、後に7月と訂正されている。
[77] Там же, С. 13, 18, 25, 29, 31, 36, 69, 74, 75, 76, 77.
[78] Там же, С. 68.
[79] Там же, 74. 恐らく、10月1日の間違いであろう。
[80] Там же, С. 54, 71.
[81] Там же, С. 59.
[82] Там же, С. 47.
[83] Там же, С. 17, 21, 28, 39, 45, 51. 5月9日あるいは12月6日であるが、12月6日である可能性が高い。いずれも手工業者に対する支払いである。
[84] Там же, С. 64.
[85] Там же, С. 28, 77.
[86] 帳簿の起載が10月1日となっているのも、このような慣行を背景としている可能性が高いのではないだろうか。
[87] Там же, С. 77.
[88] Там же, С. 34, 45, 49, 65, 69-70, 75.
[89] Там же, С. 75.
[90] Там же, С. 32. 3ヶ月分に相当するオブロークの額と推測される。他のジェーチについては、期間は示されていない。
[91] Там же, С. 19.
[92] Там же.
[93] Там же.
[94] Там же, С. 22. 彼よりも前に名前が挙げられているクズネーチヌィエ・ジェーチたちには4 г.ずつ与えられている。恐らく彼に与えられた2 г.は、半年分と思われる。ジェニス（セメンの息子）は、1547年と1548年12月6日に登場しているが、後者では削除されており、イヴァンについては、欄外への追加として、秋のニコライの日（12月6日）までの分であること、ジェニスに代わる者であることが記されている。イヴァンがいつから雇用されているかは不明である。
[95] Там же, С. 24.
[96] Там же, С. 37.
[97] Там же, С. 40.
[98] Там же, С. 14.
[99] Там же, С. 15.
[100] Там же, С. 27. 約4ヶ月分と考えられる。
[101] Там же, С. 34. 7ヶ月分と考えられる。
[102] Там же, С. 44.

第 1 章 オブローク受領者の職種と雇用条件

[103] Там же, С. 75.
[104] Там же. 約 4.5 ヶ月分に相当すると考えられる。
[105] Там же. 3 ヶ月分に相当すると考えられる。
[106] Там же. 約 4 ヶ月分に相当すると考えられる。なお、このオブローク授受については、削除されている。
[107] Там же, С. 77. 約 4 ヶ月分に相当すると考えられる。
[108] Там же. 約 6 ヶ月分に相当すると考えられる。
[109] Там же, С. 51.
[110] Там же. 当初 8 月 1 日と記載されていたが、8 月は削除され、7 月と変更されている。
[111] Там же, С. 63.
[112] 史料中、移動祭日が記載されている場合、特に復活祭に関わる場合が多いが、その際の日付の確認に当っては、Настольная книга для священно-служителей. Составил преподаватель Харьковской Духовной Семинарии *С. В. Булгаков.* Изд. второе., Харьков, 1900 (Photomechanischer Nachdrück der Akademischen Druck-u. Verlagsanstalt. Graz/Austria. Printed in Austria. 1965); *Пронштейн А. П., Кияшко В. Я.* Хронология. Под ред. чл.-корр. АН СССР *В. Л. Янин.* М., 1981 を参考にした。
[113] Книга ключей и Долговая книга..., С. 32. 約 7 ヶ月半分と考えられる。
[114] Там же, С. 13.
[115] Там же, С. 14.
[116] 原文では、8 月が消されて、7 月に書換えられている。このことから、当初は 8 月までの 10 ヶ月分として計算されたのであろう。
[117] ВХКВДСВ, С. 198.
[118] Там же, С. 223.
[119] Там же, С. 265.
[120] Там же, С. 248.
[121] Там же, С. 250.
[122] Там же, С. 247, 248.
[123] Там же, С. 227.
[124] Там же, С. 227.
[125] Там же, С. 200.
[126] Там же, С. 236.
[127] Там же, С. 190, 192, 199. «жити ему октября с 15 числа да до октября ж до 15 числа» «Жити ему в детенышах год до месяца октября 20 до 7-го числа» «Жити ему год до тово ж месяца»
[128] Там же, С. 247, 248.
[129] Там же, С. 202, 203, 222, 233, 247, 252. この場合、「居住しなければならない」との表現が見られることもある。
[130] Там же, С. 204.
[131] Там же, С. 264.
[132] Там же, С. 254.
[133] Там же, С. 193, 254, 270.
[134] Там же, С. 253.
[135] Там же, С. 254, 264.
[136] Там же, 253.
[137] 半年分とされている事例は、ジェチョーヌィシ、炉焚き人、«тележный повар»について、それぞれ 1 例ずつ見られる（Там же, С. 217, 233, 236）。
[138] *Тихомиров М. Н.* Указ. статья., С. 150.
[139] ВХККДСВ, С. 240. これは、次のような経過をたどっている。すなわち、ニコリスコエ村のフェデイカにオブローク 1 p. が与えられた。彼の保証人はイヴァン・クルコフであった。ところが、フェデイカが結婚したので、彼に代わる馬係としてクジモデミヤンスコエ村のグリシカ

83

第1章 オブローク受領者の職種と雇用条件

が送られ、グリシカにはフェディカが勤め上げなかった期間分に相当する 20 а .の金銭が渡された。グリシカの保証人は馬係のトレシカであった。つまり、1 р .＝200 д .、20 а .＝120 д .という点を考慮すると、フェディカは約 5 ヶ月務めた後、結婚のため修道院の馬係を止め、その後の 7 ヶ月余りをグリシカが引き継いだ、ということである。

[140] ВХКПРК, С. 2.
[141] Греков Б. Д. Указ. статья. С. 78.
[142] Книга ключей и Долговая книга..., С. 13.
[143] Там же, С. 76. 戸はノーヴォエ村に存在していた。
[144] Там же, С. 48, 57, 62, 69, 74. 戸は、ファジェイェヴォ部落（ポクロフスコエ村に付属する）に存在している。
[145] Там же, С. 54.
[146] Там же, С. 24, 48, 53, 57, 62. 戸は、ファジェイェヴォ部落に存在する。
[147] Там же, С. 27.
[148] Там же, С. 21, 27, 32, 38, 44, 49, 54, 58, 64, 70.
[149] Там же, С. 25, 31, 37, 43, 47, 53, 58, 64, 69. あとの 4 例が担保もなく、保証人も立てていないもの。ノーヴォエ村出身とされているので、戸もノーヴォエ村に存在していると思われる。
[150] Там же, С. 15, 20, 26, 33, 48, 54, 59, 63.
[151] Там же, С. 14, 19, 26,/ 30, 37, 43,/ 47, 53, 58.
[152] Там же, С. 14, 19, 26, 30, / 37, 43,/ 47, 53, 58, 64. 戸は、プロボエヴォ部落（ポクロフスコエ村に付属する）に存在する。
[153] Там же, С. 27, 32, 54, 59, 63, 70, 76.
[154] Там же, С. 15, 20, 27, 32, 37, 58, 64,/ 75.
[155] Там же, С. 14, 19, 26,/ 30,/ 37,/ 43, 48, 53, /58, 64, 69, 75.
[156] Там же, С. 53, 57, 62, 69, 74. 戸は、チャシチャ部落（ポクロフスコエ村に付属する）に存在する。
[157] Там же, С. 26, 32, 44, 48, 53, 58, 62, 69, / 75. 最初の 2 例では、ポクロフスコエ村のシチェチンキノ部落出身の、とされ、保証人は同部落のマーカルとなっている。戸は、チャシチャ部落に存在し、大工とされている。
[158] Там же, С. 19, 25, 31, 36, 43,/ 48, 53, 57, / 69, 75.
[159] Там же, С. 17, 21,/ 28,/ 34.
[160] Там же, С. 59,/ 64, 69, 75.
[161] Там же, С. 19, 26, 33, 37,/ 48,/ 54,/ 59,/ 64, 69, 75.
[162] Там же, С. 15,/ 20,/ 27, 32,/ 38, 44, 49,/ 54,/ 59,/ 70. 但し、この場合には、最後の戸を担保とすることもなく、保証人も立てないという状態の前に、戸を担保とするのではなく、保証人を立てている。
[163] Там же, С. 14,/ 19, 26, 30, 37, 43, 47,/ 53, 58, 64,/ 74. 戸は、スモリニコヴォ部落（ルザ郡シェストリンスキー・スタン）に存在する。最終的には、戸を担保としている。
[164] Там же, С. 31.
[165] 当初、保証人も立てず、戸を担保とすることもなかったが、その後、保証人を立て、最終的には、保証人と戸を担保としている（Там же, С. 15, 20, 32, 37, 44, 49, 58）。
[166] Там же, С. 14, 20, 25,/ 31, 36, 44,/ 48, 53,/ 58, 64, 69, 75.
[167] Там же, С. 19, 25, 31, 36, 44, 48,/ 53,/ 57, 62, 69,/ 74.
[168] Там же, С. 17,/ 21-22,/ 34, 39,/ 45, 50,/ 55,/ 58,/ 70.
[169] 後述するように、16 世紀 70 年代以降になると、保証人を立てていない事例の方が皆無に近くなる。
[170] 錫杖製造業者については、1570 年代のオブローク支払帳簿には登場してこない。
[171] 戸を担保としているコスチャの息子ミーチャは、ろくろ師としてオブローク受領者となる以前から、錫杖製造工としてオブロークを受領していたが、その時には戸を担保とはしていない（Там же, С. 15, 19, 26, 33, 54）。
[172] 1550 年 10 月 1 日付でカラチニコヴォ村の馬番 1 人が記載されており、この人物は保証人

84

第 1 章 オブローク受領者の職種と雇用条件

を立てているが、1 人だけの記載なので、除外した。
[173] ВХККДСВ, С. 201.
[174] Там же. 1588 年 5 月 27 日付及び 1592 年 10 月付けでボラシコヴォ村の屋敷番となっているニキータが同一人物であるとすれば、前者ではオフシャニクを、後者では農民アンドレイを、保証人としている（Там же, С.246, 290）。
[175] Там же, С.192.
[176] 同時に、家畜の放牧を義務づけられている。
[177] この 2 例以外に、古参住民がオブローク受領者となっている事例はオブローク支払帳簿には見当たらないので、古参住民がオブローク受領者となることは稀であったと考えられる。
[178] Там же, С. 197, 213, 215, 226.
[179] Там же, С. 195, 213, 216, 226. シーリャイは、16 世紀半ばにも登場しているが、その時期にも一貫して保証を必要としていない。
[180] Там же, С. 205, 213, 215, 226-227. この人物については、当初、シーリャイが保証人となっている。
[181] Там же, С. 202, 213, 221, 226. 16 世紀半ばにストッキング製造工として登場し、保証を必要としていないグリーシャないしグリージャと同一人物である可能性が高い。
[182] Там же, С. 199- 200, 220. ただ、彼の場合は、2 回しか登場していない点を考慮しなければならない。
[183] 1587 年、1588 年、1589 年 12 月 11 日に、ポクロフスコエ村の戸を担保としている（Там же, С.235, 249, 264）。
[184] 1588 年、1589 年 12 月 11 日、1592 年とポクロフスコエ村の戸を担保としている（Там же, С.242, 263, 279）。
[185] 1592 年に、オトシチェヴォ村の戸を担保としている（Там же, С.283, 284）。
[186] 1588 年、1589 年 10 月 11 日、1590 年 9 月 4 日とロジオノヴォ部落の戸を担保としている（Там же, С.241, 259, 275）。
[187] 1592 年に、プロボエヴォ部落の戸を担保としている（Там же, С.283）。
[188] 1592 年にラフマノヴォ部落の戸を担保としている（Там же, С.284）。
[189] 1592 年に、チャシチャ部落の戸を担保としている（Там же, С.284）。
[190] 1592 年に、ブイゴロド村の戸を担保としている（Там же, С.289）。
[191] 1588 年、1589 年 10 月 11 日にチャシチャ部落の戸を担保としている（Там же, С.239, 256）。
[192] 1590 年 9 月 4 日、1592 年にチャシチャ部落の戸を担保としている（Там же, С.272, 288）。
[193] 1588 年にトロフィモヴォ部落の戸を担保としている（Там же, С.238）。
[194] 1592 年にロジオノヴォ部落の戸を担保としている（Там же, С.288）。
[195] 1592 年にチャシチャ部落の戸を担保としている（Там же, С.288）。
[196] 1592 年にニコリスコエ村の戸を担保としている（Там же, С.288-289）。
[197] 1590 年 9 月 4 日にはファジェイエヴァ部落の戸を担保とし、1592 年にはロジオノヴォ部落の戸を担保としている（Там же, С.271, 287）。
[198] 1592 年にノーヴォエ村の戸を担保としている（Там же, С.286）。
[199] 1588 年 7 月 18 日、1589 年とオトシチェヴォ村の屋敷番としてオトシチェヴォ村の戸を担保とし、1592 年には家畜の世話人としてオトシチェヴォ村の戸を担保としている（Там же, С.247, 251）。
[200] 1588 年にノーヴォエ村の戸を担保としている（Там же, С.243）。
[201] ヴォロニナ部落に住み、自己の戸を持っていながら、保証人を立てている（Там же, С. 194）。
[202] 1575 年 11 月 9 日に、チャシチャ部落に戸を持っているが、ブルイコヴァ部落の管理人ネクリュードが保証人となっており、1581 年 10 月 15 日には戸の所有には触れられずに、チャシチャ部落のヴァシーリーが保証人となっている（Там же, С.209, 230）。
[203] ノソヴォ部落に住み、自己の戸を持っていたので、1573 年 10 月 31 日には保証を必要としなかったが、1575 年 11 月 17 日には、依然としてノソヴォ部落に居住しているにもかかわらず、保証人を立てている（Там же, С. 192, 209）。
[204] ポクロフスコエ村に居住し、戸を持っているが、大工のジェメンチェイを保証人としてい

85

第1章 オブローク受領者の職種と雇用条件

る（Там же, C.193, 207, 216）。
[205] 1573年12月2日には自分の戸を持ち、ノーヴォエ村に住んでおり、保証については何も触れられていないが、1575年11月18日、1579年10月29日にはブルィコヴォ部落の管理人ネクリュートが保証人となり、1581年10月15日にはジェチョーノクのヤキム（チモフェーイの息子）が保証人となっている（Там же, C. 196, 209, 216, 228, 229）。
[206] オトチシチェヴォ村に戸を持っていたが、1573年11月16日には、担保とせず、ミハイル（オブロシムの息子）が保証人となっており、1575年11月4日には戸の所有には触れられずに、オトチシチェヴォ村の住民イヴァンが保証人となっている（Там же, C.194, 208）。
[207] 1573年11月16日に、オトチシチェヴォ村に戸を持っていたが、担保とせず、ジェチョーヌィシのオフシャニク（オヌフリーの息子）が保証人となっており、1575年11月4日には戸の所有には触れられずに、保証人のみが記載されている（Там же, C.194, 207）。
[208] ラフマノヴォ部落に居住し、戸を持っているが、大工のジェメンチェイを保証人としている（Там же, C.193）。
[209] 1581年、1587年、1588年には保証人を立てていたが、1589年12月11日にはポクロフスコエ村の戸を担保としている（Там же, C.228, 236, 250）。
[210] 1587年、1588年と保証人を立てていたが、1589年12月11日にはチャシチャ部落の戸を担保としている（Там же, C.235, 250, 264）。
[211] 彼については、後述するが、1581年より前には保証人、担保とも言及されていないが、この年にオブローク1p.の代わりに戸を与えられ、それ以後、与えられた戸を担保としている。息子ダニールも靴工である（Там же, C.198, 213, 220, 228, 235, 250, 264）。
[212] 1576年1月5日、1581年10月1日と保証人を立てていたが、1588年、1589年10月11日、1590年9月4日とオニスキノ部落にある戸を、1592年にはラフマノヴォ部落の戸を担保としている（Там же, C.213, 226, 242, 260, 275, 284）。
[213] 1588年、1589年10月11日、1590年9月4日には保証人を立てていたが、1592年にはヴィソーコエ部落にある戸を担保としている（Там же, C.243, 260, 275, 287）。
[214] 1573年12月17日、1576年1月2日には保証人を立てており、1579年12月26日、1581年、1587年12月22日には保証人の記載もないが、1588年12月27日、1588年にはポクロフスコエ村の戸を担保としている。1588年の記載では、修道院長の命によって、彼には1589年分のオブローク1.5p.と針用の1a.があらかじめ与えられ、彼の同僚には秋のニコライの日（11月6日）から1589年分のオブロークを与えることになるが、その時には、彼には与えないとされている（Там же, C.198, 212, 219, 227, 235, 249, 250）。
[215] 1573年12月17日、1576年1月4日には保証人を立てていたが、おそらく1579年12月29日以降は、ポクロフスコエ村にある戸を担保にしている。1581年と1588年12月27日にはそれが記載されている（Там же, C.198, 213, 220, 227, 249）。
[216] 1581年には保証人を立てていたが、1588年12月27日、1589年12月11日にはポクロフスコエ村にある戸を担保としている（Там же, C.227, 249, 264）。
[217] 1581年、1588年には保証人を立てていたが、1589年12月11日にはノーヴォエ村にある戸を担保としている（Там же, C.228, 249, 264）。
[218] 1588年には保証人を立てていたが、1589年10月11日、1590年9月4日とノーヴォエ村の戸を担保としている（Там же, C.242, 260, 275）。
[219] 1573年11月14日、1576年1月3日、1579年10月29日には保証人を立て、1581年10月1日には担保・保証人とも記載がないものの、1588年以降、1589年10月11日、1590年9月4日、1592年とチャシチャ部落の戸を担保としている（Там же, C.194, 213, 216, 226, 242, 260）。
[220] 1581年、1588年、1589年10月11日には保証人を立てていたが、1590年9月4日にオブローク20a.の代わりにポクロフスコエ村にある戸を与えられ、1592年にはその戸を担保としている（Там же, C.227, 250, 259, 274, 283）。
[221] 1588年には保証人を立てていたが、1589年10月11日、1590年9月4日にはチャシチャ部落の戸を担保としている（Там же, C.241, 259, 274）。
[222] 車大工として1581年10月1日、1588年には保証人を立てていたが、1589年10月11日に

第 1 章　オブローク受領者の職種と雇用条件

は車大工として、1590 年 9 月 4 日には大工としてロジオノヴォ部落の戸を担保としている（Там же, С.226, 241, 259, 260, 274）。
[223] 1588 年には保証人を立てていたが、1589 年 10 月 11 日にはファジェイェヴァ部落の戸を、1590 年 9 月 4 日にはロジオノヴォ部落の戸を担保としている（Там же, С.241, 259, 275）。
[224] 1573 年 11 月 24 日には保証人を立てていたが、1575 年 12 月 29 日、1579 年 11 月 9 日にはファジェイェヴァ部落にある戸を担保としている。しかし、1581 年には再び保証人を立てている（Там же, С.195, 211, 218, 226）。
[225] 1573 年 11 月 24 日、1575 年 12 月 29 日、1579 年 11 月 9 日、1581 年 10 月 1 日、1588 年と保証人を立てていたが、1589 年 10 月 11 日、1590 年 9 月 4 日にはチャシチャ部落にある戸を担保としている（Там же, С.195, 211, 218, 226, 243, 261, 276）。
[226] 1588 年には保証人を立てていたが、1589 年 10 月 11 日、1590 年 9 月 4 日にはチャシチャ部落の戸を担保としている（Там же, С.243, 261, 276）。
[227] 1580 年 1 月 10 日、1588 年 7 月 18 日、1589 年と保証人を立てていたが、1589 年 12 月 11 日はブイゴロド村の戸を担保としている。しかし、1592 年には再び保証人を立てている（Там же, С.220, 221, 247, 248, 251, 267, 289）。
[228] 1588 年には保証人を立てていたが、1589 年 10 月 11 日、1590 年 9 月 4 日にはオトチシチェヴォ村の戸を担保としている（Там же, С.243, 261, 276）。
[229] 1588 年には保証人を立てていたが、1589 年 10 月 11 日にはヴィソーカヤ部落にある戸を担保としている（Там же, С.239, 256）。
[230] 1588 年、1589 年 10 月 11 日、1590 年 9 月 4 日と保証人を立てていたが、1592 年にはストミロヴォ部落の戸を担保としている（Там же, С.238, 257, 272, 287）。
[231] イリイツィノ村に戸を持っていたが、1589 年 10 月 11 日及び 1590 年 9 月 4 日には担保とせず、兄弟アクセンが保証人となっている。その後、1592 年 10 月には所有する戸を担保としている（Там же, С. 258, 271, 287）。
[232] ノーヴォエ村に戸を所有していたが、当初は保証人を立て（1573 年 12 月 2 日、1579 年 10 月 27 日、1581 年 10 月 15 日）、後に戸を担保としている（1588 年、1589 年 10 月 11 日、1590 年 9 月 4 日、1592 年）（Там же, С. 196, 215, 228, 239, 256, 272, 288）。
[233] 1589 年 10 月 11 日、1590 年 9 月 4 日と保証人を必要とし、1592 年にはニコリスコエ村の戸を担保としている（Там же, С.252, 258, 271, 287, 288）。
[234] 1581 年 10 月 15 日にはノーヴォエ村の 4 人が保証人となり、1588 年にはチャシチャ部落のアンドレイが保証人となっていたが、1589 年 10 月 11 日、1590 年 9 月 4 日、1592 年にはファジェイェヴァ部落の戸を担保としている（Там же, С.229, 239, 256, 271, 287）
[235] 1573 年 11 月 16 日、1575 年 12 月 6 日、1579 年 10 月 27 日にはチャシチャ部落に戸を持っていたが、保証人を立てていた。そして、1581 年 10 月 15 日になって、保証人を立てずに、チャシチャ部落の戸を担保としている（Там же, С. 194, 210, 215, 216, 230）。
[236] 1588 年、1589 年 10 月 11 日、1590 年 9 月 4 日には保証人を立てていたが、1592 年にはチャシチャ部落の戸を担保としている（Там же, С.239, 257, 272, 288）。
[237] 1589 年 10 月 11 日、1590 年 9 月 4 日と保証人を立てていたが、1592 年にはチャシチャ部落の戸を担保としている（Там же, С.257, 258, 272, 289）。
[238] 1573 年 10 月 31 日、1575 年 11 月 4 日と、ファジェイェヴァ部落に住んで、戸を持っていたにもかかわらず保証人を立て、1579 年 10 月 30 日には自己の戸を担保としたが、1581 年 10 月 15 日には再び保証人を立てている（Там же, С. 192, 193, 207, 217, 230）。
[239] 1588 年には保証人を立てていたが、1589 年 10 月 11 日、1590 年 9 月 4 日、1592 年にはチャシチャ部落の戸を担保としている（Там же, С.239, 256, 271, 287）。
[240] 1573 年 11 月 3 日、1575 年 11 月 4 日には保証人を立てていたが、1581 年 10 月 15 日にはノーヴォエ村の戸を担保としている（Там же, С.193, 208, 228）。
[241] 1588 年と 1589 年 10 月 11 日には保証人を立てていたが、1590 年 9 月 4 日にはファジェイェヴァ部落の戸を、1592 年にはロジオノヴォ部落の戸を担保としている（Там же, С.238, 239, 257, 273, 287）。
[242] 1588 年には保証人を立てていたが、1589 年 10 月 11 日、1590 年 9 月 4 日、1592 年にはチ

87

第 1 章　オブローク受領者の職種と雇用条件

ャシチャ部落の戸を担保としている（Там же, C.239, 257, 272, 288）。
[243] 1573 年 12 月 17 日の記載によると、チャシチャ部落に戸を持ちつつ、戸を担保とせず、おじでジェチョーヌィシのアンドレイを保証人としており、1575 年 11 月 9 日、1579 年 10 月 29 日、1581 年 10 月 15 日には保証人の名前だけが記載されていたが、1588 年、1589 年 10 月 11 日、1590 年 9 月 4 日、1592 年にはチャシチャ部落の戸を担保としている（Там же, C. 199, 209, 216, 229, 239, 256, 270, 271, 287）。
[244] 1581 年 10 月 15 日、1588 年には保証人を立てていたが、1589 年 10 月 11 日、1590 年 9 月 4 日にはチャシチャ部落の戸を担保としている（Там же, C.229, 240, 257, 272）。
[245] 1589 年 10 月 11 日、1590 年 9 月 4 日と、オニスキナ部落にある戸を担保とし、親方でストッキング製造工であるペルヴーシャを保証人としている（Там же, C. 260, 275）。
[246] 1588 年には保証人のみであったが、1589 年 10 月 11 日、1590 年 9 月 4 日には保証人とともにチャシチャ部落の戸を担保としている（Там же, C. 240, 257, 272）。
[247] 1590 年 9 月 4 日に、保証人とともにチャシチャ部落の戸を担保としている（Там же, C. 271）。
[248] 1581 年 10 月 15 日、1588 年とノーヴォエ村の戸を担保としていたが、1590 年 9 月 4 日には、これに加えて保証人を立て、1592 年には再び担保のみに戻っている（Там же, C. 229, 239, 273, 288）。
[249] 1581 年 10 月 1 日、1588 年、1589 年 10 月 11 日、1590 年 9 月 4 日と保証人のみであったが、1592 年には、保証人とともに、ノソヴォ部落の戸を担保としている（Там же, C. 224, 240, 259, 274, 283）。
[250] 大工については、1573 年 10 月 12 日付のものだけが、例外的に保証人も、担保も記載していない（Там же, C. 44, 45）。
[251] Книга ключей и Долговая книга..., C. 15, 19, 26.
[252] Там же, C. 27.
[253] Там же, C. 19.
[254] ВХККДСВ, C. 190.
[255] Там же.
[256] Там же, C. 203.
[257] Там же, C. 236.
[258] Там же, C. 246.
[259] Там же.
[260] Там же, C.247.
[261] Там же, C. 253.
[262] Там же, C. 268.
[263] Там же, C. 197.
[264] Там же, C. 201.
[265] Там же.
[266] Там же.
[267] Там же, C. 202.
[268] Там же, C. 245.
[269] Там же, C. 199.
[270] Там же, C. 205.
[271] Там же, C. 209.
[272] Там же, C. 231.
[273] Там же, C. 268.
[274] АФЗиХ, Ч. 2,№ 347.
[275] ジェーチ（Книга ключей и Долговая книга..., C. 13, 48.）、錫杖製造職人（Там же, C. 26）、スルガー・モロドーイ・スターロイ（Там же, C. 40）。
[276] 裁縫師（Там же, C. 51, 55）とジェーチ（Там же, C. 69, 75）。
[277] ジェーチ（Там же, C. 26, 48, 53, 57, 69）と大工（Там же, C. 75）。
[278] ジェーチ（Там же, C. 44）と大工（Там же, C. 48, 53, 58, 64, 69, 75）。

第 1 章 オブローク受領者の職種と雇用条件

279 ジェーチ（Там же, С. 32, 37, 43）と大工（Там же, С. 14, 19, 26, 30）。
280 ジェーチ（Там же, С. 31）と大工（Там же, С. 25, 37, 43, 47, 53, 58, 64, 69）。
281 ジェーチ（Там же, С. 20, 31, 36, 44, 48）、大工（Там же, С. 14, 25, 53, 69, 75）、桶屋（Там же, С. 58, 64）。
282 ジェーチ（Там же, С. 26, 32, 36, 44, 48, 53, 57, 62, 69, 74）と大工（Там же, С. 20）。
283 ジェーチ（Там же, С. 74）と大工（Там же, С. 14, 19, 26, 30, 37, 43, 47, 53, 58, 64）。
284 ジェーチ（Там же, С. 13、18、48、53、62、69）と大工（Там же, С. 75）。
285 ジェーチ（Там же, С. 31）大工（Там же, С. 13, 18-19, 26, 37, 43, 48, 53, 58, 64）。
286 ジェーチ（Там же, С. 13, 18, 25, 31）と大工（Там же, С. 37, 43, 48, 53, 58, 64, 69, 75）。
287 大工（Там же, С. 14, 19, 30）、錫杖製造職人（Там же, С. 26）、ジェーチ（Там же, С. 36-37, 44, 48）。
288 ジェーチ（Там же, С. 19, 25, 31, 36, 48, 57, 69）、クワス醸造人（Там же, С. 43）、大工（Там же, С. 53, 75）。
289 ジェーチ（Там же, С. 31, 37）、大工（Там же, С. 43, 48）、漁師（Там же, С. 54）。最後の場合、スニェグリとのみ記載されているが、当該人物であると考えた。
290 錫杖製造職人（Там же, С. 15, 20, 25）、ジェーチ（Там же, С. 31）、大工（Там же, С. 37, 43, 48, 53, 58）、製粉用臼製造職人（Там же, С. 64）。
291 大工（Там же, С. 19）、ジェーチ（Там же, С. 26、52）、馬係（Там же, С. 63）。ただ、最初の場合、ジェチョーノクとの記載があり、注意が必要である。
292 ジェーチ（Там же, С. 52, 74.）とクズネーチヌィエ・ジェーチ（Там же, С. 39, 45.）
293 ジェーチ（Там же, С. 58）、クズネーチヌィエ・ジェーチ（Там же, С. 17, 21-22, 34, 39, 45, 50, 55）、炉焚き人（Там же, С. 70）。
294 ジェーチ（Там же, С. 13, 18, 25, 31, 36, 44, 48, 53）と馬係（Там же, С. 58, 63, 68）。
295 ジェーチ（Там же, С. 53, 58, 62, 69）と馬係（Там же, С. 76）。
296 ジェーチ（Там же, С. 13, 19, 25）と馬係（Там же, С. 33, 39, 44, 52, 58, 63, 68, 76）。
297 ジェーチ（Там же, С. 26, 32）、馬係（Та..м же, С. 76）、炉焚き人（Там же, С. 54）。
298 ジェーチ（Там же, С. 13, 36, 31）、馬係（Там же, С. 26）、подчашник（Там же, С. 19）。なお、「подчашникであった」との記載がある（Там же, С. 31）。подчашник は、修道院での共同食卓の折に、飲物を注ぐことに従事していた修道士の補助をする人物、とされている。
299 ジェーチ（Та..м же, С. 20, 25, 48, 62, 69）と馬係（Та..м же, С. 15）。
300 ジェーチ（Там же, С. 14, 19, 25, 32, 37, 43-44, 48, 52, 57）と馬係（Там же, С. 69, 76）。
301 ジェーチ（Там же, С. 14, 32, 36, 44, 51）、牛番（Там же, С. 70）、牧人（Там же, С. 59）。
302 ジェーチ（Там же, С. 53）と牛番（Там же, С. 70）。
303 ジェーチ（Там же, С. 48）モスクワの炉焚き人（Там же, С. 24）
304 ジェーチ（Там же, С. 26, 32, 37, 48, 53, 57, 74）とモスクワの炉焚き人（Там же, С. 24）
305 ジェーチ（Там же, С. 13, 20, 19, 32, 37, 53）、モスクワの炉焚き人（Там же, С. 24）金庫番（Там же, С. 70, 76）。
306 ジェーチ（Там же, С. 32, 37, 48, 53, 62）とモスクワの炉焚き人（Там же, С. 24）。
307 ジェーチ（Там же, С. 37, 48, 57）とモスクワの炉焚き人（Там же, С. 24）。
308 ジェーチ（Там же, С. 13）とモスクワの炉焚き人（Там же, С. 24）。
309 ジェーチ（Там же, С. 14, 19, 25, 32, 37, 48, 53）とモスクワの炉焚き人（Там же, С. 24）。
310 ジェーチ（Там же, С. 32, 36, 48, 52, 57, 62, 69, 74）とモスクワの炉焚き人（Там же, С. 24）。
311 ジェーチ（Там же, С. 48, 52, 57, 63, 69）とモスクワの炉焚き人（Там же, С. 24）。
312 ジェーチ（Там же, С. 32, 36, 57）とモスクワの炉焚き人（Там же, С. 24）。
313 ジェーチ（Там же, С. 14, 19, 25, 37, 48, 69, 74）とモスクワの炉焚き人（Там же, С. 24）。
314 ジェーチ（Там же, С. 48, 53, 57, 62, 69, 74）とモスクワの炉焚き人（Там же, С. 24）。
315 ジェーチ（Там же, С. 32, 36, 48, 52, 57, 62, 69, 74）とモスクワの炉焚き人（Там же, С. 24）。
316 ジェーチ（Там же, С. 48, 53, 69）、モスクワの炉焚き人（Там же, С. 24）、馬係（Там же, С. 76）、подчашник（Там же, С. 58）。
317 ジェーチ（Там же, С. 19, 26, 32, 36, 48）とモスクワの炉焚き人（Там же, С. 24）。

第1章 オブローク受領者の職種と雇用条件

[318] ジェーチ (Там же, С. 48, 53, 57, 62) とモスクワの炉焚き人 (Там же, С. 24)。
[319] ジェーチ (Там же, С. 19, 40) とモスクワの炉焚き人 (Там же, С. 24)。
[320] ジェーチ (Там же, С. 48, 52, 57, 62, 69, 74) とモスクワの炉焚き人 (Там же, С. 24)。グリゴリーの息子ユーリャは、保証人としてクワス醸造人とも記されている (Там же, С. 74)。
[321] ジェーチ (Там же, С. 48, 53) とモスクワの炉焚き人 (Там же, С. 24)。
[322] モスクワでジェーチ (Там же, С. 13)、モスクワの炉焚き人 (Там же, С. 20)、スルガー・モロドーイ (Там же, С. 27)、スルガー・モロドーイ・スタロイ (Там же, С. 40)
[323] ジェーチ (Там же, С. 19, 31, 36) と炉焚き人 (Там же, С. 28)。
[324] ジェーチ (Там же, С. 14, 32, 37, 44, 48) と炉焚き人 (Там же, С. 20, 27, 32)。
[325] ジェーチ (Там же, С. 53) と炉焚き人 (Там же, С. 50-51、70)。
[326] ジェーチ (Там же, С. 39, 48, 53) と炉焚き人 (Там же, С. 15, 24, 27, 38)。
[327] ジェーチ (Там же, С. 37, 48, 52) と炉焚き人 (Там же, С. 76)。
[328] ジェーチ (Там же, С. 31, 36) と炉焚き人 (Там же, С. 28)。
[329] ジェーチ (Там же, С. 69, 75) と炉焚き人 (Там же, С. 59)。
[330] ジェーチ (Там же, С. 58, 63) と炉焚き人 (Там же, С. 33)。
[331] ジェーチ (Там же, С. 53)、炉焚き人 (Там же, С. 76)、番人 (Там же, С. 70)。
[332] ジェーチ (Там же, С. 48, 53, 57) と炉焚き人 (Там же, С. 15, 64)。
[333] ジェーチ (Там же, С. 53, 62, 69) と都市の番人 (Там же, С. 64, 76)。
[334] 森番 (Там же, С. 27) とジェーチ (Там же, С. 13)。
[335] この点は、Книга ключея и Долговая книга…の監修者においても明確に区別されている。
[336] Там же, С. 15, 20, 27, 32, 33, 38, 44, 46, 49, 54, 59, 63, 64, 70, 76.
[337] Там же, С. 15, 20, 27, 32, 38, 44, 49, 54, 59, 70, 76.
[338] Там же, С. 15, 20, 27, 32, 44, 49, 70.
[339] Там же, С. 38, 44, 54.
[340] Там же, С. 70.
[341] Там же, С. 15, 22, 27, 32, 38, 44, 50, 59.
[342] Там же, С. 76.
[343] Там же, С. 15, 22, 27, 32, 38, 44, 59, 70, 76.
[344] Там же, С. 44, 70, 76.
[345] Там же, С. 15, 22, 27, 32, 38, 44, 50, 51, 54, 59, 70.
[346] Там же, С. 24.
[347] Там же, С. 70, 76.
[348] Там же, С. 15, 27, 32, 38, 44, 49, 54, 59, 76.
[349] 残念ながら、製パン所に関する記述はこの1ヶ所だけである。モスクワ以外に製パン所の存在した可能性を否定することはできないし、むしろ他の場所に存在した可能性は高いと思われる。
[350] Там же, С. 20, 24, 28, 33, 59, 64, 70.
[351] Там же, С. 16, 21, 34, 70.
[352] Там же, С. 16, 21, 50, 59, 76.
[353] Там же, С. 16, 28, 40, 50, 59, 64, 76.
[354] Там же, С. 70.
[355] Там же, С. 15, 20, 27, 32, 37, 44, 49, 54, 64, 70, 75.
[356] Там же, С. 20, 49.
[357] Там же, С. 15, 21, 27, 32, 38, 40, 49, 54, 58, 64, 70, 76.
[358] Там же, С. 20, 27, 32, 38, 70, 75.
[359] Там же, С. 64.
[360] Там же.
[361] Там же, С. 15, 22, 27, 32, 37, 38, 44, 49, 53, 54, 58, 64, 70, 75.
[362] Там же, С. 33, 38.
[363] Там же, С. 15, 54, 59, 63, 64.

第 1 章 オブローク受領者の職種と雇用条件

[364] Там же, С. 15, 27, 32, 38, 45, 51, 54, 59, 63, 70, 76.
[365] Там же, С. 38, 45, 70.
[366] Там же, С. 30, 38, 45, 50, 54, 59, 65, 70, 76.
[367] Там же, С. 50, 54, 63, 65, 70.
[368] Там же, С. 33, 38.
[369] Там же, С. 76.
[370] Там же, С. 17.
[371] Там же, С. 26, 37, 43, 48, 69, 73.
[372] Там же, С. 75.
[373] Там же, С. 65.
[374] Там же, С. 27.
[375] «Чернышу, у кирпича приставлен на сараях, дано полтину оброку» (Там же, С. 27)
[376] Там же, С. 4. この点について、グレーコフは、居住場所としての小屋 изба を強調しており、«детин дворец»「雇用労働者用の戸」、«детина изба»「雇用労働者用の小屋」を指摘している（*Греков Б. Д.* Указ.статья., С. 77。なお、同論文の註において、«гостиная изба»、«служная изба»、«конюшенная изба»、«портная изба»、«сапожная изба»、«кузничный дворец»その他の存在に言及している）。
[377] モスクワへの派遣については、ВХККДСВ, С. 194, 227, 236.
[378] Там же, С. 270.
[379] Там же, С. 281.
[380] Там же, С. 204, 245, 246, 253, 270.
[381] Там же, С. 246, 251.
[382] Там же, С. 270.
[383] Там же, С. 251, 270.
[384] Там же.
[385] Там же, С. 252.
[386] Там же, С. 270.
[387] Там же, С. 280.
[388] Там же, С. 270.
[389] Там же, С. 280.
[390] Там же, С. 196, 204.
[391] Там же, С. 270.
[392] Там же, С. 281.
[393] Там же, С. 252, 269, 280.
[394] Там же, С. 280.
[395] Там же, С. 233, 252, 270.
[396] Там же, С. 234, 252, 269, 270, 280.
[397] Там же, С. 245.
[398] Там же.
[399] Там же,.
[400] このプリカース中、残り 2 ヶ村のうちブィコヴォ村については、1571/72 年に寄進されたものであり、小村クリュコヴォについては、当時は部落でしかなかった。ブィコヴォ村については АФЗиХ, Ч. 2, № 354 を、小村クリュコヴォについては Там же, № 297, 347 を参照。
[401] ВХККДСВ, С. 241, 262, 274, 275, 284.
[402] Там же, С. 203, 210, 217, 226, 241, 259, 274, 284.
[403] Там же, С. 265, 275.
[404] ВХКПРК, С. 31, 32, 80.
[405] ВХККДСВ, С. 206, 286.
[406] Там же, С. 232, 243, 261, 276.
[407] Там же, С. 194, 195, 214, 232, 248, 276, 286.

第1章 オブローク受領者の職種と雇用条件

[408] Там же, С. 217.
[409] Там же, С. 248, 251, 286. 最後の場合には、「牢番」«сторож тюремной» となっている。
[410] Там же, С. 200, 214.
[411] Там же, С. 243, 262.
[412] Там же, С. 286.
[413] Там же, С. 199, 212, 214, 218, 232, 243, 261, 265, 286. 当該修道院の財産を保管する場所は2種類あったようで、«казенной» と並んで、«меньшая казна» という表現が見られる。これは、支出帳簿中でも、«меньшой казначей» という表現が使われていることに対応している。
[414] Там же, С.243, 287.
[415] Там же, С.265.
[416] Там же, С.227.
[417] Там же, С.194.
[418] Там же, С.281.
[419] Там же, С.261.
[420] Там же, С.257.
[421] Там же, С.198.
[422] Там же, С.241.
[423] Там же, С.194, 214, 232, 236, 251.
[424] Там же, С.285.
[425] Там же, С.265, 285.
[426] Там же, С.214, 233, 285.
[427] Там же, С.265.
[428] Там же, С.232.
[429] Там же, С.195.
[430] «Тово ж дни дано кузнецу Борису Петрову сыну Лученину аброку на год рубль, делоть ему на кузнице от Николина дни от вешнева по Николин день по вешней. Порука по нем Офонасей Вохотцкой.» (ВХКПРК, С. 212)
[431] ВХККДСВ, С. 197, 219, 230. なお、後で触れるように、«казак» の労働内容は極めて多様である。
[432] 例えば、
«Тово ж дни дал Калгану 4 рубли денег, как поехал на Коломну ко владыке. И на те ему денги купити на Коломне и на Резани свежая рыба шевриги и стерляди, и лещи, и белая рыбица.»
「同日（1573年5月23日－引用者）コロムナの大主教の所に出かけるカルガンに4p.が渡された。彼は、このお金で、コロムナとリャザンにおいて鮮魚、すなわちシェヴリガとチョウザメ、ブリーム、コクチマスを購入しなければならない。」（ВХКПРК, С. 28）
[433] 漁師アレクセイ（カルプの息子）の戸である（ВХККДСВ, С. 211.）。
[434] 漁師アフレム（Там же, С. 243, 261, 276）、グリゴリー（Там же, С. 261, 276）、フョードル（Там же.）の3人の戸である。
[435] ファジェイェヴァ部落とチャシチャ部落とは隣接しており、いずれもロクヌィシャ川沿いに位置していた（АФЗиХ, Ч. 2, С. 14）。

第2章 オプローク受領者の諸側面

第1節 戸の所有と戸の所在地

1 帳簿中のオプローク受領者

　まず、16世紀40年代後半から50年代にかけて、戸の所有が確認できるオプローク受領者は、前述のように、27人である[1]。

　その内訳を職種別に見ると、大工7人、木工製品製造関係者1人、ろくろ師2人、クズネーチヌィエ・ジェーチ2人、漁師1人、各種番人5人、炉焚き人1人、スルガー・モロドーイ1人、ジェーチ7人となっている。ろくろ師については3人中2人が戸を所有しており、その割合が極めて高い。大工についても、34[2]人中7人と、比較的割合が高いと思われる。

　16世紀70年代から90年代前半にかけては、戸の所有が確認できるオプローク受領者は67人である[3]。この時期は、担保が要求される傾向にあることから、戸の所有状況をより反映していると思われる。その内訳を職種別に見ると、靴工4人（9人中）、鞍師1人（3人中）、裁縫師4人（18人中）、鍛冶工1人（11人中）、ストッキング製造工2人（4人中）、テーブルクロス製造職人1人（3人中）、ろくろ師2人（5人中）、大工・車大工・桶屋7人（22人中）、石工1人（2人中）[4]、漁師3人（12人中）、屋敷番・番人5人、炉焚き人1人、ジェチョーヌィシ35人となっている。

　火掻き棒製造職人に戸の所有者がいない点と、鍛冶工に戸の所有者が少ないという点を例外として、手工業者については戸を持っている人達の割合が比較的高い。これとは対照的に、屋敷番、炉焚き人、番人、馬係の場合は、戸を持たない人達が圧倒的に多い。ジェチョーヌィシの場合は、他と比較すると戸を持つ人達が多いが、絶対数が多いだけに、戸を持つ人の占める割合は低くなる[5]。このように、史料上に現れているオプローク受領者の戸の所有状況は、職種によってかなり異なるものであったが、しかし、それが職種に由来するものであるのか否かの判断は難しい。

　ところで、戸の所有者のうち、オプローク受領者の実態を把握する上で注目に値するのは、当初は戸を所有していないため保証人を立てていたが、ある時点か

第2章 オブローク受領者の諸側面

ら戸を所有することになり、その結果、保証人を立てなくなっている場合である。このような事例として挙げることができるのは、すでに言及したことのある靴工ドロガーニャと大工モイセイの場合である。

ドロガーニャの場合、靴工として1556年に4r.、1557年10月6日付で15a.、1559年12月25日付で1/2p.、1573年12月17日付、1576年1月8日付、そして1579年12月29日付でいずれも1p.のオブロークを得て、1581年10月1日付で、1p.のオブロークの代わりにポクロフスコエ村にある「大工たちのうちジェメフの戸」を与えられたもので[6]、その後は、この戸を担保としながら、1587年12月22日付、1588年12月27日付、1589年12月11日付でいずれも1p.のオブロークを得ている[7]。

モイセイの場合は、大工としてオブロークを、1581年10月1日付で1p.、1588年12月27日付で0.5p.、1589年12月11日付で40a.1r.を得て、1590年9月4日付でオブローク20a.と20a.の代わりにポクロフスコエ村の「カシャの戸」を与えられたもので[8]、その後、1592年10月にはこの戸を担保として40a.のオブロークを得ている[9]。

このように、2人とも、比較的継続的にオブローク受領者としての生活を送った結果として、戸を獲得しているのであるが、いずれもポクロフスコエ村に戸を所有することになった点に注目したい。

そこで、次に、オブローク受領者の戸がどのように分布していたのかを見てみよう。

16世紀40年代後半から50年代にかけての時期については、所在する村あるいは部落を確認することができるのは13戸である。その内訳は、ヴォロク郡シェストリンスキー・スタンのポクロフスコエ村に属するチャシチャ部落に4戸、同じくファジェイェヴォ部落に2戸、同じくスモリニコヴォ部落[10]に1戸、同じくプロボエヴォ部落に1戸、同村に隣接するノーヴォエ村に3戸、同スタンのラフマノヴォ部落に1戸で、残り1戸の所在するスタニメロヴォ部落については、不明である。13戸中12戸が当該修道院近郊に立地している（図Ⅱ-1参照）。

職種との関わりでは、チャシチャ部落にジェーチ2人、ろくろ師1人、門番1人、ファジェイェヴォ部落にジェーチ2人、スモリニコヴォ部落に大工1人、プロボエヴォ部落に大工1人、ノーヴォエ村に森番2人と大工1人、ラフマノヴォ

第 2 章　オブローク受領者の諸側面

部落に金庫番 1 人、スタニメロヴォ部落に門番 1 人、となっている。

　16 世紀 70 年代から 90 年代はじめにかけての時期について、所在地の判明する 67 戸の所在する集落は、次のようになっている。

　ノーヴォエ村に 9 戸とポクロフスコエ村に 8 戸、そして、後者に付属するチャシチャ部落に 19 戸、ファジェイェヴァ部落に 7 戸（うち 3 人は、後にロジオノヴォ部落へ移る）、ロジオノヴォ部落に 3 戸（後に 3 人が当部落に戸を持つ）、ヴィソーコエ部落に 2 戸、プロボエヴォ部落に 1 戸で、これら 7 集落に合計 49 戸が存在している。大部分の戸（約 73%）が、これらの村と部落に集中しているということになる。これらの村と部落は、当該修道院に近接して、ほぼまとまった形で立地している（図Ⅱ-1 参照）。

　残りの戸は、イリイツィノ村に 1 戸、この村に付属するヴォロニナ部落とトロフィーモヴォ部落に 1 戸ずつ、オトチシチェヴォ村に 5 戸、この村に付属するラフマノヴォ部落に 2 戸、ブイゴロド村に 2 戸、この村に付属するノソヴォ部落に 2 戸及びスロミロヴォ部落に 1 戸、そして、ニコリスコエ村に 2 戸、この村に付属するオニスキナ部落に 2 戸（うち 1 人は、後にラフマノヴォ部落に戸を持つ）となっている。いずれも、当該修道院所在地から近いところに存在している。

　次に、職種と戸の所在地との関連を見てみると、一時期、ストッキング製造工の戸は、オニスキナ部落に集中していた。裁縫師の戸も、4 戸のうち 3 戸がポクロフスコエ村に集中している。同村には、他に靴工の戸（3 戸）、大工の戸（1 戸）と、手工業者の戸が多い。ノーヴォエ村にも、鍛冶工と裁縫師の戸が 1 戸ずつある。他方、チャシチャ部落には、漁師とろくろ師の戸が 2 戸ずつ、靴工と大工の戸が 1 戸ずつあるものの、ジェチョーヌィシの戸が 13 戸ということで、ジェチョーヌィシの戸が圧倒的である。同部落は、部落とはいうものの、1569 年 7 月 20 日付のソートノエ・ピシモーによると、農民の住む 11 戸と並んで、荒廃した戸が 9 戸、耕地を持たない戸が 3 戸あり、戸数は相当多いのである[11]。これら荒廃した戸に、ジェチョーヌィシが居住することになったとも考えられる。

　このように、オブローク受領者の戸が修道院近郊に存在している場合、労働内容にかかわらず、生活の場を維持しつつ、修道院へ労働を提供することが可能であったと思われる。また、ある特定の職種に携わる人々の戸が一つの集落に集中していることは、集落毎の職業の専門化を推測させるが、先に挙げた事例のみに

第2章　オブローク受領者の諸側面

図Ⅱ-1　15世紀末-16世紀初めのシェストリンスキー・スタン

【出所】Чернов С. З. Указ. Соч. С. 204 より作成。

第 2 章　オブローク受領者の諸側面

よって判断することはできない。

　いずれにせよ、オブローク受領者であって、戸を持つ人々は、修道院近郊に居住するものが多く、そこを生活の場としながら、修道院へのサーヴィスを提供していたものと考えられる。

　なお、戸の所有については、ソートノエ・ピシモーによっても部分的に把握することができるが、これに記載されている人達は、ほとんどが農民であり、手工業者については数が少ない。しかし、ちょうどオブローク帳簿と支出帳簿の中間の時期に属する前述の1569年7月20日付のソートノエ・ピシモーによって、大工・テーブルクロス織工・鞍師の戸が村内に存在していることを確認することができる。すなわち、ナチャピノ＝ノーヴォエ村には大工ミハルコとテーブルクロス織工ガヴリルコが、ポクロフスコエ村には鞍師クジマが居住していたのである[12]。いずれの村も、前述の通り、オブローク受領者の戸が存在することを確認できる村であり、当該修道院近郊に立地している。ここに記載されている3人がオブローク受領者であったのか否かという点に関連して、オブローク帳簿の中に次のような事例を見出すことができる。

　すなわち、1540年代後半から1550年代にかけて、オブローク受領者中にポクロフスコエ村に戸を所有していることを確認することのできる人物は登場していないが、ソートノエ・ピシモーの中でポクロフスコエ村に戸を所有する鞍師クジマに相当すると思われる鞍師クジマの名を、オブローク受領者の中に見出すことができるのである。すなわち、1548年10月1日付で錫杖製造職人として、1554年10月1日付でスルガーとして、1555年10月1日付でろくろ師として、1556年に火掻き棒製造職人として、1557年10月1日付でろくろ師として、1559年11月1日付で大工として、それぞれオブローク1/2 p.を受領しているクジマは、鞍師とされている[13]。いずれの場合も、戸を担保とすることも、保証人を立てることもなかった人物である。

　そして、ソートノエ・ピシモーの中で、ポクロフスコエ村の場合、「非耕作者の」戸として、7つの戸が列挙されているうちの一つが鞍師クジマの戸である。ちなみに、他の6人の名前は、クジェムコ・コスチン、ガヴリールの寡婦フェティニヤ、イレイコ・オノフレーエフ、ダニルコ・オナニイン、セニカ・オメリヤーノフ、ドミトレイ・クリパである。このうち、クジェムコ・コスチンは、1547年か

97

第 2 章　オブローク受領者の諸側面

ら 1559 年にかけて錫杖製造職人あるいは火掻き棒製造職人としてオブロークを受領しているクジェムカ（コスチャの息子）[14]、セニカ・オメリヤーノフは 1549 年から 1553 年まで靴工としてオブロークを受領しているセニカ（エメリヤンの息子で、ボクシェイの甥）[15]に相当する人物であると思われる。オブローク帳簿では、前者については一度も保証となるものが記載されておらず、後者については、最初の 1 度のみ保証人としてチートの名が挙げられているだけで、以後は保証となるものが記載されていない。が、ソートノエ・ピシモーによれば、ポクロフスコエ村に戸を持っていたということになる。つまり、とりわけ 16 世紀の 40 年代から 50 年代にかけては、オブローク帳簿中に戸が担保とされていない人物の中に、実際には戸を所有していた人物も含まれている可能性があることを、これらの事例は示しているのである。

なお、1551 年 12 月 6 日付、1552 年 12 月 6 日付、1553 年 12 月 6 日付、1554 年 10 月 6 日付、1555 年 10 月 7 日付、1556 年、1557 年 10 月 6 日付、1559 年 12 月 25 日付でオブロークを受領している裁縫師コスチャ（ニキータの息子）がポクロフスコエ村の者とされている[16]。1570 年代前半から 1590 年代初めにかけては、同村には前述のように、裁縫師の戸と靴工の戸が 3 戸ずつ、大工の戸が 1 戸存在しており、同村への手工業者の緩やかな集中傾向を伺うことができる。

また、他の村についても、「非耕作者の」戸が列挙されており、ソートノエ・ピシモーに記載されている人物とオブローク帳簿に記載されている人物とを比較することによって、ポクロフスコエ村におけると同様の比定を行うことが可能であろう。例えば、ファジェイェヴォ部落に戸があるオレーシャ・カルポフは、オブローク帳簿に登場する漁師のアレーシカ（カルプの息子）に相当すると思われる。彼は、当初、裁縫師のセメン・ガラフや修道士で漁師のヴァシアンを保証人としていたが、1575 年 12 月 29 日付でオブロークを得た際にはファジェイェヴォ部落にある戸を担保としており、2 つの史料の記載内容は一致する[17]。また、同部落に戸のあるイェルマチコ・チモフェーエフは、1547 年から 1559 年にかけて大工としてオブロークを受領しているイェルマーク（チモフェーイの息子）に相当すると思われる。イェルマークは、何度か戸を担保としているが、所在地は記載されていなかった[18]。しかし、このソートノエ・ピシモーの記事によりファジェイェヴォ部落にあることを確認することができる[19]。

第 2 章　オブローク受領者の諸側面

以上をまとめてみると、次のようになる。
①16 世紀の 40 年代後半から 50 年代にかけての戸の所有者は、ポクロフスコエ村の 3 人を加えることによって、30 人となること
②オブローク受領者の戸の所有状況は、オブローク受領に際して戸を担保としているかどうかによっては判断できないこと
③戸の所有が確認できるオブローク受領者の、その戸の所在地は、当該修道院所在地の近郊であること
④修道院近郊に「非耕作者の」戸が存在している点は、手工業者の戸との関連で無視できないこと
⑤屋敷番の場合、自己の戸の所在する集落の屋敷番となっていること
⑥チャシチャ部落における漁師、オニスキノ部落におけるストッキング製造工、ポクロフスコエ村における靴工と裁縫師の場合のように、職業による特定集落への集中化傾向が見られること
⑦大工については、分散化というか、集落毎に存在がみられること
などである。
　以上のほか、「非耕作者の」戸が存在する集落の所在地が、いずれも当該修道院近郊であることを指摘することができる。
　また、前述のように、ソートノエ・ピシモーに記載されている人物の中にオブローク受領者として登場している人物と同一人物である可能性を確認することができた。このように、時期的に Книга ключей и Долговая книга とオブローク帳簿の中間に位置しており、オブローク受領者あるいは保証人として登場している人物で、修道院領内に居住している人物がこの中に登場している可能性を否定することはできないと思われるので、次に、すでに検討した 6 人を除いた上で、ソートノエ・ピシモーとオブローク帳簿中の共通する人名に注目してみることにしたい[20]。

2　ソートノエ・ピシモーに見られるオブローク受領者の可能性

　集落毎に列挙してみると、次のようになる。
ウスペンスコエ村：

99

第2章　オブローク受領者の諸側面

①Федько Семенов：1551年にジェーチあるいはモスクワの炉焚き人ミーチカ（オフシャニクの息子）の保証人として登場しているウスペンスコエ村の鍛冶工フョードル。フョードル自身は、オブロークを受領してはいない。

ポクロフスコエ村：

①Гридя Ивакин：1550年に大工のセニカ（シトニクの息子）の保証人として、また、1556年、1557年、1559年にジェーチのイヴァンコ（コンドラートの息子）の保証人として登場しているポクロフスコエ村の Гридя Иванов[21]、あるいは1575年、1579年に大工としてオブロークを受領している Гриша Иванов[22]。どちらの人物であるか、判断するための材料に欠ける。

ボロバノヴォ村：

①Онофрейко Иванов：1548年から1553年まで靴工としてオブロークを受領しているアヌフリー[23]。彼は、戸を担保とすることも、保証人を立てることもなかった人物である。

ノーヴォエ村：

①Истомка Михайлов：1588年から1590年まで鍛冶工としてオブロークを受領し、ノーヴォエ村にある戸を担保としている Третьяк Истомин[24]の父親。

コレイェヴォ部落：

①Сенька Гридин：1553年、1554年に馬係としてオブロークを受領している人物[25]

クニャゼヴォ部落：

①Ширяйко Иванов：1575年12月14日付で повор тележной のイヴァン・ノガヴィツァの保証人として登場し、1547年〜59年、1573年、1576年、1579年、1581年にオブローク受領者としては、大工あるいは桶屋として登場している人物[26]。ただ、チェリャイェヴォ部落にも同名の者がおり、判断が難しい。

ロジオノヴォ務楽：

①Хомяк Григорьев：1559年11月1日付で、ジェーチのフェディカ（フョードル・ソフロノフの息子）の保証人として登場している人物[27]。

ヴィソーコエ部落：

①Максимъко Иванов：この名前のオブローク受領者は数名おり、判断が難しいが、1548年、1549年、1555年、1556年にジェーチあるいは馬係としてオブロークを受領している人物[28]。

第 2 章　オブローク受領者の諸側面

②Гриша Степанов：1555 年 10 月 1 日付で家畜の番人としてオブロークを受領している人物[29]。

③Иванко Митин：ミーチャがドミトリーの愛称であることを考慮すると、1553 年 10 月 20 日付で裁縫場の炉焚き人イリヤ（フィリップの息子）の保証人として、また、1574 年 2 月 3 日付でジェチョーヌィシのフョードル（ミトロファンの息子）の保証人として登場しているヴィソーコエ部落の Иванко Дмитреев сын[30]。彼は、1573 年、1575 年、1579 年、1581 年、89 年にジェチョーヌィシとしてオブロークを受領している[31]。

チャシチャ部落：

①Перша Иванов：1557 年 10 月 1 日付で、ジェーチのフェディカ（イヴァンの息子）の保証人として登場する人物[32]。

②Васька Степанов：1555 年、1556 年、1557 年にジェーチのカルプ（ミハイルの息子）の保証人として登場しているチャシチャ部落のスチェパンの息子ヴァシュカ[33]。

③Митя Тарх：1553 年 10 月 9 日付で炉焚き人ニキフォールの保証人となっている Митя Чящовской[34]。

④Матвейко Зубатой；③の Митя Чящовской と共に保証人として登場している Матвейко Козлов。

⑤Филипка Микулин：1559 年 11 月 1 日付でジェーチとしてオブロークを受領している人物[35]。

⑥Фомка Омельянов：1554 年から 1557 年、1559 年に裁縫師としてオブロークを受領している人物[36]。

チェクレヴォ部落：

①Истомка Яковлев：1547 年から 1552 年までジェーチとしてオブロークを受領している人物[37]。

ニコリスコエ村：

①Иванко Семенов：1548 年から 1554 年までジェーチとしてオブロークを受領している人物[38]。

スゥドニコヴォ村：

①Левонко Михайлов：1551 年 6 月、1551 年 10 月、1554 年 10 月 1 日、1555 年 10

101

第 2 章　オブローク受領者の諸側面

月 1 日、1556 年、1557 年 10 月 1 日付でノーヴォエ村の炉焚き人ミーチカ（クジマの息子）の保証人として登場するスドゥニコヴォ村のレヴォン[39]。

ベーリ村：

①Мокейко Иванов：彼は、1557 年 10 月 1 日付でジェーチとしてオブロークを受領している Федька Мокеев の保証人として登場している父親 Мокей[40]。

イヴァノフスコエ村：

①Васька Федоров：1573 年、1575 年、1581 年にジェチョーヌィシとしてオブロークを受領している人物[41]。

ドゥボセコヴォ村：

①Тимошка Микитин：1574 年 2 月 3 日付でスドゥニコヴォ村の屋敷番ミハルコの保証人として登場しているドゥボセコヴォ村の住民チモフェーイ[42]。

可能性があると思われる 22 人を列挙したが、その内訳は、保証人が 9 人、鍛冶工として登場している人物の父親が 1 人、ジェーチあるいはジェチョーヌィシが 5 人、靴工が 1 人、裁縫師が 1 人、家畜の番人が 1 人で、2 人については判断がむずかしい。

オブローク受領者に限定した場合、16 世紀半ばについては、靴工のアヌフリー、裁縫師のフォマ（エメリヤンの息子）、馬係のセメン（グリージャの息子）、同じく馬係のマクシム（イヴァンの息子）、家畜の番人グリーシャ（スチェパンの息子）、ジェーチのフィリップ（ミクラの息子）、同じくジェーチのイストマ（ヤコフの息子）、同じくジェーチのイヴァンコ（セメンの息子）の、計 8 人、16 世紀後半については、ジェチョーヌィシのイヴァンコ（ドミトリーの息子）、同じくジェチョーヌィシのヴァシュカ（フョードルの息子）の、計 2 人である。

3　小括

以上、オブローク帳簿中の戸の所有が確認できるオブローク受領者と、ソートノエ・ピシモーに記載されている人物で、オブローク帳簿においてオブローク受領者あるいは保証人として登場している人物と同一人物であると思われる人物について、その戸が存在する集落を確認してきたが、その結果、オブローク受領者の戸の所有状況について、次のように補足することができる。

第 2 章　オブローク受領者の諸側面

①靴工の戸が存在する集落として、ポクロフスコエ村に所属するボロバノヴォ部落を追加することができること
②馬係の戸が存在する集落として、やはりポクロフスコエ村に所属するコレイェヴォ部落を追加することができること
③ヴィソーコエ部落には、馬係の戸も存在し、複数のジェチョーヌィシの戸も存在していたこと
④チャシチャ部落には、16世紀半ばにジェーチの戸が計3つ存在し、裁縫師の戸も存在していたこと
⑤チェクレヴ部落には、ジェチョーヌィシの戸が存在していたこと

　ここに登場している集落は、すでにオブローク受領者の戸が存在することを確認できているものか、それらに隣接する集落であり、いずれも、当該修道院近郊に立地している（図Ⅱ-1参照）。

第 2 節　保証人としてのオブローク受領者

　オブローク受領者が、他方でオブローク受領者の保証人ともなっていたこと、つまり、オブローク受領者に保証能力があったことは、すでに述べてきたことから、明らかであろう。
　そこで、次に、オブローク受領者の保証能力を確認する意味から、保証人の職業という点をも考慮しながら、オブローク受領者が保証人となっている事例を取り上げてみよう。

1　16世紀半ば

（1）手工業関係では、
①靴工のアガフォン
　　女屋敷番のアガフィヤについて1例[43]
②靴工のアヌフリー
　　モスクワの炉焚き人あるいはジェーチのチーホン（ダニールの息子）について3例[44]、靴製造場の炉焚き人フェディカ（フョードルの息子）について4例[45]

第2章　オブローク受領者の諸側面
③靴工のアンティプ（ボクシェイの息子）
　ヴォロコラムスクの屋敷番について1例[46]
④鞍師のイストマ
　ジェーチのネーチャイ（カルプの息子）について1例[47]
⑤鞍師のクジマ
　ジェーチのマクシムについて3例[48]、厩番用の小屋の炉焚き人ラーリャ（ミハイルの息子）について1例[49]、炉焚き人ヤクーシについて1例[50]、森番コスチャ（フォマの息子）について4例[51]
⑥裁縫師のセーリャ（フョードルの息子）
　クズネーチヌィエ・ジェーチのスチェパンについて1例[52]
⑦裁縫師のセメン・ガラフ
　ジェーチのアンドレイ（セメンの息子）について7例[53]、漁師のアレクセイ（カルプの息子）について1例[54]
⑧裁縫師のフォマ（エメリヤンの息子）
　兄弟でジェーチのイヴァンカ（エメリヤンの息子）について4例[55]
⑨裁縫師のマクシム（フェフィルの息子）
　ジェーチのイヴァン（グリージャの息子）について5例[56]
⑩裁縫師のレヴォン・フロモイ
　ジェーチについて1例[57]
⑪テーブルクロス織工のボリス
　牧人のアファナーシーについて1例[58]
⑫ストッキング製造工のアーセイ
　炉焚き人のイグナトカについて1例[59]
⑬ストッキング製造工のグリーシャ
　ジェーチのトレチヤーク（ミハイルの息子）について1例[60]
⑭鍛冶工アンドレイ
　ジェーチと鍛冶場の炉焚き人について1例ずつ[61]
⑮鍛冶工イヴァン（ガヴリールの息子）
　クズネーチヌィエ・ジェーチのアフォーニャとイヴァンについて4例、同じくスチェパンについて1例、同じくズープ（シドルの息子）について2例、同じ

第 2 章　オブローク受領者の諸側面

くフォマ（シドルの息子）、同じくネクリュード、そして同じくモチューシャについて 1 例ずつ[62]

⑯鍛冶工イヴァン・スターロイ（イグナートの息子）

クズネーチヌィエ・ジェーチについて 14 例（8 人）[63]、靴工について 1 例[64]

⑰книжник のグリーシャ（ヤコフの息子）

ジェーチあるいは подчашник のイヴァンについて 2 例[65]

⑱ろくろ師のクジマ（チェレシハの息子）

ジェーチのウシャーク（チェレフの息子）について 2 例[66]

⑲ろくろ師のミーチャ（コスチャの息子）

漁師のフェディカ（イヴァンの息子）について 2 例[67]、ジェーチについて 2 例[68]、錫杖製造職人あるいは火掻き棒製造職人のマーカル（コナンの息子）について 2 例[69]

⑳火掻き棒製造職人あるいは錫杖製造職人のアンドレイ（コナンの息子）

来客用館の炉焚き人について 4 例[70]、ジェーチと漁師について 1 例ずつ[71]

㉑火掻き棒製造職人のクジマ（アレクセイの息子）

ジェーチのヴァシーリーについて 1 例[72]、ジェーチあるいは馬係のマトヴェイ（ヤコフの息子）について 2 例[73]

㉒火掻き棒製造職人のクジマ（コスチャの息子）

漁師アルチェム（パーヴェルの息子）について 2 例[74]

㉓火掻き棒製造職人マーカル（コナンの息子）

ジェーチについて 4 例[75]、炉焚き人について 2 例[76]、金庫番について 1 例[77]

㉔十字架製造職人ダニール

十字架製造職人アヌフリー（マルチンの兄弟）について 2 例[78]、クズネーチヌィエ・ジェーチのイヴァンについて 1 例[79]、水門番のイグナーティーについて 2 例[80]

㉕十字架製造職人イヴァン（ゲラシムの息子）

ノーヴォエ村の炉焚き人アフォニカ（セメンの息子）について 1 例[81]

㉖十字架製造職人ノヴィク

炉焚き人について 3 例（2 人）[82]

㉗大工のイヴァン・コリャーカ（チモフェーイの息子）

105

第2章　オブローク受領者の諸側面
兄弟でジェーチのダニーラについて4例[83]

㉘大工のイェルモラ

ジェーチについて14例（5人）[84]

㉙大工のイェルモラ・スターロイ

ジェーチのアレクセイについて5例[85]

㉚大工のイェルモラ・モロドーイ（チモフェーイの息子）

兄弟で大工あるいはジェーチのモーケイについて2例、同じく兄弟でジェーチのグリーシャ・コシャークについて5例、ジェーチのレペシカ（サヴァの息子）について4例、ジェーチのヤクーシ（ブーロヴォの息子）について2例[86]

㉛車大工あるいは大工のイグナート

息子でジェーチのイヴァンについて3例、その他8人のジェーチについて10例、モスクワの炉焚き人について2例（ジェーチとされている2人と同一人物）、大工について8例（4人）、森番とスルガー・モロドーイ・スターロイについて1例ずつ[87]

㉜大工のオスターニャ

兄弟でジェーチあるいはモスクワの炉焚き人ヴァシュコについて2例[88]

㉝大工のコジョール（イェルモラの息子）

ジェーチとろくろ師について1例ずつ[89]

㉞　大工のコルーガ

甥でジェーチのミーチカについて2例[90]

㉟　桶屋のシーリャイ（イヴァンの息子）

都市の番人について1例[91]

㊱大工のフョードル・クルィシカ

モスクワの炉焚き人あるいはジェーチのチート（ドミトリーの息子）について6例[92]、継子でジェーチあるいは大工のダニーラについて11例[93]、ジェーチあるいは大工のモーケイ（ヨシフの息子）について6例[94]

㊲車大工あるいは大工のモーケイ（ヨシフの息子）

ジェーチのグリーシャ（ラザルの息子）について2例[95]、炉焚き人のスチェパンについて5例[96]、息子でジェーチのフョードルについて1例[97]

㊳大工のレヴォン

第 2 章　オブローク受領者の諸側面

　モスクワの炉焚き人あるいはジェーチのサモイリク（イヴァンの息子）について 2 例[98]
㊴大工のロジオン・スターロイ
　森番とジェーチについて 1 例ずつ[99]

(2) ジェーチについては
①イヴァン・コリャーカ（チモフェーイの息子）
　兄弟でジェーチのダニールについて 4 例[100]
②イストマ（ヤコフの息子）
　兄弟で、モスクワの炉焚き人マトヴェイについて 1 例、同じく兄弟のチモーシカについて 1 例[101]
③ジェチョーヌィシのグリーシャ・オメナ（ミハイルの息子）
　ジェーチについて 4 例（人物としては 2 人で、うち 1 人は兄弟のミーチカ）[102]
④ネーチャイ（カルプの息子）
　ジェーチのサモイリク（イヴァンの息子）について 2 例[103]
⑤ユーリャ（グリージャの息子）
　ジェーチ（ジェチョーヌィシ、ジェチョーノクとも記載されている）あるいはクヴァス醸造人のヴァシーリーについて 6 例[104]、兄弟でジェーチのレヴォンについて 3 例[105]

(3) その他
①オトシチェヴォ村の屋敷番のダニーラ
　ノーヴォエ村の炉焚き人について 1 例[106]、息子でクズネーチヌィエ・ジェーチのイヴァンコについて 2 例[107]
②炉焚き人のソコール
　ジェーチのピョートルについて 1 例[108]、継子ニキフォールについて 1 例[109]
③馬係のコンドラート（フォードルの息子）
　兄弟でジェーチあるいはモスクワの炉焚き人のグリーシャ[110]
④牛番のイェレメイ（アレクサンドルの息子）
　牛番のヴァシーリーについて 1 例[111]

第2章　オブローク受領者の諸側面

⑤門番アルフェーリー（アンドレイの息子）

ジェーチあるいは炉焚き人について7例（3人）[112]、漁師ダニールについて1例[113]

⑥水門の昼間の番人サモイル（スチェパンの息子）

ジェーチのイサイヤ（イヴァンの継子）について1例[114]

⑦水門の番人イグナート（アファナーシーの息子）

息子でジェーチのイヴァンについて6例[115]

⑧金庫番のフェディカ（モセイの息子）

水門の昼間の番人のフェオフィラクト（ヴァシーの息子）について1例[116]、兄弟でノーヴォエ村の屋敷番のウリッタについて1例[117]

⑨подчашник のネスチェル（イヴァンの息子）

ジェーチのキリル（イヴァンの息子）について2例[118]

以上のように、16世紀40年代後半から50年代にかけては、保証人となっているジェーチの数が少なく、手工業関係者が52人中39人と、極めて高い割合を占めている。

戸を担保としている人物30人のうち、保証人として現れているのは鞍師1人、ろくろ師2人、火掻き棒あるいは錫杖製造職人2人、大工5人、炉焚き人1人、番人2人の、計13人である。保証人として登場している52人のうちの約25%となっている。つまり、戸を所有していることが保証人となる前提とはなっていない。

家族の保証人となっている人物は、53人中17人で、約32.7%である。中でもジェーチの場合は5人中4人と比率が極めて高い。手工業者は39人中8人と、低い。

2　16世紀後半

（1）手工業関係では、

①製革工のアクセン（フォマの息子）

兄弟でジェチョーヌィシのエメリヤンについて2例、その他ジェチョーヌィシについて8例（人物としては6人）、射手のスチェパン（コスチャの息子）につ

第 2 章　オブローク受領者の諸側面

いて 1 例、同トレチヤーク（ナザールの息子）について 2 例、裁縫師のボグダン（イヴァンの息子）について 2 例、同ピャートイ（フォードルの息子）について 1 例、製革工のグリーシャについて 2 例、木さじ製造職人のグリーシャ（ヤコフの息子）について 2 例、炉焚き人について 3 例、火掻き棒製造職人のプラトンについて 2 例、イリイツィノ村の牧人ミーロン・靴工のトレチヤーク（イヴァンの息子）について 1 例ずつ[119]。

②製革工のヴァシーリー（イリヤの息子）

炉焚き人・裁縫師のピャートイ（フォードルの息子）ついて 1 例ずつ[120]。

③製革工のグリゴリー

製革用小屋の炉焚き人マーカル、水門の番人マトヴェイ、金庫番のアルチェム（ヤコフの息子）について 1 例ずつ[121]。

④靴工のドロガーニャ（フィリップの息子）

靴工のルダク（モロスの息子）について 2 例、息子で靴工のダニールについて 3 例、炉焚き人について 3 例[122]。

⑤靴工のイストマ（マトヴェイの息子）

炉焚き人について 2 例、靴工のトレチヤーク（イヴァンの息子）・裁縫師フェディカ（ポノマールの息子）について 1 例ずつ[123]。

⑥靴工のルダク（モロスの息子）

裁縫師のナウム（パーヴェルの息子）・屋敷番について 1 例ずつ[124]。

⑦鞍師のイストマ（タラスの息子）

家内労働者のマルガ（ルキヤンの息子）について 1 例[125]。

⑧鞍師のイストマ（ナザールの息子）

兄弟で射手のトレチヤークについて 5 例、射手のスチェパン（コスチャの息子）と同ユーリー（アンドレイの息子）について 1 例ずつ、炉焚き人について 3 例、馬係のフィリカ（ネーチャイの息子）について 2 例、馬係イグナート（アレクセイの息子）について 1 例、製革工のアクセン（フォマの息子）・ろくろ師・水門の番人フェディカ（エリザルの息子）について 1 例ずつ[126]。

⑨裁縫師のイヴァン（アンドレイの息子）

裁縫師のコスチャ（ニキータの息子）について 2 例、裁縫師のボグダンについて 1 例、息子で裁縫師のタラフとフョードルについて 1 例ずつ、裁縫師のクジ

109

第2章　オブローク受領者の諸側面

マ（ムルザの息子）について2例、弟子で裁縫師のラティシャについて3例、повар について1例[127]。
⑩裁縫師のイヴァン（セルゲイの息子）
裁縫師のフェディカ（アヌフリーの息子）、同ヴァシーリー（ミハイルの息子）、同ルカ（ボリスの息子）について1例ずつ、ジェチョーヌィシについて2例、靴工のブダイについて1例[128]。
⑪裁縫師のヴァシーリー（ミハイルの息子）
裁縫師のクジマ（ムルザの息子）について2例、弟子で裁縫師のヴォイカについて1例、靴工のヴァシーリー（ブダイの息子）について1例[129]。
⑫裁縫師のヴァシーリー・ズブコ（イグナーティーの息子）
兄弟でジェチョーヌィシのグリーシャについて1例[130]。
⑬裁縫師のコスチャ（ニキータの息子）
裁縫師のフェディカ（アヌフリーの息子）について1例、裁縫師のイヴァン（アンドレイの息子）について2例、裁縫師のイヴァン（セルゲイの息子）について1例、裁縫師アンドレイ（ヴラスの息子）について1例、義父で大工のジェメーンティー（クジマの息子）について2例[131]。
⑭裁縫師のナウム（パーヴェルの息子）
裁縫師のヴァシーリー（イグナーティーの息子）・屋敷番について1例ずつ[132]。
⑮裁縫師のピャートイ（フョードルの息子）
馬係のイグナーティー・ボサルガについて1例[133]。
⑯裁縫師のボグダン（イヴァンの息子）
裁縫師のボリス（グリゴリーの息子）・小金庫の番人パニカ・炉焚き人について1例ずつ[134]。
⑰テーブルクロス織工のアレクセイ
金庫番のアルチェム（ヤコフの息子）、娘婿でジェチョーヌィシのアンドリューシャ（グリゴリーの息子）について1例ずつ[135]。
⑱テーブルクロス織工のジェニス（ネゴジャーイの息子）
ジェチョーヌィシについて6例（人物としては4人）[136]。
⑲ストッキング製造工のペールヴォイ（アルチェムの息子）
ジェチョーヌィシについて4例（人物としては2人）、鍛冶工のボグダンについ

第 2 章　オブローク受領者の諸側面

て 2 例、同イシドール（ロジオンの息子）について 1 例、ストッキング製造工で弟子のアナーニーについて 2 例[137]。

⑳鍛冶工のアレクセイ

　ジェチョーヌィシについて 1 例[138]。

㉑鍛冶工のイヴァン（ミハイルの息子）

　ジェチョーヌィシについて 1 例[139]。

㉒鍛冶工のグリャイ

　ジェチョーヌィシについて 1 例[140]。

㉓鍛冶工のトレチヤーク（イストマの息子）

　鍛冶工・靴工・ジェチョーヌィシ・漁師について 1 例ずつ[141]。

㉔鍛冶工のボグダン

　鍛冶工のトレチヤーク（イストマの息子）と鎚工ミーシカ（ダニールの息子）について 1 例ずつ、ジェチョーヌィシについて 1 例[142]。

㉕鍛冶工のボリス（ピョートルの息子）

　大工のモイセイ（トルフォンの息子）について 1 例[143]。

㉖火掻き棒製造職人のミハイル（アンドレイの息子）

　ろくろ師のフィリップ（ドミトリーの息子）について 2 例、炉焚き人について 1 例[144]。

㉗火掻き棒製造職人のプラトン

　炉焚き人について 2 例、ジェチョーヌィシ・漁師・水門の番人ミハイルについて 1 例ずつ、不明が 2 例[145]。

㉘ろくろ師のフィリップ（ドミトリーの息子）

　ろくろ師のトレチヤーク（イヴァンの息子）について 1 例、息子でろくろ師のミーシカについて 2 例、木さじ製造職人のミハイル（アンドレイの息子）について 2 例、炉焚き人について 1 例[146]。

㉙車大工・大工のアクセン（イグナーティーの息子）

　ジェチョーヌィシについて 4 例、靴工のトレチヤーク（イヴァンの息子）・炉焚き人・水門の番人イヴァン（イヴァンの息子）・カザクについて 1 例ずつ[147]。

㉚桶屋・大工のアルチェム（アンドレイの息子）

　大工のグリーシャ（イヴァンの息子）と同ジェメーンティー（クジマの息子）

111

第 2 章　オブローク受領者の諸側面

について 1 例ずつ、靴工のヴァシーリー（ブダイの息子）・裁縫師のフェディカ（ポノマールの息子）・ジェチョーヌィシについて 1 例ずつ[148]。

㉛大工のイヴァン・ゴルブン

息子でジェチョーヌィシのマクシムについて 2 例[149]。

㉜車大工・大工のイストマ

ジェチョーヌィシについて 3 例、大工のモイセイ（トルフォンの息子）・木さじ製造職人のグリーシャ（ヤコフの息子）・馬係のボグダン（イヴァンの息子）（ジェチョーヌィシのボグダンと同一人物）について 1 例ずつ[150]。

㉝大工のヴァシーリー（ユーリーの息子）

ジェチョーヌィシについて 1 例[151]。

㉞大工のカリーナ

製粉業従事者ヴァシーリーについて 2 例、ジェチョーヌィシについて 2 例（同一人物）、車大工のミハイル（ヨシフの息子）・大工のロジオン・屋敷番について 1 例ずつ[152]。

㉟大工のグリゴリー（イヴァン・ボルィガの息子）

ジェチョーヌィシについて 2 例[153]。

㊱大工のジェメーンティー（ジェメフ）

ジェチョーヌィシついて 5 例（人物としては 3 人）、大工のフォードル（ドミトリーの息子）と同ヴァシーリー（ユーリーの息子）について 1 例ずつ[154]。

㊲桶屋・大工のシーリャイ（イヴァンの息子）

大工のパーヴェル（フォードルの息子）について 1 例、同アルチェム（アンドレイの息子）について 2 例、テーブルクロス織エイヴァン（グバの息子）について 2 例、ジェチョーヌィシ、修道院の下男、チェリョージヌィー・ポヴァルについて 2 例ずつ[155]。

㊳大工のセメン・クチン

鎚工のミーシカ（ジェニスの息子）について 1 例[156]。

㊴大工のフォードル（ドミトリーの息子）

炉焚き人について 1 例[157]。

㊵車大工・大工のミハイル（ヨシフの息子）

製粉業従事者のロジオン（アヌフリーの息子）について 2 例[158]。

第 2 章　オブローク受領者の諸側面

㊶大工のモイセイ（トゥルフォンの息子）
　ジェチョーヌィシについて 2 例、鍛冶工のボグダンについて 1 例[159]。
㊷桶屋のレオンティー
　製革工のアクセン（フォマの息子）・大工のモイセイ（トゥルフォンの息子）・家畜の世話人について 1 例ずつ[160]。
㊸石工のプロコピー
　テーブルクロス織工のジェニス（ネゴジャーイの息子）について 1 例[161]。
㊹製粉業従事者のロジオン（オヌフリーの息子）
　ジェチョーヌィシについて 11 例（人物としては 6 人）、大工のヴァシーリーと木さじ製造職人のプラトン、そしてカザクについて 1 例ずつ、[162]。
　家族で保証人となっている人物が 44 人中 9 人で、2 人の裁縫師と 1 人のストッキング製造工が弟子の保証人となっている。

(2) ジェチョーヌィシについては、
①アフォニカ（マルチンの息子）
　ヴォルシノ村の屋敷番イヴァシコ・ドミトリエフについて 1 例[163]。
②アルチェム（ヤコフの息子）
　ジェチョーヌィシについて 1 例[164]。
③アンドレイ（クジマの息子）
　屋敷番について 1 例[165]。
④アンドレイ（セメンの息子）
　ジェチョーヌィシについて 1 例[166]。
⑤アンドレイ（フォマの息子）
　ジェチョーヌィシについて 5 例（人物としては 2 人）、靴工ヤキム（チモフェーイの息子）について 1 例[167]。
⑥アンドレイ（マーカルの息子）
　ジェチョーヌィシについて 5 例[168]。
⑦アンドレイ（ヤコフの息子）
　ジェチョーヌィシのグリーシャについて 3 例、同じくフェディカ（シドルの息子）について 2 例、同ミーシカ・ブラガについて 1 例、その他ジェチョーヌィ

113

第 2 章　オブローク受領者の諸側面

シについて 5 例（人物としては 2 人）、炉焚き人のグリーシャ（イストマの息子）について 1 例[169]。

⑧イヴァン（イヴァンの息子）

兄弟でジェチョーヌィシのミーチカ、ジェチョーヌィシのオフシャニク（アヌフリーの息子）について 1 例ずつ[170]。

⑨イヴァン（グリゴリーの息子）

ジェチョーヌィシについて 8 例（人物としては 5 人）。イヴァンは огородной として保証人となっている[171]。

⑩イヴァン（スピルの息子）

ジェチョーヌィシについて 2 例[172]。

⑪イヴァン（ドミトリーの息子）

ジェチョーヌィシについて 5 例（人物としては 4 人）[173]。

⑫イヴァン・ドルゴイ

ジェチョーヌィシ、息子で炉焚き人のアクセン、息子で тележный повар のイヴァンについて 1 例ずつ[174]。

⑬イヴァン・ハリン

大工のヴァシーリー（ユーリーの息子）について 1 例[175]。

⑭イェレメイ（クジマの息子）

ジェチョーヌィシについて 1 例[176]。

⑮イサーク（フョードルの息子）

ジェチョーヌィシについて 1 例[177]。

⑯イストマ（アンドレイの息子）

兄弟でジェチョーヌィシのレヴォンについて 1 例[178]

⑰ヴァシーリー（パーヴェルの息子）

ジェチョーヌィシについて 2 例[179]。

⑱ヴァシーリー（フョードルの息子）

　屋敷番について 2 例（ヴァシーリーは農民と記載されている）[180]。

⑲ヴァシーリー（フォマの息子）

1588 年 5 月 25 日にアンギロヴォ村でジェーチの保証人として 2 度記載されているが、1573 年 12 月 7 日に 1 度だけアンギロヴォ村の屋敷番としてオブロー

第 2 章　オブローク受領者の諸側面

クを受領している[181]。

⑳オフシャニク（オヌフリーの息子）
　ジェチョーヌィシについて 2 例[182]。

㉑カリーナ・ジューリ（チモフェーイの息子）
　ジェチョーヌィシについて 5 例（人物としては 3 人）、製粉業従事者のイヴァン・リャプンについて 3 例、木さじ製造職人のグリーシャ（ヤコフの息子）・馬係のクジマ（ピョートルの息子）について 1 例ずつ[183]。

㉒グリゴリー
　息子でジェチョーヌィシのボグダンについて 1 例[184]。

㉓クリメンティー（ヴァシーリーの息子）
　ジェチョーヌィシについて 1 例[185]。

㉔クリメンティー（ヴラスの息子）
　ジェチョーヌィシ・車大工ミハイル（ヨシフの息子）・ろくろ師のトロフィムについて 1 例ずつ[186]。

㉕ジェメーンティー（オヌフリーの息子）
　ジェチョーヌィシのイヴァンコについて 1 例[187]。

㉖スチェパン（コンドラーティーの息子）
　ジェチョーヌィシ・金庫番のアルチェム（ヤコフの息子）について 1 例ずつ（同一人物）[188]。

㉗セメン（ポトパイの息子）
　ジェチョーヌィシについて 5 例（人物としては 3 人）[189]。

㉘セメン・ボルジンスコイ
　ジェチョーヌィシについて 7 例（人物としては 4 人）[190]。

㉙ブィコヴォ村のセメン
　ジェチョーヌィシについて 2 例[191]。

㉚セメン（マルチヤンの息子）
　義父でジェチョーヌィシのピョートル（イヴァンの息子）について 2 例、その他 5 人のジェチョーヌィシについて 6 例[192]。

㉛ダニール（チモフェーイの息子）
　ジェチョーヌィシについて 2 例（同一人物）[193]。

115

㉜トレチヤーク・プレシヴォイ
ジェチョーヌィシについて1例[194]。
㉝ニキフォール（ヤコフの息子）
ジェチョーヌィシについて1例[195]。
㉞フョードル（ミトロフォンの息子）
ジェチョーヌィシについて1例[196]。
㉟ペールヴォイ（ロジオンの息子）
ジェチョーヌィシについて1例[197]。
㊱マクシム
父親で大工のイヴァン・ゴルブンについて1例[198]
㊲マトヴェイ（ドルマートの息子）
ジェチョーヌィシについて1例[199]。
㊳マトヴェイ（ミヘイの息子）
ジェチョーヌィシについて5例（人物としては3人）[200]。
㊴マルチヤン・ポドセヴァル
ジェチョーヌィシについて1例[201]。
㊵ミーシカ・ブラガ
ジェチョーヌィシのアンティプ（ニキータの息子）について1例[202]。
㊶ミハイル（イヴァンの息子）
ジェチョーヌィシのミーチカ・ブラガについて1例、その他2人のジェチョーヌィシについて1例ずつ[203]。
㊷ミハイル・ヴォドピヤン
ジェチョーヌィシについて2例[204]。
㊸ミハイル（オブロシムの息子）
ジェチョーヌィシのオフシャニク（アヌフリーの息子）について1例[205]。
㊹ミハイル・メショーク（イヴァンの息子）
ジェチョーヌィシについて1例[206]。
㊺メンシク（ナウムの息子）
ジェチョーヌィシについて5例（人物としては3人）[207]。
㊻ヤキム（チモフェーイの息子）

第 2 章　オブローク受領者の諸側面

ジェチョーヌィシについて 4 例[208]。

このように、ジェチョーヌィシの保証人となっている場合が多い。と同時に、相互に保証人となっている事例も見られる。家族で保証人となっている人物は 6 人で、うち 2 人は息子あるいは娘婿である。

（3）その他
① 漁師のアレクセイ（カルプの息子）
　漁師のグリーシャ（タラスの息子）について 4 例、同パンクラート（イェロフェイの息子）とマクシム（イヴァンの息子）について 1 例ずつ[209]。
② 漁師のヴァシーリー（ヤコフの息子）
　屋敷番について 1 例[210]。
③ 漁師のエフレム（セメンの息子）
　漁師のグリーシャ（タラスの息子）について 1 例、同アンドレイについて 2 例[211]
④ 漁師のグリーシャ（タラスの息子）
　漁師のアニシム（クレメンティーの息子）と同アンドレイについて 2 例ずつ、同アレクセイ（カルプの息子）について 1 例、ジェチョーヌィシについて 1 例[212]。
⑤ 漁師のフェディカ（ロジオンの息子）
　兄弟で鍛冶工あるいは鎚工のシドルコについて 4 例、漁師のアンドレイについて 2 例[213]。
⑥ 漁師のルキヤン
　甥で炉焚き人のフェディカについて 1 例[214]
⑦ 漁師のマクシム（イヴァンの息子）
　漁師のグリーシャ（タラスの息子）について 1 例[215]。
⑧ 家畜の世話人ズブコ（フィリップの息子）
　水門の番人イヴァン（イヴァンの息子）と大工のヴァシーリーについて 1 例ずつ[216]。
⑨ 馬係のアレクセイ
　馬係について 1 例。但し、この時、アレクセイは家畜頭 стадной приказчик であった[217]。
⑩ 馬係のヴァシーリー・オフヴァート

117

第 2 章　オブローク受領者の諸側面

　　ジェチョーヌィシについて 1 例[218]。

⑪馬係のセルゲイ（ヴァシーリーの息子）

　　ジェチョーヌィシについて 5 例（人物としては 3 人）、不明が 1 例[219]。

⑫馬係のニキータ（グリゴリーの息子）

　　馬係のフェディカ（ネコパイの息子）について 1 例[220]。

⑬馬係のフョードル（イヴァンの息子）

　　馬係のフェディカ（ネコパイの息子）について 1 例[221]。

⑭馬係のフョードル（サヴァの息子）

　　ジェチョーヌィシについて 2 例[222]。

⑮馬係のフョードル（ネコパイの息子）

　　馬係のスチェパン（セメンの息子）について 1 例[223]。

⑯馬係のペールヴォイ

　　兄弟で тележный повар のイヴァンについて 2 例[224]。

⑰馬係のボソルガ

　　兄弟でモスクワ市の番人クリムについて 1 例[225]

⑱馬係のポドセヴァル（ヴァシーリーの息子）

　　ジェチョーヌィシについて 1 例[226]。

⑲馬係のマトヴェイ（エフスターフィーの息子）

　　馬係のイヴァン・炉焚き人について 1 例ずつ[227]。

⑳馬係のロマン（ザーハルの息子）

　　馬係について 1 例[228]。

㉑レストヴィツィノ村の屋敷番のアンドリューシャ（古参住民）

　　息子で炉焚き人のセニカについて 1 例[229]。

㉒屋敷番のイヴァン（キリルの息子）

　　屋敷番について 1 例[230]。

㉓ノーヴォエ村の屋敷番イストマ

　　テーブルクロス織工ジェニス（ネゴジャーイの息子）について 1 例

㉔屋敷番のザーハル（ヴァシーリーの息子）

　　息子でエリナルホヴォ村の炉焚き人のガヴリールについて 1 例[231]。

㉕オトチシチェヴォ村の屋敷番ペールヴォイ

ジェーチについて2例[232]。
㉖ブイゴロド村の屋敷番のミハイル
炉焚き人について1例[233]。
㉗炉焚き人のイヴァン（ヤコフの息子）
ジェチョーヌィシについて2例[234]。
㉘炉焚き人のシェスタク（アンドレイの息子）
馬係のフィリップ（ネーチャイの息子）とミーチカ（イヴァンの息子）について1例ずつ、射手について1例[235]。
㉙炉焚き人のトロフィム（イヴァンの息子）
炉焚き人について1例[236]。
㉚宝物用建物の番人のアルチェム（ヤコフの息子）
ジェチョーヌィシについて3例（人物としては2人）、大門の番人ヴァシーリーについて1例、不明が1例[237]。
㉛番人ヴァシーリー（アナーニーの息子）
ジェチョーヌィシ・牢番のペールヴォイ（コスチャの息子）について1例ずつ[238]。
㉜小宝物用建物の番人のパーンカ
宝物用建物の番人のアルチェム（ヤコフの息子）について1例[239]。

このように、32人中6人が家族の保証人となっている。オブローク受領者で保証人となっている人物は、合計122人である。そのうち21人が家族の保証人となっており、約17.2％と、比率としては16世紀半ばより低くなっている。

職種別では、ジェチョーヌィシが46人と最も多く、大工・車大工・桶屋の14人、馬係の11人、裁縫師の8人と続くが、職種別のオブローク受領者の数を考慮すると、製革工、テーブルクロス織工、火掻き棒製造職人、大工・車大工・桶屋、裁縫師の中で保証人となっている人達の占める割合が高くなっている。が、保証人については、お互いに相互乗り入れで保証人となっている場合や、親子で保証人となっている場合があることに留意しなければならない。

次に、保証人となっている件数に注目してみると、製革工のアクセンが27件と最も多く、鞍師のイストマの15件、製粉業従事者のロジオンの14件、裁縫師のイヴァン（アンドレイの息子）の13件、ジェチョーヌィシのアンドレイ（ヤコフの息子）の12件、同じくジェチョーヌィシのカリーナ・ジューリの10件が目立

第2章　オブローク受領者の諸側面

っている。5件以上の場合に注目しても、手工業者が保証人となっている場合が多い。

続いて、保証人の職種とオブローク受領者の職種の関係に注目してみると、ジェチョーヌィシの場合が特徴的で、例外はあるものの、大部分は保証人、オブローク受領者ともジェチョーヌィシとなっている。漁師の場合も似たような傾向を示している。逆に、手工業者の場合は、製革工アクセンや鞍師イストマに典型的なように、同一職種に限定されてはいない。

このように、同じ保証人となっているとはいっても、その頻度と、その中味には違いがあり、どちらかといえば、手工業者が保証人となっている場合がオブローク受領者の範囲が広く、継続性があるように思われる。

また、保証人となっている人物が、戸を持っていたか否かを見てみると、手工業関係では44人中20人、ジェチョーヌィシでは46人中16人、その他では32人中5人が、それぞれ戸を持っていることが分かるだけで、残りについては戸の所有を確認することができない。しかも、製革工アクセンの場合には、戸の所有が確認できない方に入っているのである。したがって、戸の所有の有無からは、どの職種が保証人として適切であったかどうかを判断することはできない。

が、いずれにせよ、戸を所有していることは、その人物が独立した世帯を構成していることの指標の一つと考えられるが、16世紀後半においても、これが保証人となるための前提ではなかったことになる。

このように、オブローク受領者の職種が何であれ、彼らもまた保証人となり得ることを確認できると同時に、保証人が必ずしも独立した世帯であった訳ではないことも確認できる。

3　小括

家族が保証人になっている事例に注目してみると、16世紀半ばと後半とを合わせて、175人中38人で、約21.7%と割合が高いとはいえない。が、家族で保証人となっている事例の中には、保証人本人はオブローク受領者ではない場合もある。つまり、オブローク受領者ではない家族成員が、家族の保証人となっている場合である。

そこで、次の節では、保証人がオブローク受領者であるか否かに関係なく、家

第2章　オブローク受領者の諸側面

族成員が保証人となっている事例を検討してみよう。

第3節　保証人としての家族成員

1　16世紀半ば

（1）父母あるいは義父または息子あるいは娘婿が保証人となっている事例
①炉焚き人のイヴァンに対する父親アルチェム[240]
②ジェーチのミーチャに対する父親イェルモラ[241]
③ジェーチのロークに対する父親イェレメイ[242]
④подчашник イヴァンコに対する父親イグナーティー[243]
⑤ジェーチのイヴァンに対する父親イグナート（本人は大工）[244]
⑥ジェーチのイヴァンに対する父親イグナート（本人は番人）[245]
⑦町の番人ミハルコに対する父親ヴァシーリー[246]
⑧ジェーチのイヴァンカに対する父親ヴェリヤミン（本人はスタレーツ）[247]
⑨ヴォルシノ村の炉焚き人プチーラに対する父親カシヤン（本人はヴィソーコエ部落のスタレーツ）[248]
⑩ノーヴォエ村の炉焚き人のトレチヤークに対する父親カルプ[249]
⑪ジェーチのガヴリールに対する父親カルプ[250]
⑫ジェーチのネーチャイに対する父親カルプ[251]
⑬ジェーチ、炉焚き人のイストマに対する父親クジマ[252]
⑭鍛冶場の炉焚き人のヴァスカに対する父親ザーハル[253]
⑮炉焚き人のプロホルに対する父親シドル（本人はスタレーツ）[254]
⑯裁縫師のペトルーシャ、ジェーチのヴァシーリーに対する父親ジェメーンティー[255]
⑰裁縫師のトレチヤークに対する父親セルゲイ[256]
⑱ジェーチのイヴァンに対する父親セメン[257]
⑲エロポルチ村の炉焚き人フィリカに対する父親セメン[258]
⑳継子でジェーチあるいは大工のニキフォールに対する義父ソコール（本人は炉焚き人）[259]

121

第 2 章　オブローク受領者の諸側面
㉑ジェーチのフェディカに対する父親ソフロン[260]
㉒クズネーチヌィエ・ジェーチのイヴァンカに対する父親ダニーラ（本人はオトシチェヴォ村の屋敷番）[261]
㉓ジェーチのイヴァンに対する父親ニキフォール[262]
㉔ジェーチのセメンに対する父親ニキフォール[263]
㉕ジェーチのヴァスカに対する父親ピョートル[264]
㉖継子でジェーチあるいは大工のダニーラに対する義父フョードル・クルィシカ（本人は大工）[265]
㉗ジェーチのチモーシャに対する父親フロール[266]
㉘ジェーチのピョートル及び炉焚き人グリーシャに対する父親ボルダー[267]
㉙屋敷番イストマに対する父親マクシム[268]
㉚ジェーチのフョードルに対する父親モーケイ（本人は車大工あるいは大工）[269]
㉛ログシノ村の炉焚き人ロマンに対する母親（ウスペンスコエ村のプロスクールニツァ）[270]

　最後の事例に見られるように、母親も保証人となっていることが注目される。⑧、⑨、⑮、㉛を除いて、①〜④、⑦、⑩〜⑭、⑯〜⑲、㉑、㉓〜㉕、㉗〜㉙の場合、保証人がオブローク受領者であることを確認できない。27 例中 21 例と、大きな割合を占めている。

(2) おじが甥の保証人となっている事例
①十字架製造職人イヴァンコ（ゲラシムの息子）に対するおじイヴァン（ゲラシムの息子）[271]
②ジェーチのセレーシカに対するおじイヴァン[272]
③ジェーチのミーシカ（ミハイルの息子）に対するおじイヴァン（メジェニコフの息子）[273]
④番人のイストマに対するおじイストマ[274]
⑤馬係のコンドラートに対するおじカシヤン（本人はスタレーツ）[275]
⑥ジェーチのミーチカに対するおじコルーガ（本人は大工）[276]
⑦ジェーチあるいはモスクワの炉焚き人のミーチカ（オフシャニクの息子）に対するおじフョードル[277]

第2章　オブローク受領者の諸側面

⑧ジェーチのサフカに対するおじフィリップ[278]

⑤の場合は修道院関係者であり、それ以外の7例中6例は、いずれも保証人がオブローク受領者であることを確認することができない。

(3) 兄弟が保証人となっている事例

①ろくろ師のクジマ（テレシハの息子）に対する兄弟アレクセイ[279]
②ジェーチのイストマに対する兄弟イヴァン[280]
③ジェーチのチモーシャに対する兄弟イヴァン[281]
④炉焚き人のファラレイに対する兄弟イヴァン[282]
⑤ジェーチのダニーラに対する兄弟イヴァン・コリャーカ（本人はジェーチ）[283]
⑥ジェーチのイヴァンカに対する兄弟イヴァンカ[284]
⑦ジェーチのグリーシャ・コシャークに対する兄弟イェルモラ（本人は大工）[285]
⑧ジェーチのレヴォン（パルフェンの息子）に対する兄弟イェルモラ[286]
⑨大工モーケイ及びジェーチのグリーシャ・コシャークに対する兄弟イェルモラ（本人も大工）[287]
⑩モスクワの炉焚き人マトヴェイと炉焚き人のチモーシャに対する兄弟イストマ（ヤコフの息子）（本人はジェーチ）[288]
⑪ジェーチのエフレム・ネスチェレフに対する兄弟ヴァシーリー・コヴァレク[289]
⑫ジェーチのパルフェンに対する兄弟ヴォロージャ[290]
⑬ジェーチ、炉焚き人のヴァシュコ（ミーチャの息子）に対する兄弟オスターニャ（本人はジェーチ）[291]
⑭ジェーチのミーチカに対する兄弟グリーシャ・オメナ（本人もジェーチ）[292]
⑮ジェーチのグリーシャ（フォードルの息子）に対する兄弟コンドラート（本人は馬係）[293]
⑯コラチニコヴォ部落の馬係に対する兄弟サフカ[294]
⑰牧人フォマ（スチェパンの息子）に対する兄弟シドル[295]
⑱ジェーチのフォードルに対する兄弟ジャギリ[296]
⑲馬係のネゴジャーイに対する兄弟スチェパン[297]
⑳町の番人ペトルーシャに対する兄弟ダニーラ[298]
㉑炉焚き人のニキフォールに対する兄弟タラス[299]

123

第2章　オブローク受領者の諸側面

㉒馬係のイエフに対する兄弟ニキータ[300]

㉓ジェーチのイヴァンカに対する兄弟フォマ（本人は裁縫師）[301]

㉔馬係のアフォーニャに対する兄弟フョードル[302]

㉕ノーヴォエ村の屋敷番のウリッタに対する兄弟フェディカ（本人は金庫番）[303]

㉖十字架製造職人アヌフリーに対する兄弟マルチン[304]

㉗大工のメニシクに対する兄弟ミクラとグリージャ[305]

㉘十字架製造職人グリージャに対する兄弟メンチャク[306]

㉙炉焚き人のカルプに対する兄弟レヴォン[307]

㉚ジェーチのレヴォン（グリージャの息子）に対する兄弟ユーリャ（本人もジェーチ）[308]

①〜④、⑥、⑧、⑪、⑫、⑯〜㉒、㉔、㉖〜㉙の20例については、オブローク受領者であることを確認することができない。

このように、68例中47例については保証人がオブローク受領者であることを確認することができず、4例については保証人が修道院関係者である。保証人がオブローク受領者である割合は、25％となっている。

2　16世紀後半

（1）父親あるいは義父または息子あるいは娘婿が保証人となっている事例、

①ジェチョーヌィシのアンドリューシャ（グリゴリーの息子）に対する妻の父親アレクセイ（本人はテーブルクロス織工）[309]

②炉焚き人のセニカに対する父親アンドリューシャ（本人はレストヴィツィノ村の屋敷番）[310]

③鍛冶工のグーリャイコに対する娘婿のアンドレイ・グンダール[311]

④ジェチョーヌィシのロジオン（イヴァンの息子）に対する妻の父親でブィコヴォ村のイヴァン[312]

⑤裁縫師のタラフと同フョードルに対する父親イヴァン（アンドレイの息子）（本人も裁縫師）[313]

⑥ジェチョーヌィシのマクシムコに対する父親イヴァン（チェクレヴォ部落）[314]

⑦ジェチョーヌィシのマクシムコに対する父親イヴァン・ゴルブン（本人はオス

第2章　オブローク受領者の諸側面

タシコヴァ村の大工）
⑧オトチシチェヴォ村の炉焚き人アクセンに対する父親イヴァン・ドルゴイ（本人はジェチョーヌィシ)、そして、тележный повар のイヴァンに対する父親イヴァンと兄弟ペールヴォイ（ペルヴーシカ）（本人も馬係）³¹⁵
⑨ラキチノ村の炉焚き人グリーシャに対する父親クジマ³¹⁶
⑩ジェチョーヌィシのボグダンに対する父親グリゴリー（本人もジェチョーヌィシ）³¹⁷
⑪大工のジェメーンティー（クジマの息子）に対する娘婿のコスチャ（ニキータの息子）（本人は裁縫師）³¹⁸
⑫エルナルホヴォ村の炉焚き人ガヴリールに対する父親ザーハル（ヴァシーリーの息子）（本人はトゥリズノヴォ村の屋敷番）³¹⁹
⑬イヴァンに対する父親シェヴリーガ（ヴァシーリーの息子）³²⁰
⑭靴工のダニールに対する父親ドローニャ（フィリップの息子で靴工）³²¹
⑮ジェチョーヌィシのピョートル（イヴァンの息子）に対する娘婿のセメン（マルチヤンの息子）（本人もジェチョーヌィシ）³²²
⑯ろくろ師のミーシカに対する父親フィリップ（ドミトリーの息子）（本人もろくろ師）³²³
⑰レストヴィツィノ村の炉焚き人パホムに対する父親でラグチノ村の農民のフォードル（オルフェリーの息子）³²⁴。
⑱ジェチョーヌィシのミーチカ（イヴァンの息子）に対する妻の父親フョードル・グラズン³²⁵
⑲大工のイヴァンに対する父親ボクシェイ³²⁶
⑳大工のイヴァン・ゴルブンに対する息子マクシムコ（ジェチョーヌィシ）³²⁷
㉑炉焚き人のアフォニカに対する父親ユーリー³²⁸
を挙げることができる。また、イヴァン（フョードルの息子）は、1573年12月7日に、ヴェリヤミノヴォ村の屋敷番として 20 a. を受領するとともに、彼の息子も、家畜を放牧することを条件として、5 a. を得ているという事例もある³²⁹。

そして、③、④、⑥、⑨、⑬、⑰～⑲、㉑の場合のように、保証人がオブローク受領者であることを確認できない事例が21例中9例ある。

ここに登場する人物のうち、オブローク受領者自身の子供を除いた15人の中で、

125

第2章　オブローク受領者の諸側面

戸の所有が明確なのは 10 人であり[330]、残り 5 人については戸の所有の有無が不明である点を考慮すると、子弟のいるオブローク受領者が、必ずしも、戸を担保としたり、戸を持っているにもかかわらず保証人を立てたりしているという訳ではない。また、屋敷番の未亡人へのオブロークの授与が 2 例ある[331]。

(2) おじが甥の保証人となっている事例
①馬係のロマン（ザハロフの息子）に対するおじアンドレイ・モホフ[332]
②炉焚き人のフェディカに対するおじルキヤン（本人は漁師）[333]
　①の場合は、おじがオブローク受領者であることを確認できない。

(3) 兄弟が保証人となっている事例
①ジェチョーヌィシのエメリヤンに対する兄弟アクセン（フォマの息子）（本人は製革工）
②コンドラトヴォ村の屋敷番アファナスコ（タラスの息子）に対する兄弟アンドレイとイヴァン[334]
③ジェチョーヌィシのミーチカに対する兄弟イヴァン（イヴァンの息子）（本人もジェチョーヌィシ）
④ジェチョーヌィシのレヴォン（アンドレイの息子）に対する兄弟イストマ（本人もジェチョーヌィシ）[335]
⑤　射手のトレチヤーク及びユーリーに対する兄弟イストマ（本人は鞍師）
⑥ジェチョーヌィシのグリーシャに対する兄弟ヴァシーリー・ズブコ（イグナーティーの息子）（本人は裁縫師）
⑦鞍師イストマ（ナザロフの息子）に対する兄弟トレチヤークとユーリー（後者は射手）、同人に対する兄弟ユーリー[336]
⑧ジェチョーヌィシのサヴァ・ズバートイ（フィーリャの息子）に対する兄弟パーヴェル[337]
⑨馬係のパルシャ（イヴァンの息子）に対する兄弟フェディカ[338]
⑩鍛冶工あるいは鎚工のシドルコに対する兄弟フェディカ（本人は漁師）
⑪ウスペンスコエ村の炉焚き人イヴァンに対する兄弟フョードル[339]
⑫тележный повар のイヴァンに対する兄弟ペールヴォイ（本人は馬係）

126

⑬モスクワの番人クリムに対する兄弟のボソルガ（本人は馬係）[340]

②、⑧、⑨、⑪の場合には、保証人がオブローク受領者であることを確認することができない。16世紀後半の場合、保証人がオブローク受領者であることを確認することができない親族の事例は、35例中14例で、40％と、高い割合を示している。が、オブローク受領者である割合の方が60％と、高いことも無視できない。つまり、家族のうちにオブローク受領者がいる場合、6割の家計が複数のオブローク受領者を出していることを示しているのである。と同時に、4割の家計は、誰かをオブローク受領者としているということでもある。

3　小括

以上のように、オブローク受領者自身の血縁あるいは婚姻関係を見てみると、親子で、あるいは兄弟で、あるいはおじと甥で、あるいは義父と娘婿とで、家族内の複数の人が同時に、あるいは家族が継続して、修道院とのオブロークによる関係を結んでいる事例を相当見出すことができる。

しかし、オブローク受領者であることを確認することができない父親あるいは妻の父親、おじが保証人となって、修道院領内の住民が新規にオブローク受領者となっている場合がある。ただ、肉親で保証人となっている人物の数は、16世紀半ばの68人から、後半には35人とほぼ半減している。これは、家族外に保証人を求めるという傾向が生まれていることを示唆しているように思われる。

また、16世紀40年代後半から90年代初めにかけて、家族で保証人となっている人物のうち、オブローク受領を確認することのできない者が、総計で103人中61人と過半数を超えている。が、時期的な違いを考慮すると、16世紀半ばの68人中47人（約69.1％）から、後半には35人中14人（40％）となっており、その割合は大幅に減少している。これは、家族内に複数のオブローク受領者を抱えている割合が増加したことの現れではないかと思われる。

他方、所領外のノヴゴロド、ノヴォトルジョーク、スタリツァ等の出身者がオブローク受領者となっている場合も見られる[341]。したがって、オブローク受領者が特定の階層を形成し、その中からだけオブローク受領者が再生産されていたわけではなく、修道院所領の内外にオブローク受領者となり得る人達が存在してい

127

第2章　オブローク受領者の諸側面

たと思われる。

第4節　家族成員とオブローク受領者

それでは、家族内、あるいは婚姻関係によって結ばれた親類内のオブローク受領者の状況はどのようなものだったのだろうか。そこで、次に、家族成員内のオブローク受領者の状況を検討したい。

1　16世紀半ば

（1）親子の場合[342]
①アガフォンと息子チェレフ（いずれも靴工）
②イェルモラ（大工）と息子ミーチャ（ジェーチ）
③イグナート（車大工）と息子イヴァンカ（大工・ジェーチ）
④イグナート（アフォナシーの息子で、番人）と息子イヴァンカ（ジェーチ）
⑤イストマ（スルガー）と息子イエフカ（馬係、スルガー）及びニキータ（スルガー）
⑥カルプ（ヴァシーリーの息子でジェーチ）と息子ガヴリール、ネーチャイ（いずれもジェーチ）及びトレチヤーク（炉焚き人）
⑦クジマ（屋敷番）と息子イストマ（ジェーチ、炉焚き人）
⑧コジョール（イェルモラの息子）と息子セニカ（いずれも大工）
⑨ジェメーニャ（マーカルの息子で、森番）と息子ヴァシカ（ジェーチ・炉焚き人・馬係）及びペトルーシャ（裁縫師）
⑩ソコール（炉焚き人）と娘婿ニキフォール（ジェーチ、大工／桶屋）
⑪ダニーラ（屋敷番）と息子イヴァンカ（クズネーチヌィエ・ジェーチ）
⑫ニキフォール（炉焚き人）と息子イヴァシカ（ジェーチ、炉焚き人）及びセニカ（ジェーチ）
⑬フョードル・クリーシカ（大工）と娘婿ダニーラ（ジェーチ）
⑭ヤコフと息子（？）グリーシャ（いずれもクニージニク）

14家族が親子あるいは婚姻関係によって、複数のオブローク受領者を抱えてい

第 2 章　オブローク受領者の諸側面

る。

（2）おじと甥の場合
①アンティプ（ボクシェイの息子）と甥セメン（エメリヤンの息子）（いずれも靴工）
②ヴェレシャーガと甥トレチヤーク及びグルプィシ兄弟（ヴェレシャーガは森番、甥兄弟は馬係）
③イヴァン（ゲラシムの息子で、スルガー）と甥イヴァン（十字架製造職人）
④イストマ（スルガー）と甥イストマ（番人、ジェーチ）
のように、職種はさまざまであり、事例も 4 例と少ない。

（3）兄弟の場合
①イヴァンの息子グリーシャ（十字架作り職人）とメンチャク（スルガー）
②イヴァン・トゥロフスキーの息子アフォーニャ（馬係・スルガー）とフョードル（スルガー）
③イヴァン・ボルダーの息子グリーシャとペトルーシャ（両者ともジェーチ）
④イヴァン（スルガー）、イストマ（ジェーチ）及びチモーシャ（ジェーチ）
⑤イェルモラ（大工）、グリーシャ・コシャーク（ジェーチ）及びモーケイ（大工・車大工）
⑥ヴァシーリーの息子グリーシャ（ジェーチ）とメニシク（大工）
⑦ヴァシーリーの息子ドルガーニャとチート兄弟（両者とも裁縫師）
⑧エメリヤンの息子イヴァン 2 人（いずれもジェーチ）とフォマ（裁縫師）
⑨カチェリンの息子イストマ（スルガー）とシドル（馬係）
⑩カプスタの息子ネゴジャーイ（馬係、スルガー）とスチェパン（スルガー）
⑪グリージャの息子レヴォン（炉焚き人、ジェーチ）及びユーリャ（ジェーチ）
⑫グリージャの息子ジャギリ（大工）とフョードル（馬係、ジェーチ）
⑬コナンの息子アンドレイとマーカル（いずれも錫杖製造職人・火掻き棒製造職人）
⑭ゴロフの息子イヴァン（馬係、スルガー）、イヴァンカ（ジェーチ、炉焚き人、スルガー）及びヤクーシ（馬係、炉焚き人、スルガー）

129

第 2 章　オブローク受領者の諸側面

⑮コスチャの息子グリーシャ（スルガー）とミーチャ（ろくろ師・錫杖製造職人）
⑯シェヴェリの息子ヴァシーリーとヤクーシ（両者共、馬係・スルガー）
⑰スチェパンの息子アレクセイとクジマ（いずれもジェーチ）
⑱チモフェーイの息子グリーシャ（ジェーチ）とイェルモラ（大工）
⑲チモフェーイの息子ダニーラ（ジェーチ）とイヴァンカ・コリャーカ（ジェーチ、クワス醸造人、大工）
⑳ニキータの息子イヴァンカとコスチャ（両者とも裁縫師）
㉑フェフィルの息子ヴォロージャ（スルガー）とパルフェン（ジェーチ）
㉒フョードルの息子グリーシャ（ジェーチ）とコンドラーシュ（馬係・スルガー）
㉓ミーチャの息子ヴァシュコ（ジェーチ）とオスターニャ（ジェーチ・大工）
㉔ミハイルの息子イヴァシカ（ジェーチ）、カルプ（ジェーチ）及びラリカ（炉焚き人）
㉕ミハイルの息子グリーシャ・オメナとミーチカ（両者ともジェーチ）
㉖モセイの息子フェディカ（宝物用建物の番人）とウリッタ（ノーヴォエ村の屋敷番）
㉗ヤコフの息子イストムカ（ジェーチ）、マトヴェイ（モスクワの炉焚き人）及びチモーシャ（炉焚き人）
㉘ルキヤンの息子イヴァンカ（炉焚き人、ジェーチ）、ネーチャイ（ジェーチ）及びファラレイ（番人、炉焚き人）
㉙レーカルの息子ヴァシーリーとドミトリー（両者ともスルガー）
㉚マルトゥインカ（炉焚き人）とアヌフリー（十字架製造職人）
㉛フョードルの息子マクシム（ジェーチ）と従兄ミーチャ（炉焚き人、馬係、ジェーチ、スルガー）

　最後の事例は、従兄弟であるが、それを除くと、同じオブローク受領者ではあっても、その職種が兄弟では異なっている場合が多いことを示している。とはいえ、31 家族が複数のオブローク受領者を抱えている。
　このように、16 世紀半ばにおける家族成員内のオブローク受領者の職種は多様であり、また、必ずしも、親子で職業の継承が行われていたというものではなかった。また、合計 49 の家族あるいは親類が複数のオブローク受領者を抱えていたことがわかる。

第2章　オブローク受領者の諸側面

　この49家族のオブローク受領者の職種は、靴工、ろくろ師、裁縫師、十字架製造職人、錫杖製造職人、火掻き棒製造職人、大工あるいは車大工、桶屋、クニージニク、森番、ジェーチ、炉焚き人、馬係、クズネーチヌィエ・ジェーチ、番人、スルガー、と多様であり、どれかに偏っている、とはいえない。が、靴工、大工のように親子で、裁縫師のように、兄弟で、それぞれ同じ職業についている場合も見られる。

2　16世紀後半

（1）父親と息子あるいは義父と娘婿がオブローク受領者となっている事例、
①アンドリューシャ（グリゴリーの息子で、ジェチョーヌィシ）と妻の父親アレクセイ（テーブルクロス織工）[343]
②アンドリューシャ（レストヴィツィノ村の屋敷番）と息子セニカ（炉焚き人）
③イヴァン（フョードルの息子で、ヴェリヤミノヴォ村の屋敷番）と息子（家畜の放牧）
④イヴァン・ゴルブン（オスタシコヴァ村の大工）と息子マクシムコ（ジェチョーヌィシ）
⑤イヴァン・ドルゴイ（ジェチョーヌィシ）と息子アクセン（オトチシチェヴォ村の炉焚き人）、イヴァン（тележный повар）及びペールヴォイ（ペルヴーシカ）（馬係）
⑥イヴァン（アンドレイの息子で、裁縫師）と息子タラフ及びフョードル（いずれも裁縫師）
⑦グリゴリーと息子ボグダン（いずれもジェチョーヌィシ）
⑧ザーハル（ヴァシーリーの息子で、トゥリズノヴォ村の屋敷番）と息子ガヴリール（エルナルホヴォ村の炉焚き人）
⑨ジェメーンティー（クジマの息子で、大工）と娘婿のコスチャ（ニキータの息子で、裁縫師）
⑩ドロガーニャ（フィリップの息子）と息子ダニール（いずれも靴工）
⑪ペトルーシャ（イヴァンの息子）[344]と娘婿のセメン（マルチヤンの息子）（いずれもジェチョーヌィシ）

131

第2章　オブローク受領者の諸側面

⑫フィリップ（ドミトリーの息子）と息子ミーシカ（いずれもろくろ師）を挙げることができる。12家族が親子で、あるいは婚姻関係によって、複数のオブローク受領者を抱えている。⑨のコスチャは16世紀半ばから登場している[345]。

(2) おじが甥の保証人となっている事例
①フェディカ（炉焚き人）とおじルキヤン（漁師）
　このように、1例しかない。

(3) 兄弟が保証人となっている事例
①アンドレイの息子レヴォンとイストマ（両者ともジェチョーヌィシ）
②イヴァンの息子ミーチカとイヴァン（両者ともジェチョーヌィシ）
③イヴァン（тележный повар）とペールヴォイ（馬係）
④イグナーティーの息子グリーシャ（ジェチョーヌィシ）とヴァシーリー・ズブコ（裁縫師）
⑤クリム（モスクワの番人）とボソルガ（馬係）
⑥シドルコ（鍛冶工あるいは鎚工）と兄弟フェディカ（漁師）
⑦トレチヤーク（射手）とイストマ（鞍師）
⑧ナザロフの息子イストマ（鞍師）とユーリー（射手）
⑨フォマの息子エメリヤン（ジェチョーヌィシ）とアクセン（製革工）
　このように、9家族が兄弟をオブローク受領者として抱えている。
　結局、この時期には、24家族[346]が、家族内、あるいは親類関係によって、複数のオブローク受領者を抱えていた。

3　小括

　複数のオブローク受領者を抱えている家族数は、16世紀半ばの49から22（弟子のみを抱えている2人の人物については除外している）に減少している。オブローク受領者の絶対数そのものも、これまで述べてきたことから明らかなように、減少していた。
　このような状況ではあったが、16世紀後半においても、手工業者の場合には、

第2章　オブローク受領者の諸側面

16世紀半ばと同様に、靴工のドロガーニャとダニール父子、ろくろ師のフィリップとミーシカ父子、裁縫師のイヴァンとタラフ及びフョードル父子、大工のシーリャイとイヴァン父子のように、子供が父親の職業を継承するとともに、オブローク受領者となっている事例がある。靴工ドロガーニャの場合、1556年から1590年まで、裁縫師コスチャの場合、1551年から1579年まで長期に渡って、オブロークを受領している。

また、
①ストッキング製造工ペールヴォイの所には、弟子アナーニー[347]
②裁縫師イヴァン（アンドレイの息子）の所には、弟子ラティシャ[348]
③裁縫師ヴァシーリー（ミハイルの息子）の所には、弟子ヴォイカ[349]。
というように、オブローク受領者の中には弟子を持ち、その弟子もまたオブローク受領者となっている事例もある。

第5節　オブローク受領者の生活の場

　このように、家族の中から複数のオブローク受領者を出している、あるいは家族の中から継続してオブローク受領者を出しているという場合、オブローク受領者あるいは家族は、生活の拠点をどこに置いていたのだろうか。戸を所有している場合には、問題はないと思われる。問題は、戸の所有が確認できない人々の場合である。
　が、まず、第4節に登場した、家族を持ったり、弟子を持っている人物のうち、戸の所有が確認できる場合を挙げてみよう。
　16世紀半ばについては、
　イヴァンカ・コリャーカ（大工）、イェルモラ・モロドーイ（大工）、イグナート（大工）、コジョール（大工）、フョードル・クルィシカ（大工）、アファナーシーの息子イグナート（番人で、戸はスタニメロヴォ部落）、ソコール（炉焚き人）、ミハイルの息子ニキフォール（ソコールの娘婿で、ジェーチあるいは大工）、コナンの息子アンドレイ（火掻き棒あるいは錫杖製造職人）の9人である。49家族中9家族と、18.4％しか、戸を持っていないことになる。職種については、大工だけで9人中6人と高い比率を占めているのが特徴的である。ただ、この時期は、

133

第2章　オブローク受領者の諸側面

戸を担保とするあるいは保証人を立てる、ということが厳密に行われていたわけではなかったし、戸を所有していても、必ずしも戸を担保とはしなかったことを考慮すると、この比率は低めであると考えなければならないであろう。

　16世紀後半については、フィリップの息子ドロガーニャ（靴工で、戸はポクロフスコエ村）、アンドレイの息子イヴァン（裁縫師で、弟子を持っていると同時に、息子も裁縫師としてオブロークを受領している。戸はポクロフスコエ村）、ミハイルの息子ヴァシーリー（裁縫師で、弟子を持っている。戸はポクロフスコエ村）、アルチェムの息子ペールヴォイ（ストッキング製造工で、弟子を持っている。戸はオニスキノ部落）、ロジオンの息子フェディカ（漁師で、戸はチャシチャ部落）、ドミトリーの息子フィリップ（ろくろ師で、戸はチャシチャ部落）、イヴァン・ドルゴイ（ジェチョーヌィシで、戸はトロフィーモヴォ部落）の7人である。24人中7人で29.2％となり、16世紀半ばより少し高くなっている。職種としては、裁縫師の2人をはじめとして、手工業者が7人中5人を占めており、大工については見られない。16世紀半ばとは、様相が異なっている。

　では、戸を持たない人々は、生活の場をどこに置いていたのだろうか[350]。オブローク受領者の居住地が記載されている点に、注目しなければならない。オブローク受領者の多くが当該修道院所領内の村や部落に居住していたことは、すでに述べた通りである。しかし、戸を持っていない場合、村落のどこに居住していたのか。この点で無視することができないのが、村内に存在する келья、つまり、救貧施設としての庵室、すなわち小さな小屋である[351]。

　救貧施設については、すでに序章第3節第3項で修道院が領内の村に所有する施設の1つとして触れておいたが、各村に複数存在していることが多かった。とりわけ、当該修道院の所在地に最も近いポクロフスコエ村の15という救貧施設数の多さが際立っていた。

　したがって、一つの可能性として、戸を所有していないオブローク受領者は、救貧施設に居住して、修道院から食糧を提供されながら、修道院での労働に従事していた、と考えることができる。

　が、第1節で検討したように、戸の所有状況は職種によって違いがあり、救貧施設での生活ということを一般化することはできない。そして、オブローク受領者の妻帯いかんも、救貧施設あるいは職種に応じた修道院の付属施設での生活を

134

第 2 章　オブローク受領者の諸側面

可能とするかどうかに関連しているようにも思われる。つまり、結婚している場合に、救貧施設あるいは職種に応じた修道院の付属施設で生活することが可能だったのかどうか、という問題が残されている。オブローク受領者の結婚があり得なかった場合には、戸を持たないオブローク受領者は救貧施設あるいは職種に応じた修道院の付属施設を利用していたと考えてよいであろう。が、これまで述べてきたことから明らかなように、戸を担保としていないオブローク受領者の場合も、結婚している、家族がいるという状況であり、救貧施設をオブローク受領者の生活の場として一般化することはできない。むしろ、救貧施設でのオブローク受領者の生活は、例外的な場合と考えるべきであろう。

　次に、オブローク期間中の生活の場であるが、この場合、戸を有している場合であっても、職種によっては、労働の場あるいは労働内容とも無関係ではなく、一定期間、本来の生活の場を離れなければならない事態も生じたであろう。この点で、注目しなければならないのは、オブロークの授受に際して付帯的に付け加えられている表現である。

　1540 年代後半から 1550 年代については、次の 2 例がある。
① 1549 年 4 月 16 日に、モスクワの炉焚き人イヴァン（イグナーティーの息子）は、6 a.を得たが、復活大祭までの 4 週間居住することになった[352]。
② 1550 年 10 月 1 日に、大工メンシク（ヴァシーリーの息子）はオブロークとして 10.5a.を得たが、それは、フィリップの精進を終えてやってきたためであった[353]。

　「居住する」、あるいは「やってきた」という表現から、本来の生活の場から離れなければならないということを読み取ることができる。このような場合もあったであろうが、これを 2 つの事例から一般化することはできない。①の場合は、モスクワ勤務であり、居住地を離れることは当然のことであろうし、②についても、労働の性格上、現場で生活することを要求されたと思われる。ただ、後述するように、メンシクの場合、1548 年から 1557 年の間、継続してオブロークを受領しており、この間、居住地から離れていたとすると、彼の帰るべき戸の存在が問われることになるように思われる[354]。

　1570 年代前半から 1590 年代初めにかけては、
① 1573 年 10 月 1 日に、火掻き棒製造職人のミハイルは、オブロークとして 40 a.

第 2 章　オブローク受領者の諸側面
を得たが、10 月 15 日から 10 月 15 日まで居住しなければならなかった[355]。
②1573 年 12 月 20 日に、宝物用建物の番人フォマ（タルフの息子）は、オブロークとして 25 а.を得たが、1 年間居住しなければならなかった[356]。
③1574 年 1 月 23 日に、番人チモフェーイ（スチェパンの息子）は、オブローク 0.5р.を得たが、1 年間居住しなければならなかった[357]。
④1574 年 2 月 3 日に、ジェチョーヌィシのアンドレイ（フォマの息子）、イヴァン（ヴァシーリーの息子）、フョードル（ミトロファンの息子）の 3 人は、オブローク 25 а.を得たが、至聖生神女庇護祭（10 月 1 日）まで居住しなければならなかった[358]。
⑤1574 年 3 月 27 日に、ジェチョーヌィシのイサーク（クリムの息子）は、20 а.1 г.を得たが、11 月 14 日まで居住しなければならなかった[359]。
と 5 つの事例が存在する。彼らの職種は、火掻き棒製造職人、番人、ジェチョーヌィシと、異なっており、いずれの場合も、居住すべき場所の記載はないが、彼らは居住することを義務付けられている。どこに居住すべきかという点で想起されるのが、炉焚き人の労働の場である。

　第 1 章第 5 節で触れたように、炉焚き人の労働の場は、多くの場合、手工業者の労働の場を示唆していると同時に、「雇用労働者の小屋」«дитина изба»、「雇用人の小屋」служна изба、「雇用労働者の戸」«дитин двор»、「雇用労働者用家屋の雇用労働者用の部屋」«дитин дворец в дитин избу»、「馬係の小屋」«конюшенная изба»という表現[360]や、炉焚き人の担当する村名の記載によって、どのような人を対象とした家屋であるのか、どこに担当すべき集落が存在しているのかをも示唆している。

　馬係の場合、前述のように、戸を持つ人物は 1 人しか存在していなかったことを考慮すると、馬係の小屋は、馬係が居住するための小屋であったと考えられる。雇用労働者用の小屋については、一般的な表現しかされていないので、特定の職種を当てはめることはできない。手工業者の場合は、職種毎の小屋が存在しており、そこが仕事場であったと同時に、宿泊施設でもあった可能性もある。が、併用ということが難しい状況であれば、雇用労働者あるいは雇用者の小屋が、宿泊施設である可能性が高い。ただ、これらの小屋を担当するは炉焚き人は、いずれについても、1 人であり、小屋を表わす表現も単数形であることを考慮すると、

第 2 章　オブローク受領者の諸側面

修道院内に、1つずつしか存在していなかったと考えられる。したがって、オブローク受領者全員が、当該修道院に付属する小屋ないし戸に居住することになったとは思われない。オブローク受領者の多くが、当該修道院近郊の集落の出身であったことを考慮すると、通っていた人物も存在したと推測できる。これらの施設は、主として、戸を所有していなかった人々を対象とするものではなかったのだろうか。つまり、彼らは、オブローク受領者ではない時期には救貧施設で生活し、修道院に労働力を提供することによって、職種に応じた施設へと生活の場を移していたと思われる。

なお、オブローク受領者の居住については、支出帳簿中の

①1579年7月13日に、修道士レオニードに対して、修道院近郊の4ヶ村のジェチョーヌィシ15人に、1人10а.2д.ずつ与えるため、総額で4р.20а.10д.が渡された。また、レオニードには、4ヴィチの荒蕪地に定住している、オトチシチェヴォ村の小屋に住むジェチョーヌィシのエフィムコに与えるため、さらに1р.が渡された[361]。

②1579年8月1日に、外来のジェチョーノク прихожий детенок であるノヴゴロドのイヴァンコ（イヴァンの息子）に5а.が与えられたが、彼は雇用者用の部屋に10月1日まで暮らすことを義務づけられた[362]。

という記事にも注目する必要があるであろう。

---

[1] この時期、手工業者については、担保が、保証人、戸を問わず、全く言及されていない場合がほとんどであるため、戸の所有を確認することが難しいという制約がある。そのため、手工業者の戸の所有については、どれだけ実態を反映しているかという点では、疑問が残る。
[2] 1度しか登場していない5人を除いた数である。
[3] なお、前述のように、担保についても、保証人についても、その理由が示されることなく、いずれも記載されていない事例がいくつかある点、注意が必要である。戸を持っているかどうかを論じる際には、このような人達をどう取り扱うかによって、状況が変ってくるので、慎重に取り扱わなければならないが、本書では、これに該当する6人については戸を所有していなかったと仮定する。
[4] 石工の場合、2人とも1回しか登場していない。
[5] ディヤーコノフは、手工業者を含めて全てジェチョーヌィシと捉えているからであるが、ジェチョーヌィシについて、戸を所有するジェチョーヌィシと、戸を所有せず、修道院内に居住するジェチョーヌィシの存在を指摘している。その際、自己の耕作地、すなわち、いくらかでも生活を保障する固有の経済、を持たなかったために、ジェチョーヌィシは自己の存在をもっぱら修道院の扶養によって維持しなければならなかった、と捉えている（Дьяконов, Указ. соч., С. 306）。
[6] «Дарогане дан двор в Покровском за оброк за рубль Демеховской плотников.»と記載されている（ВХККДСВ, С. 228）が、このジェメフは1573年11月28日付、1576年1月5日付、1579年10月27日付で登場している大工のジェメーンティーあるいはジェメフであろうと思われる

第2章　オブローク受領者の諸側面

(Там же, С. 195, 213, 216)。
[7] Книга ключей и Долговая книга..., С. 64, 71, 77; ВХККДСВ, С.198, 213, 228, 235, 250, 264.
[8] Там же, С. 227, 250, 259, 274. «Дано оброку Мосей плотнику 20 алтын да двор ему дан в Покровском кашинской за 20 алтын.»と記載されている(Там же, С. 274)。この「カシャの戸」は、「裁縫師のイヴァン・カシャの戸」であると思われる。セイゲイの息子イヴァン・カシャは、1573年12月17日付、1576年1月4日付、1579年12月29日付、1581年10月1日付、1588年12月27日付で、裁縫師としてオブロークを受領しているが、最後の2つの場合には、ポクロフスコエ村の戸を担保としている(Там же, С. 198, 213, 220, 227, 249)。
[9] Там же, С. 283.
[10] スモリニコヴォ部落は、ルザ郡のシェストリンスキー・スタンに所在。
[11] АФЗиХ, Ч. 2, № 347.
[12] Там же.
[13] Книга ключей и Долговая книга..., С. 20, 52, 59, 64, 69, 75. ここに挙げた年以外にも、問題のクジマと思われる人物がオブローク受領者として登場しているが、「鞍師」とはされていないので、除外した。
[14] Там же, С. 15, 20, 26, 33, 38, 45, 54, 59, 63, 69, 75.
[15] Там же, С. 28, 34, 39, 40, 45, 51, 55, 60, 64, 71, 77.
[16] Там же, С. 39, 45, 51, 55, 60, 64, 71.
[17] 彼は、1579年11月9日にもこの戸を担保としているが、1581年10月1日には戸を担保とせず、漁師のグリーシャ(タラスの息子)を保証人としている(Там же, С. 75. ВХККДСВ, С. 195, 211, 218, 226)。
[18] Книга ключей и Долговая книга..., С. 14, 19, 26, 30, 37, 43, 48, 53, 58, 64, 69, 75.
[19] また、ヴィソーコエ村に戸のあるマクシムコ・イヴァノフが、ジェチョーノク、ジェーチあるいは馬係としてオブロークを受領しているマクシム(イヴァンの息子で、保証人は鞍師のクジェムカ)(Там же, С. 19, 26, 52, 63)、あるいは漁師のマクシムコ(イヴァンの息子で、保証人は修道士で漁師のヴァシアン、あるいは漁師のアリョーシャ)(ВХККДСВ, С. 195, 211)の可能性がある。特に、後者の場合、オブロークを受領している時期が、1573年11月24日付と1575年12月29日付であることを考慮すると、より可能性が高いように思われるが、結論は留保しておきたい。
[20] ただその際、同名で、しかも父称も同じだという人物が多い点に注意が必要である。
[21] Книга ключей и Долговая книга..., С. 30. 63, 69, 74
[22] ВХККДСВ, С. 207, 215.
[23] Книга ключей и Долговая книга..., С. 21, 28, 34, 39, 40, 45, 51.
[24] ВХККДСВ, С. 242, 260, 275.
[25] Книга ключей и Долговая кника..., С. 50, 52.
[26] ВХККДСВ, С. 212 ; Книга ключей и Долговая кника..., С. 14, 20, 26, 30, 37, 43, 48, 53, 58, 64, 69, 75; ВХКҚДСВ, С. 195, 213, 216, 226.
[27] Книга ключей и Долговая кника..., С. 74.
[28] Там же, С. 19, 26, 52, 32.
[29] Там же, С. 59.
[30] Там же, С. 50; ВХККДСВ, С. 202-3.
[31] Там же,С. 194, 210, 217, 230, 252.
[32] Книга ключей и Долговая кника..., С. 69.
[33] Там же, С. 57, 63, 69.
[34] Там же, С. 49.
[35] Там же, С. 74.
[36] Там же, С. 55, 60, 64, 71, 77. 彼は、この間、戸を担保とすることも、保証人を立てるということをしていない。
[37] Там же, С. 13, 18, 25, 31, 36, 44.
[38] Там же, С. 19, 25, 30, 36, 44, 48, 52. 彼は、戸を担保とせず、父親セメンが保証人となってい

第 2 章　オブローク受領者の諸側面

るが、父親セメンは、ニコリスコエ村に居住している。
[39] Там же, С. 33, 38, 54, 58, 63, 76.
[40] Там же, С. 69.
[41] ВХККДСВ,С. 199, 209, 231.
[42] Там же, С. 203.
[43] Книга ключей и Долговая книга..., С. 33.
[44] Там же, С. 32, 36, 48.
[45] Там же, С. 27, 32, 38, 44.
[46] Там же, С. 64.
[47] Там же, С. 32. この時以外のネーチャイの保証人は、父親カルプである（Там же, С. 37, 44, 48, 53, 57, 62-63, 69, 74）。
[48] Там же, С. 19, 26, 52.
[49] Там же, С. 54.
[50] Там же, С. 76.
[51] Там же, С. 38, 45, 70, 76.
[52] Там же, С. 17.
[53] Там же, С. 18, 25, 31, 36, 44, 48, 53.
[54] Там же, С. 75.
[55] Там же, С. 32, 37, 48, 74. 最初の 2 件については、車大工のイグナートと共に保証人となっている。
[56] Там же, С. 53, 57, 62, 69, 74.
[57] Там же, С. 37.
[58] Там же, С. 75.
[59] Там же, С. 22.
[60] Там же, С. 75.
[61] Там же, С. 75, 76. ジェーチのマクシムについては、兄弟の可能性がある。
[62] Там же, С. 50, 55, 60, 77.
[63] Там же, С. 17, 21, 39, 45, 50, 55, 60, 79.
[64] Там же, С. 34.
[65] Там же, С. 69, 76.
[66] Там же, С. 69, 75.
[67] Там же, С. 65, 69.
[68] Там же, С. 18, 19.
[69] Там же, С. 38, 48.
[70] Там же, С. 59, 64.
[71] Там же, С. 26, 51.
[72] Там же, С. 69.
[73] Там же, С. 69, 76.
[74] Там же, С. 65, 70.
[75] Там же, С. 59, 75.
[76] Там же, С. 70.
[77] Там же.
[78] Там же, С. 39, 46.
[79] Там же, С. 28.
[80] Там же, С. 44, 49.
[81] Там же, С. 77.
[82] Там же, С. 63, 70, 76. うち 1 人については、名前不詳である。
[83] Там же, С. 53, 58, 69, 75.
[84] Там же, С. 13, 14, 19, 26, 31, 32, 37, 43-44, 48, 52, 57.
[85] Там же, С. 48, 53, 57, 69, 75.

139

第 2 章　オブローク受領者の諸側面

[86] Там же, С. 26, 31, 37, 44, 48, 49, 52, 57, 63, 69.
[87] Там же, С. 13,14, 24, 26, 31, 32, 36, 37, 40, 43, 44, 48, 53, 69, 76.
[88] Там же, С. 13, 24.
[89] Там же, С. 59, 75.
[90] Там же, С. 20, 26.
[91] Там же, С. 70.
[92] Там же, С. 24, 48, 53, 57, 62, 69.
[93] Там же, С. 20, 26, 32, 36, 44, 48, 53, 57, 62, 69, 74. ダニールは、最初の時だけ大工とされている。
[94] Там же, С. 13, 18-19, 37, 43, 48, 53. 当初は、ジェーチとしてオブロークを受領している。
[95] Там же, С. 62, 69.
[96] Там же, С. 22, 27, 32, 38, 44.
[97] Там же, С. 69.
[98] Там же, С. 24, 37.
[99] Там же, С. 27, 63.
[100] Там же, С. 53, 58, 69, 75.
[101] Там же, С. 24, 48. いずれの場合も、トニミロヴォ部落のコロリと共に保証人となっている。
[102] Там же, С. 13, 14, 19, 25. グリーシャは、オブローク受領者としてはジェーチとされている。保証人となっている場合、あとの2例ではジェーチあるいはジェチョーヌィシとは付されていない。
[103] Там же, С. 48, 52.
[104] Там же, С. 49, 53, 57, 62, 69, 74.
[105] Там же, С. 48, 53, 57.
[106] Там же, С. 59.
[107] Там же, С. 55, 60.
[108] Там же, С. 13.
[109] Там же, С. 14.
[110] Там же, С. 24, 32, 36, 57.
[111] Там же, С. 70.
[112] Там же, С. 24, 26, 32, 36.
[113] Там же, С. 55.
[114] Там же, С. 14.
[115] Там же, С. 14, 19, 25, 36, 48, 53.
[116] Там же, С. 75.
[117] Там же, С. 33.
[118] Там же, С. 52, 74. クズネーチヌィエ・ジェーチとしてオブロークを受領の際は、鍛冶エイヴァンが保証人となっている。
[119] ВХККДСВ, С. 207, 216, 217, 220, 227, 228, 240, 242, 249, 250, 252, 257, 258, 260-3, 265, 266, 271, 275.
[120] Там же, С. 222, 228.
[121] Там же, С. 285, 286.
[122] Там же, С. 213, 214, 228, 236, 250, 264, 265.
[123] Там же, С. 233, 235, 264, 285.
[124] Там же, С. 202, 221.
[125] Там же, С. 203.
[126] Там же, С. 171, 191, 192, 204, 206, 207, 213, 214, 217, 225, 226, 232, 233. イストマにはもう一人の兄弟ネスチェルがおり、彼もまた射手で、兄弟トレチヤークの保証人として、イストマと共に現れている。
[127] Там же, С. 198, 199, 212, 213, 225, 228, 235, 249, 264, 265.
[128] Там же, С. 194, 196, 199, 213, 227.

140

第 2 章　オブローク受領者の諸側面

[129] Там же, С. 235, 250, 264, 265.
[130] Там же, С. 289.
[131] Там же, С. 33, 195, 198, 212, 216.
[132] Там же, С. 246, 277.
[133] Там же, С. 282.
[134] Там же, С. 220, 227, 232.
[135] Там же, С. 258, 261.
[136] Там же, С. 215, 228, 230, 258, 271, 287.
[137] Там же, С. 258, 260, 271, 272, 275, 283.
[138] Там же, С. 210.
[139] Там же, С. 220.
[140] Там же, С. 239.
[141] Там же, С. 236, 240, 242, 243.
[142] Там же, С. 242, 258, 275.
[143] Там же, С. 227.
[144] Там же, С. 194, 195, 216.
[145] Там же, С. 243, 250, 261, 266, 276, 278.
[146] Там же, С. 190, 195, 216, 226, 240, 260, 276.
[147] Там же, С. 194, 195, 197, 208, 209, 213, 215, 222, 229.
[148] Там же, С. 207, 210, 213, 228.
[149] Там же, С. 238, 271.
[150] Там же, С. 259, 273, 283, 284, 287, 289.
[151] Там же, С. 229.
[152] Там же, С. 241, 257, 258, 265, 268, 274, 275.
[153] Там же, С. 215, 216.
[154] Там же, С. 193, 195, 207, 208, 216.
[155] Там же, С. 195, 198, 200, 205, 211−3, 222.
[156] Там же, С. 283.
[157] Там же, С. 205.
[158] Там же, С. 259, 274.
[159] Там же, С. 273, 283, 289.
[160] Там же, С. 242, 250, 260.
[161] Там же, С. 223.
[162] Там же, С. 193, 208, 215, 218, 219, 238−40, 242, 257, 272, 288.
[163] Там же, С. 278.
[164] Там же, С. 208.
[165] Там же, С. 280.
[166] Там же, С. 287.
[167] Там же, С. 33, 199, 209, 216, 229, 230.
[168] Там же, С. 239, 258, 271.
[169] Там же, С. 239, 257, 258, 271, 272, 285, 287.
[170] Там же, С. 196, 208.
[171] Там же, С. 239, 240, 257, 258, 271, 272.
[172] Там же, С. 239, 288.
[173] Там же, С. 194, 210, 217, 231, 239.
[174] Там же, С. 238, 242-4. 最後の場合は、息子ペールヴォイと共に保証人となっている。ペールヴォイも、馬係としてオブロークを受領している（Там же, С. 221, 224）。
[175] Там же, С. 227.
[176] Там же, С. 207.
[177] Там же, С. 216.

第 2 章　オブローク受領者の諸側面

[178] Там же, С. 232.
[179] Там же, С. 196.
[180] Там же, С. 205, 268.
[181] Там же, С. 196, 245.
[182] Там же, С. 194, 208.
[183] Там же, С. 231, 241, 250, 257, 262, 271, 272, 274, 275, 282.
[184] Там же, С. 240.
[185] Там же, С. 230.
[186] Там же, С. 207, 217, 226.
[187] Там же, С. 218-219. 相互に保証人となっている。
[188] Там же, С. 207, 218.
[189] Там же, С. 196, 207, 210, 219.
[190] Там же, С. 239, 240, 256, 271, 273, 287.
[191] Там же, С. 257, 273.
[192] Там же, С. 194, 208−10, 215, 230.
[193] Там же, С. 202, 207.
[194] Там же, С. 239.
[195] Там же, С. 196.
[196] Там же, С. 230.
[197] Там же, С. 273.
[198] Там же, С. 241.
[199] Там же, С. 204.
[200] Там же, С. 208, 216, 219, 232, 239.
[201] Там же, С. 229.
[202] Там же, С. 238.
[203] Там же, С. 207, 231.
[204] Там же, С. 287, 288.
[205] Там же, С. 194.
[206] Там же, С. 230.
[207] Там же, С. 239, 240, 257, 272.
[208] Там же, С. 219, 228−232.
[209] Там же, С. 195, 211, 218, 226.
[210] Там же, С. 233.
[211] Там же, С. 243, 261, 276.
[212] Там же, С. 211, 219, 226, 261, 276.
[213] Там же, С. 236, 242, 260, 261, 275, 276. イェフレム、グリーシャ、フェディカは、全員アンドレイの友人とされている。
[214] Там же, С. 233.
[215] Там же, С. 195. 漁師のアレクセイ（カルプの息子）と共に保証人となっている。
[216] Там же, С. 217, 218.
[217] Там же, С. 218.
[218] Там же, С. 271.
[219] Там же, С. 238, 257, 272, 282, 289.
[220] Там же, С. 224.
[221] Там же, С. 224.
[222] Там же, С. 196, 198.
[223] Там же, С. 236.
[224] Там же, С. 236, 242-243. あとの場合は、父親イヴァンも保証人となっている。
[225] Там же, С. 287.
[226] Там же, С. 217.

第 2 章　オブローク受領者の諸側面

[227] Там же, С. 266, 282.
[228] Там же, С. 241.
[229] Там же, С. 201.
[230] Там же, С. 198.
[231] Там же, С. 266.
[232] Там же, С. 245.
[233] Там же, С. 246.
[234] Там же, С. 207, 208, 215.
[235] Там же, С. 206, 211, 220.
[236] Там же, С. 198.
[237] Там же, С. 216, 229, 263, 286, 289.
[238] Там же, С. 286, 289.
[239] Там же, С. 232.
[240] Книга ключей и Долговая книга..., С. 24.
[241] Там же, С. 13, 18, 48, 53, 62, 69. 父親とは付されていない場合もあるが、イェルモラが保証人となっている場合をすべて列挙した。
[242] Там же, С. 13, 20.
[243] Там же, С. 58.
[244] Там же, С. 36-37, 44, 48. 彼は、当初、大工である父親イグナートと併記された形で記載されていたが（Там же, С. 14, 19, 26, 30）、父親が保証人となる時点で、独立したものと考えられる。
[245] Там же, С. 14, 19, 25, 31, 36, 48, 53.
[246] Там же, С. 49, 53, 58.
[247] Там же, С. 14,
[248] Там же, С. 54.
[249] Там же, С. 54. 父親カルプは、オトチシチェヴォ村に居住している。
[250] Там же, С. 19, 25.
[251] Там же, С. 37, 44, 48, 53, 57, 62-63, 69, 74.
[252] Там же, С. 14, 20, 32, 37, 44, 48. モスクワの炉焚き人としてオブロークを受領していることもある。
[253] Там же, С. 59.
[254] Там же, С. 24, 38.
[255] Там же, С. 26, 32, 71. 父ジェメーンティーは、カレイェヴォ部落に居住している。
[256] Там же, С. 21.
[257] Там же, С. 19, 25, 30, 36, 44, 48, 52. 父親セメンは、ニコリスコエ村に居住している。また、息子イヴァンもニコリスコエ村に戸を持っていた可能性を、1569 年 7 月 20 日付のソートノエ・ピシモーによって窺うことができる（АФЗиХ, Ч.2, № 349）。
[258] Книга ключей и Долговая книга..., С. 27. フィリカは、ジェーチとしてオブロークを受領していることもある（Там же, С. 19, 49）。なお、父親セメンは、ソロキノ部落に居住している。
[259] Там же, С. 14, 20, 25, 31, 36, 44, 48, 53.
[260] 父親は、修道院領のミハリツェヴォ部落に居住している（Там же, С. 49, 53, 57, 62, 69.）。
[261] Там же, С. 55, 60.
[262] Там же, С. 19.
[263] Там же, С. 14, 19, 25.
[264] Там же, С. 14.
[265] Там же, С. 26, 32, 36, 44, 48, 53, 57, 62, 69, 74.
[266] Там же, С. 48, 53, 58, 62, 69.
[267] Там же, С. 24, 26, 32, 37, 48.
[268] Там же, С. 33, 38.
[269] Там же, С. 69.

143

第2章　オブローク受領者の諸側面

[270] Там же.
[271] Там же, С. 39.
[272] Там же, С. 13. おじイヴァンは、チャシチャ部落に居住している。
[273] Там же, С. 32、36、44、48.
[274] Там же, С. 70.
[275] Там же, С. 44.
[276] Там же, С. 20, 26.
[277] Там же, С. 33, 36.
[278] Там же, С. 53.
[279] Там же, С. 59.
[280] Там же, С. 57. イヴァンは、チャシチャ部落に居住している。
[281] Там же, С. 49、53、57、69. イヴァンは、チャシチャ部落に居住している。
[282] Там же, С. 76.
[283] Там же, С. 53、58、69、75. 後二者の場合には、兄弟とは付記されていないが、保証人はイヴァンである。
[284] Там же, С. 14、19、31、37、44.
[285] Там же, С. 49, 52, 57, 63, 69. イェルモラは、大工としてオブロークを受領している（Там же, С. 14, 19, 26, 30, 37, 43, 48, 53, 58, 64, 69, 75）。
[286] Там же, С. 13, 18, 31. 最後の場合には兄弟とは付記されていないが、保証人はイェルモラである。
[287] Там же, С. 26, 31, 49, 52, 57, 63, 69.
[288] Там же, С. 24, 48.
[289] Там же, С. 48.
[290] Там же, С. 13, 19, 25, 31, 36, 44, 48.
[291] Там же, С. 13, 24. 後者の場合には、モスクワの炉焚き人としてオブロークを受領している。
[292] Там же, С. 13, 19, 25.
[293] Там же, С. 24, 32, 36, 57. 最初の事例では、モスクワの炉焚き人としてオブロークを受領している。コンドラート自身も、馬係としてオブロークを受領している（Там же, С. 21, 26, 33, 39, 44, 49, 52）。
[294] Там же, С. 33.
[295] Там же, С. 75.
[296] Там же, С. 20, 25, 48, 62, 69.
[297] Там же, С. 39, 44.
[298] Там же, С. 49、53.
[299] Там же, С. 49. タラスは、ファジェイェヴォ部落に居住している。
[300] Там же, С. 44.
[301] Там же, С. 30, 37, 48, 74. 最初の2例では、兄弟との付記はない。
[302] Там же.
[303] Там же, С. 33.
[304] Там же, С. 34.
[305] Там же, С. 19, 26, 30, 37, 43, 47-48.
[306] Там же, С. 39.
[307] Там же, С. 24.
[308] Там же, С. 48, 53, 57. 兄弟ユーリャ自身も、モスクワの炉焚き人あるいはジェーチとしてオブロークを受領している（Там же, С. 24, 48, 52, 57, 62, 69, 74）。
[309] アンドリューシャについてはВХККДСВ, С. 258 を、アレクセイについてはТам же, С. 243, 260, 275 を参照。
[310] Там же, С. 201.
[311] Там же, С. 242.
[312] Там же, С. 289.

144

313 イヴァンについては Там же, С. 198, 212, 219, 227, 235, 249-251 を、フョードルについては Там же, С. 221, 228, 235, 249, 264 を参照。
314 Там же, С. 271.
315 イヴァンについては Там же, С. 238、アクセンについては Там же, С. 244、息子イヴァンについては Там же, С. 242, 243、ペールヴォイについては Там же, С. 221 を参照。
316 Там же, С. 279.
317 グリゴリーについては Там же, С. 239, 257, 272, 287 を、ボグダンについては Там же, С. 240 を参照。
318 ジェメーンティーについては Там же, С. 195, 213, 216 を、コスチャについては Там же, С. 198, 212, 219 を参照。
319 Там же, С. 268.
320 Там же, С. 225.
321 ドロガーニャについては Там же, С. 198, 213, 220, 228, 235, 250, 264 を、ダニールについては Там же, С. 236, 250, 264 を参照。
322 ピョートルについては Там же, С. 209, 230 を、セメンについては Там же, С. 194, 210, 215, 216, 230 を参照。
323 フィリップについては Там же, С. 194, 213, 216, 226, 242, 260, 276, 284 を、ミハイルについては Там же, С. 260, 276 を参照。
324 Там же, С. 247.
325 Там же. С. 289.
326 Там же, С. 284. イヴァンはすでに 1589 年 5 月 9 日に、ジェチョーヌィシとして夏期用のオブロークを受領しており、その時の保証人は別人であった（Там же, С. 252）。なお、父親と同名のボクシェイという名でオブロークを受領している人物が 3 人存在するが、イヴァンとの関係は不明である（Там же, С. 95, 213, 214, 222）。
327 イヴァンについては Там же, С. 241、マクシムについては Там же, С. 238 を参照。
328 Там же, С. 278.
329 Там же, С. 197.
330 靴工ドロガーニャ、裁縫師イヴァン、テーブルクロス織工アレクセイ、ろくろ師フィリップ、桶屋・大工のシーリャイ、大工のイヴァン、ジェチョーヌィシのイヴァンとセメン、屋敷番のイヴァンとアンドレイである。
331 Там же, С. 203.
332 Там же, С. 210-11, 222, 225.
333 Там же, С. 233.
334 Там же, С. 197-8.
335 Там же, С. 232.
336 Там же, С. 207, 222, 225.
337 Там же, С. 193, 208.
338 Там же, С. 192. 両人ともサヴィンスコエ村に住んでいる。
339 Там же, С. 198.
340 Там же, С. 287.
341 先のボグダン（イヴァンの息子）はノヴゴロドの人であったが、ノヴゴロドの人とされているのは、ジェチョーヌィシである、イヴァン、クジマ（ピョートルの息子）、レオンティー（アンドレイの息子）、ルカ（ジェミドの息子）、ジェーチのイストマとトレチヤーク父子、樵工のイシドール（ロジオンの息子）、製粉業従事者のイヴァン・リャプン、炉焚き人のチモフェーイ（フョードルの息子）、ノヴォトルジョークの人とされているのは馬係のダニール（スチェパンの息子）、フョードル（サヴァの息子）、メンシク（イヴァンの息子）と炉焚き人のイヴァン（フョードルの息子）であり、ジェチョーヌィシのイストマ（ザーハルの息子）、スルガーのクリメンティー（アレクセイの息子）はヴォロコラムスクの人、ジェチョーヌィシのヤキム（イサークの息子）はベジェツクの人、ジェチョーヌィシのイヴァン（ヴァシーリーの息子）はスタリツァの人、ジェチョーヌィシのパーヴェル（アニシムの息子）はルジ

第2章　オブローク受領者の諸側面

ェフの人、石工のパーヴェル（ヴァシーリーの息子）はトヴェーリの人とされている（Там же, С. 30, 31, 33, 34, 36-39）。

342 事例としては挙げなかったが、父親がスタレーツであり、保証人となっているという事例として、①スタレーツのアレクセイと息子ダニーラ（ジェーチ）（Книга ключей и Долговая книга..., С. 24, 52, 57, 62）、②スタレーツのヴェリヤミンと息子イヴァン（ジェーチ）（Там же, С. 14）、③スピロヴォ村出身のスタレーツであるシドルと息子プロホル（炉焚き人、馬係）（Там же, С. 24）の3件がある。オブローク受領者の出身を検討する際に考慮しなければならない。

343 テーブルクロス織工アレクセイあるいはアリョーシャがオブロークを受領しているのは1588年から1592年までであるが、裁縫師アレクセイあるいはアリョーシャは、1547年から1559年までオブロークを受領している。アンドリューシャがジェチョーヌィシとしてオブロークを受領している年が1589年であることを考慮すると、このアレクセイまたはアリョーシャが同一人物である可能性もあると思われる。

344 ペトルーシャは、1549年から1581年までジェーチあるいはジェチョーヌィシとして、オブロークを受領している。

345 コスチャは、1551年から1579年まで、裁縫師としてオブロークを受領している。

346 この中には、弟子を持っている2人も含まれている。

347 ВХККДСВ, С. 260, 275.

348 Там же, С. 235, 249, 264, 265.

349 Там же, С. 265.

350 問題は、生活の場というよりも、そもそも生存のための糧をどのようにして得ていたのか、ということであるかもしれない。

351 これは、「某村の炉焚き人として」という表現があることから推察すると、炉焚き人の、もう一つの仕事場でもあったと思われる。炉焚き人の仕事場と結びついている村は、すでに触れたように、アンギロヴォ村、ベーリ村、ボラシコヴォ村、ボロバノヴォ村、ブジャロヴォ村、ブイゴロド村、ブィコヴォ村、ヴェイノ村、ヴォルシノ村、エリナルフォヴォ村、ズボヴォ村、イヴァノフスコエ村、イエヴレヴォ村、イリイツィノ村、コンドラトヴォ村、クジモデミヤンスコエ村、レストヴィツィノ村、ルコヴニコヴォ村、マモシノ村、ノーヴォエ村、オヴォドチイノ村、オトチシチェヴォ村、ラキチノ村、ラメンコ村、サヴェリイェヴォ村、ソファトヴォ村、スパスコエ村、スドニコヴォ村、トゥルィズノヴォ村、トゥーロヴォ村、ウスペンスコエ村、ファウストヴァ・ゴラ村、シェスタコヴォ村であり、救貧施設の存在が確認できる村と必ずしも一致してはいない。そのため、炉焚き人の仕事場として、各村に存在する修道院の他の付属施設も考えられる。が、救貧施設の存在を確認できる場合の方が、史料的制約によってむしろ少なく、史料的に確認することができない村々にも、救貧施設の存在を推定することは可能であろう。

352 Книга ключей и Долговая книга..., С. 24.

353 Там же, С. 30.

354 彼の保証人は、兄弟ミクラ、あるいはグリージャとされている。後者についてはわからないが、前者の父称はイヴァンとなっており、彼の父称ヴァシーリーとは異なっている。

355 ВХККДСВ, С. 190.

356 Там же, С. 199.

357 Там же, С. 202.

358 Там же.

359 Там же, С. 204.

360 Там же, С. 191, 205, 214, 221, 222, 232, 233, 243, 244, 251, 261, 284, 285.

361 «Да Лeониду ж дан рубль, а ему тот рубль дати в Отчищаве детенышю Ефимку на избу, сел на пашне на пусте на чети выти.» (ВХКПРК, С. 165).

362 «Месяца августа в 1 день дано прихожему детенку Иванку Иванову сыну, ноугороцу, 5 алтын, жити ему до Покрова в детех.» (Там же, С. 167).

第 3 章 臨時的雇用労働

第 1 節 オブローク受領者と共通する職種

　支出帳簿には、臨時的雇用労働に関する支出が頻繁に記載されているが、その種類を見ると、大きく分けて、オブローク受領者と共通する職種とオブローク受領者と共通しない職種とに分類できる。そこで先ず、オブローク受領者の職種と共通するものから検討を始めたい。

【農業】

　支出帳簿中に記載されている臨時的雇用労働の種類の中で、農業関係について目立つことは、夏の収穫時や脱穀時に刈り取り人などの雇用労働力が導入されていることである[1]。支出帳簿の中から関連する事例を挙げてみると、

①1573 年 7 月 6 日に、アンギロヴォ村の管理人に対して、刈り入れのために女性を雇用する費用として、10 а.が与えられた[2]。

②1573 年 8 月 1 日に、修道士ヤキムに対して、アンギロヴォ村で穀物刈り取り人を雇用する費用として、0.5 p.が与えられた[3]。

③1573 年 8 月 9 日に、アンドレイ・モホフに対して、オトチシチェヴォ村でライ麦の刈り取り人を雇用する費用として、1 p.が与えられた[4]。

④1573 年 8 月 27 日に、サヴェリイェヴォ村の管理人グリゴリーに対して、燕麦の刈り取り人を雇用する費用として、10 а.が与えられた[5]。

⑤1573 年 8 月 28 日に、修道士ベネディクトに対して、イリイツィノ村で燕麦の刈り取り人を雇用する費用として、1 p.が与えられた[6]。

⑥1574 年 3 月 3 日に、修道士ベネディクトに対して、イリイツィノ村でライ麦 20 束を脱穀するための費用として、4 r.が与えられた[7]。

⑦1574 年 3 月 9 日に、修道士ダニールに対して、イリイツィノ村とオトチシチェヴォ村で脱穀に従事した農民達に与えるために、29 а.5 д.が与えられた[8]。

⑧1579 年 9 月 11 日に、修道士イサークに 36 а.4 д.渡されたが、彼はブイゴロド村で雇用者用耕地の取り入れ費用として、この金銭を与えなければならない。同日、同人に対して、取り入れ費用として、さらに、0.25 p.渡されている[9]。

⑨1581 年 8 月 26 日に、ブイゴロド村で、22.5 デシャチーナの面積のライ麦を刈

147

第3章 臨時的雇用労働

り取るために 2.25 p. が与えられた。同日、イリイツィノ村でも、15 デシャチーナのライ麦の刈り入れのために 1.5 p. が与えられた[10]。

⑩1581年9月7日に、修道士レオニードは、刈り取りの賃金を支払うために 2.5 p. を受け取った[11]。

⑪1581年10月2日に、ブジャロヴォ村で管理人イヴァン（ウグリムの息子）に、20 a. が渡されたが、彼は6デシャチーナの刈り入れ費用にそれを充てた[12]。

⑫1581年10月2日に、修道士ニカンドラは、アンギロヴォ村で、6デシャチーナの燕麦の刈り入れ費用として 24 a. を、3デシャチーナのライ麦の刈り入れ費用として 10 a .3 д. を与えた[13]。

⑬1581年10月2日に、келарь グーレイは、春播き用耕地の刈り入れ費用として、ノーヴォエ村で 19.5 デシャチーナに対して、1デシャチーナ当り 1 r. で、総額 2 p.8 д.、ブイゴロド村で 22.5 デシャチーナに対して、1デシャチーナ当り 1 r. で、総額 2.25 p.、イリイツィノ村で 28 デシャチーナに対して、1デシャチーナ当り 1 r. で、総額 2 p .30 a .1 r. を、それぞれ与えた[14]。

このように、1573年、1574年、1579年、1581年と、限定されてはいるが、アンギロヴォ村、オトチシチェヴォ村、サヴェリィエヴォ村、イリイツィノ村、ブイゴロド村、ブジャロヴォ村、ノーヴォエ村で刈り入れ時あるいは脱穀時に臨時的に費用が使われている。これらの村のうち、オトチシチェヴォ村、イリイツィノ村、ブイゴロド村、ノーヴォエ村の4ヶ村は当該修道院近郊の村々であり、他の3ヶ村はいずれも修道院の南東部に分散的に位置している村々である。

第1章で触れたように、サヴェリィエヴォ村、ブジャロヴォ村については1人であったが、オトチシチェヴォ村、イリイツィノ村、ブイゴロド村、ノーヴォエ村、アンギロヴォ村には複数のジェチョーヌィシがオブローク受領者として存在していた。それにもかかわらず、臨時的に労働力が雇用されている。しかも、⑦に見られるように、この中には農民までもが含まれていたのである。

労働力が必要であった場所については、具体的には示されていない。直領地であったのだろうか。前述の1569年7月20日付のソートノエ・ピシモー中に記載されている所領はルザ郡所在のものが中心であるため、ノーヴォエ村の状況しかわからないが、当該村には修道院の耕地はなく、存在するのは修道院の草地のみであった。ブイゴロド村については、当該修道院領となる前の時点で直領地が存

第 3 章　臨時的雇用労働

在することを確認することができる[15]とはいえ、当該修道院領となった後の時点でどのような構成が採られたのかはわからない。

【牧畜関係】
　次に、牧畜関係については、オブローク支払帳簿として独自のものがまだ作成されていない、1573 年 5 月 18 日付で、村々で、дети 及び番人と共に、牧人に与えるべきオブローク 3 p. が修道士デオニシー・グシャに渡されたり[16]、1573 年 8 月 8 日付で、ブイゴロド村の牧人に 1 r. が与えられている[17]。

　また、オブローク支払帳簿が作成されているにもかかわらず、その中には記載されていない事例として、
①1575 年 11 月 12 日付で、ブィコヴォ村での牧養に対する報酬としてセメン・ピャートイにオブローク 0.5 p. が与えられた[18]。
②1576 年 3 月 30 日付で、ブイゴロド村においてマトヴェイの息子である牧人ファジェイに賃金の半分 10 a.10 д. が与えられ、放牧の終了した時点で、もう半分の賃金が与えられることになっている[19]。
③1576 年 4 月 6 日付で、ノーヴォエ村の牧人イヴァンに対して牧養への報酬として 7.5 a. が与えられた[20]。
④1580 年 1 月 2 日付で、ブイゴロド村の牧人スチェパンに牧養に対する報酬 10 a. が与えられた[21]。
⑤1582 年 1 月 4 日付で、夏期の間、去勢牛を放牧したので、イヴァシコ・ドリャフロイに 10 a. が与えられた[22]。
の 5 例を挙げることができる。さらに、オブローク支払帳簿の存在が確認できない時期について、
①1579 年 4 月 23 日付で、アンギロヴォ村において、牧人バクシェイに牧養に対する報酬の半分 10 a. が与えられ、同年 11 月 15 日にもう半分の報酬 10 a. が与えられた[23]。
②1579 年 5 月 5 日には、修道院近郊の 3 つの村の牧人に 10 a. ずつ与えられることになっている[24]。
の 2 例を挙げることができる。このように、1573 年と 1575 年にオブロークを受領している牧人を確認することができるだけではなく、臨時的に雇用されている牧人の存在をも確認することができるのである。また、修道院近郊の村には該当

149

第 3 章　臨時的雇用労働

しないトゥーロヴォ村やアンギロヴォ村でも牧人が雇用されていたことが分かる。ただ、アンギロヴォ村の牧人バクシェイの場合は、1573年11月28日付で家畜の世話人としてオブロークを受領しており[25]、オブローク受領者と、オブロークを受領せずに臨時的に雇用されている者との違いを、オブロークという表現が使用されているのか、使用されていないのかを根拠にして判断できるのかどうか、微妙なところがあり、即断はできない。

　また、農作業に従事してはいないジェチョーヌィシの存在が見受けられる。

① 1579年6月20日に、ノヴゴロドからやって来たジェチョーヌィシであるマトヴェイ（イヴァンの息子）とカリンカ（チモフェーイの息子）に対して、5週間に渡って修道院で働いた報酬として、10а.ずつが与えられた[26]。

② 1579年7月13日に、穴蔵に煉瓦と石灰を運んだジェチョーヌィシであるカリンカ、マトヴェイ、ピョートルに対して、2а.4д.が与えられた[27]。

　この2件は、後述する当該修道院の1579年4月6月にかけての建築工事の際の補助労働にジェチョーヌィシが関わっていたことを示すものとなっている。従って、ジェチョーヌィシは農業以外の労働にも関係していたということになる。

　また、ジェーチあるいはジェチョーヌィシについては、

③ 1576年3月31日に、村々でジェチョーヌィシに与えるべく管理人である修道士ヤキムに6р.25а.が渡されたが、まず賃金の半分が与えられ、もう半分は期間終了後に与えられることになっている[28]。

という記載があるが、具体的な労働内容は分からない。

　手工業関係では、

【鍛冶工】

① 1573年7月29日に、ヴォロコラムスクの鍛冶工に対して、釘を2000本製造した賃金として2р.が与えられた[29]。

② 1573年8月6日に、ヴォロコラムスクの鍛冶工に対して、釘を1000本製造した報酬として1р.が与えられた[30]。

③ 1573年8月15日に、鍛冶工に対して、釘を1000本製造した報酬として2р.が与えられた[31]。

④ 1574年4月4日に、鍛冶工であるトヴェーリの人イヴァンは、ポリツァ付きソハー35個、斧10丁を作り、ソハー10個につき4р.ずつ、斧10丁で0.25р.を

第3章 臨時的雇用労働

受け取った。さらに、切り刃を2個作り、1a.を受け取った。彼に与えられたのは、総額で1.5p.6a.である[32]。

⑤1574年4月9日に、ノヴォトルジョークの鍛冶工達に対して、薄板用の釘を3000本製造した報酬として 40a.が与えられた。さらに、彼らに対して、角材用の釘を500本製造した報酬として、10a.が与えられた[33]。

⑥1574年4月29日に、トヴェーリの鍛冶工イヴァンに対して、ポリツァ付ソハーを製造した報酬として4r.が与えられた[34]。

⑦1575年10月1日に、鍛冶工イヴァンに対して、釘を製造した報酬として37a.が与えられた[35]。

⑧1575年12月27日に、鍛冶工イヴァンに対して、釘を8000本製造した報酬として37a.、蹄鉄を20個製造した報酬として5a.が与えられた。彼に対しては、翌1576年2月14日にも、薄板用の釘を3000本製造した報酬として11a.、靴用の釘を4000本製造した報酬として2r.が与えられた。次いで、同年4月6日にも、薄板用及び靴用の釘を7000本製造した報酬として43a.が与えられた。さらに、同年5月20日には、角材用の釘を4万本製造した報酬として11a.が与えられた[36]。

⑨1579年6月2日に、鍛冶工イヴァンに対して、迫り枠用の釘を1000本製造した報酬として、0.25p.が与えられた[37]。

⑩1579年8月15日に、ヴォロコラムスクの鍛冶工フィリカに対して、壁紙の上張り用釘を製造した報酬として、5a.が与えられた[38]。

⑪1580年1月2日に、鍛冶工ボグダンに対して、斧10丁分の報酬として6a.が与えられた。同人に対しては、同月18日にも斧30丁分の報酬として18a.が与えられた。さらに、2月4日にも、斧30丁分の報酬として18a.が与えられた。また、3月22日にも、薄板用釘を2000本製造した報酬として0.5a.、同月27日に斧30丁分の報酬として18a.が与えられた[39]。

⑫1582年2月19日に、イヴァンの兄弟であるジャグニノ村の鍛冶工に対して、迫り枠用の釘を700本製造した報酬として、2r.が与えられた[40]。

ここには、④、⑥〜⑨にトヴェーリの鍛冶工イヴァンが登場しているが、このイヴァンは、オブローク支払帳簿にも鍛冶工として記載されているイヴァンと同一人物であろうか。また、⑪のボグダンもオブローク支払帳簿に鍛冶工として記

151

第3章　臨時的雇用労働

載されているボグダンなのだろうか。それぞれ同一人物であると仮定すると、イヴァンの場合は、1573年12月22日付で12月の半月分10д.と翌年の1月1日から3月1日までの2ヶ月分2г.のオブロークを受領しており[41]、期間が限られたものとなっていて、④の時期についてはオブロークの受領とは別に修道院の仕事を行っていることになる。また、ボグダンの場合も、1588年、1589年10月11日、1590年9月4日、1592年に登場しており[42]、オブローク受領期間とのずれがある。

　鍛冶場が存在し、常時2〜4人の鍛冶工または鎚工がオブローク受領者として存在しているにもかかわらず（表Ⅰ-2参照）、このように臨時的な労働力の雇用が、とりわけ各種の釘に関わっての雇用が見られるのは、後述するように、当該修道院の建築事業と関わっていたと思われる。が、ソハーのような農具や斧・蹄鉄などが外部から入手されているのは、オブローク受領者の存在を考慮すると、奇妙な現象である。

　臨時的に雇用されている鍛冶工に特徴的なのは、ヴォロコラムスク、トヴェーリ、ノヴォトルジョークという周辺の都市から雇用されているという点であろう。

【大工】

① 1573年6月6日に、モジャイスクにある修道院の戸を垣で囲んだ報酬として、アルチェムに2г.が与えられた（これ以前に、モジャイスク市への交通費として1р.与えられている）[43]。

② 1573年6月12日に、ノーヴォエ村の大工ヤキムに対して、食堂の屋根をふいた賃金として、10а.が与えられた[44]。

③ 1573年7月15日に、ノーヴォエ村の大工ヤキムに4а.が与えられたが、かれはウスペンスコエ村で教会を建造した[45]。

④ 1573年8月1日に、大工マルガは、至聖生神女就寝教会においてドイツ産の鉄で小さな丸天井を2つ建造した賃金として3р.を与えられている[46]。

⑤ 1573年9月24日に、厩舎内に馬1頭分の仕切りを作ったトヴェーリの大工達に対して、2р.が与えられた[47]。

⑥ 1573年10月9日に、そりを作ったスタリツァ市の大工ヴァシーリーとかれの仲間達に3р.が与えられた[48]。

⑦ 1573年10月12日に、スパスカヤ・ヴォロスチの大工オカト、マーカル、ヴァ

第3章　臨時的雇用労働

シーリー、スチェパン、ミハルコ、イヴァンに対して 60 a .、イヴァノフスカヤ・ヴォロスチの大工フョードル、ペルフト、フョードル（セメンの息子）に対して 25 a .、スドゥニコフスカヤ・ヴォロスチの大工セメン（イヴァンの息子）、エフスターフィー（チーホンの息子）に対して 24 a .が与えられた[49]。

⑧1573 年 11 月 1 日に、氷蔵室を作った大工達に対して、2 p .と、さらに 1 p .が与えられた[50]。

⑨1573 年 11 月 26 日に、1ヶ月間大工達とともに修道院の仕事に携わったロクヌィシャ村（シェスタコヴォ村）の大工アニーキー（ガヴリールの息子）に対して、10 a .が与えられた[51]。

⑩1573 年 11 月 28 日に、水門の側に小さな庵室を建造したイリイツィノ村の大工イヴァンとかれの息子スチェパンに対して、20 a .が与えられた[52]。

⑪1574 年 2 月 16 日に、大工ヤキムに対して、モスクワで修道院の戸を建造した報酬として、2 r .が与えられた[53]。

⑫1574 年 3 月 4 日に、柱を作ったノーヴォエ村の大工ヤキムに対して、5 a .が与えられた。同日、パーヴェル（フィリップの息子）に対して、10 本の柱を作った報酬として、1 r .が与えられた[54]。

⑬1574 年 3 月 26 日に、2 棟の穀物倉を建設した報酬として、大工ヤキムとヴィソーコエ村のパーヴェルに対して、それぞれ 6 a .が与えられた[55]。

⑭1574 年 4 月 8 日に、スパスカヤ・ヴォロスチの大工オカトとかれの仲間に対して、庵室を建造した報酬として 3 p .が与えられた[56]。

⑮1574 年 4 月 26 日に、ノヴォトルジョークの大工マルガに対して、2 p .が与えられた[57]。

⑯1575 年 9 月 25 日に、大工ヤキムに対して、庵室を建造した報酬として、10 a .が与えられた[58]。

⑰1579 年 5 月 3 日に、2 週間に渡って薄板を削った 5 人の大工イヴァン・スロボツコイ、メンシク（フロルの息子）、チャシチャ部落のネクラス、フョードル（フィリップの息子）、ヤキムに対して、1 週間に 2 a .ずつで、計 20 a .、1 週間同じ仕事に従事したノーヴォエ村のグリゴリーに対して 1 週間分 2 a .が、それぞれ与えられた[59]。

⑱1579 年 5 月 20 日に、2 週間の間、修道院で仕事をした大工イヴァン・スロボツ

153

第3章　臨時的雇用労働

コイに対して、4a.が与えられた[60]。

⑲1579年5月29日に、オスタシコヴォ村の6人の大工、つまりイヴァン、プロコフィー、ヴァシーリー、もう一人のイヴァン、ロディカ、アルフェーリーに対して、1週間につき2a.ずつで4週間分の合計48a.が与えられた。この6人に対しては、同年6月2日にも、修道院で1ヶ月間仕事をした報酬として、1週間につき12a.ずつの割合で、合計2p.5a.2д.が与えられている[61]。

⑳1579年6月4日に、ヴィソーコエ村の大工セメンに対して、修道院で仕事を行った2週間分の報酬として4a.が与えられている[62]。

㉑1579年6月7日に、20日間修道院で仕事をしたウスペンスコエ村の大工ファジェイに対して、2r.が与えられた[63]。

㉒1579年6月7日に、丸屋根作りの14人の大工、つまり、セマクとヴォラキトコの仲間達、ズブツォフ市の3人の大工(フィリップ、イヴァン、エロモルカ)に対して、1週間につき2r.で、4週間分の報酬として総額で2p.26a.4д.が与えられたが、これは、彼らが聖門の廂、金庫室と台所の廂を作り、屋根をふいたからである[64]。

㉓1579年8月4日に、ヴァシーリー・スタロドヴノイに対して、樽材を作った報酬として、4a.が与えられた[65]。

㉔1579年8月21日に、グーレイの所で庵室を建造したオスタシコヴォ村の4人の大工に、1人当たり1ヶ月に20a.ずつで、総額2.5p.が与えられた。また、彼らから斧3丁が購入され、14a.2д.が支払われた[66]。

㉕1579年11月8日に、меньший казначейの所に廂を作ったイリイツィノ村の大工メンシクに対して、2a.が与えられた[67]。

㉖1581年5月1日に、執事のセルゲイは、大工達に乾燥室を作った報酬として1.5p.を与えた[68]。

㉗1581年5月13日に、オトチシチェヴォ村で、大工セメンと彼の仲間達に庵室を建てた報酬として、1p.を与えた[69]。

㉘1581年6月19日に、大工セメンと彼の仲間達に、ヴァシアンの庵室を建てた報酬として、40a.1r.が与えられた[70]。

㉙1581年8月26日に、執事のセルゲイは、大工フォーチー(アレクセイの息子)に渡すため10a.を受け取った。フォーチーは、「聖母就寝祭(8月15日)前2

第3章 臨時的雇用労働

週間の斎直前の日を経て至聖生神女庇護祭（10月1日）まで」生活することになった[71]。

㉚ 1581年9月7日に、オスタシコヴォ村の2人の大工に、薄板を作った報酬として、1ヶ月分20a.が与えられた[72]。

㉛ 1581年10月14日に、大工10人に対して、雇用者用の小屋を建造した報酬として35a.が与えられた[73]。

㉜ 1581年10月21日に、イリイツィノ村で、大工イヴァン・スロボツコイに対して、門を4つ建造した報酬として4a.が与えられた[74]。

㉝ 1581年10月21日に、オスタシコヴォ村の大工5人に対して、雇用者用の小屋の内装を行った報酬として、25a.が与えられた[75]。

㉞ 1581年12月14日に、ポクロフスコエ村の老修道女の庵室で仕事をしたノーヴォエ村の大工グリゴリーに対して、修道院長の命によって、4a.が与えられた[76]。

㉟ 1581年12月14日付のモスクワ市からの支出覚書中に、木工大工達に対して、板塀を建造した報酬として0.5p.、正面庵室を建造した大工キリルと彼の仲間達に2.5p.、後部庵室を建造したジェニスと彼の仲間達に1.5p.、入口と庵室の屋根をふき、馬小屋と入口に板を張った修道院の大工であるパーヴェルと彼の仲間達に1p.が与えられている[77]。

㊱ 1588年4月5日に、4人の大工、すなわちеврейской[78]チモフェーイと彼の仲間達に対して、ベネディクトの庵室を建造した報酬として1p.が与えられ、もう1p.の代わりにその価値に相当する2チェトヴェルチのライ麦が、もう1p.の代わりにも、史料では欠けて入るが、何かが与えられている[79]。

このように、大工あるいは大工仕事に関する記載が相当数あるが、ここに登場する大工の中で、オブローク受領者としても登場していると考えられるのは、⑦のイヴァノフスカヤ・ヴォロスチのフョードル（ドミトリーの息子）、⑨のアニーキー、⑰のノーヴォエ村のグリゴリーの3人で、フョードルは1573年11月30日付で[80]、アニーキーは1573年7月15日付で[81]、グリゴリーは1575年11月1日付で[82]、それぞれオブロークを受領している。が、大多数の大工はオブローク受領者ではないと思われる。

【石工】

① 1574年4月26日に、モジャイスクの石工プロコフィー（スチェパンの息子）

155

第3章　臨時的雇用労働

に対して、3p.が与えられた。1576年5月27日にも、彼と彼の仲間に対して、町の修理への報酬として11a.が与えられた[83]。

②1579年7月13日に、修道院長の命によって、穴蔵に石作りの納戸を作った石工プロコフィーに4r.、ピョートル、トレチヤーク・チョールムノイ、ウスナに2r.ずつ、総額1p.が与えられた。

同月25日に、2週間にわたって穴蔵に石作りの納戸を作ったノーヴォエ村のヤコフ・グルホイに対して、2r.が与えられた[84]。

ここに登場してくる石工は、いずれもオブローク受領者として現れることはない人達であり、モジャイスクの石工も含まれている。

このように、建築関係の、大工・石工については、建物の建造という性格上、臨時的で大量の人数を必要とするため、ある時期に集中しがちであるが、この2つの職種について特徴的なのは、同じ人物が再三登場していることと、村あるいはヴォロスチ毎にある程度の人数がまとまっていることである。当時の建築構造上稀であった石作りの建物に携わる石工の場合は別として、事例の多い大工の場合には、これがとりわけ顕著で、名前だけしか挙げられていない場合でも、「仲間達」という表現が使われている。

大工の属する村あるいはヴォロスチと登場回数を拾い挙げてみると、

(1) 当該修道院外の都市から
①ノヴォトルジョークの大工マルガ〜2回
②トヴェーリの大工達〜1回
③スタリツァの大工ヴァシーリーと彼の仲間達〜1回
④ズブツォフの3人の大工（フィリップ、イヴァン、エルモルカ）〜1回

(2) 修道院近郊の村から
①ノーヴォエ村の大工ヤキム〜7回
②ノーヴォエ村の大工グリゴリー〜2回
③イリイツィノ村の大工イヴァンと彼の息子スチェパン〜1回
④イリイツィノ村の大工メンシク〜2回
⑤ヴィソーコエ村の大工パーヴェル〜2回
⑥ヴィソーコエ村の大工セメン〜1回
⑦チャシチャ部落の大工ネクラス〜1回

第 3 章　臨時的雇用労働

⑧ロクヌィシャ村（シェスタコヴォ村）の大工アニーキー（ガヴリールの息子）〜1回
⑨ウスペンスコエ村の大工ファジェイ〜1回
（3）修道院領でも比較的遠方の村から
①スパスカヤ・ヴォロスチの大工達（オカト、マーカル、ヴァシーリー、スチェパン、ミハルコ、イヴァン）〜2回
②イヴァノフスカヤ・ヴォロスチの大工達（フョードル、ペルフト、セメンの息子フョードル）〜1回
③スドゥニコフスカヤ・ヴォロスチの大工（イヴァンの息子セメン、チーホンの息子エフスターフィー）〜1回
④オスタシコヴォ村の大工達（イヴァン、プロコフィー、ヴァシーリー、もう一人のイヴァン、ロスチスラフ、アルフェーリー）〜5回

　このように、個人名しか記載されていない大工を除くと、雇用された大工の居住地は、当該修道院領外、当該修道院領内のいずれにも存在している。修道院領については、ノーヴォエ村やイリイツィノ村のような修道院近郊の村々、ヴィソーコエ村、チャシチャ部落、ウスペンスコエ村のような比較的修道院から近い村々、スパスカヤ・ヴォロスチ、イヴァノフスカヤ・ヴォロスチ、スドゥニコフスカヤ・ヴォロスチのように、相当遠方の村々と、かなり広範囲に大工が存在していたことが分かる。
　また、大工のところで触れた⑫〜⑮、⑰〜㉒、㉙〜㉝は、それぞれ一連の事業のようで、⑫〜⑮の時には鍛冶工の⑤、石工の①、後に触れる釘製造工、カザクが関わっており、⑰〜㉒に際しては、鍛冶工の⑨・⑩、石工の②が関わっていた。この時には、修道院領内の近隣の村々や遠方の村々だけではなく、修道院領外のズブツォフやモジャイスクという都市からも、オブロークを受領していない、多数の大工や石工が雇用され、しかも長期間に渡って、修道院内で仕事を行ったと思われる。さらに、ヴォロコラムスク、トヴェーリ、ノヴォトルジョークの鍛冶工・釘製造工から建築用の釘を調達しているだけではなく、前述のように、ジェチョーヌィシも補助的な運搬労働に従事していた。しかも、彼らはノヴゴロドからの到来者であった。

【裁縫師】

157

第 3 章　臨時的雇用労働

①1573 年 6 月 1 日に、イェパンチャー（長くてゆったりした袖のない外套）16 着の縫い賃として、1 着 1 a.5 д.ずつ、合計 29 a.2 д.が与えられている[85]。

②1573 年 11 月 28 日に、副所領管理人である修道士エウフィーミヤのシューバを縫った裁縫師フィリカに対して、4 a.が与えられた[86]。

③1573 年 12 月 7 日に、ブジャロヴォ村でシューバの縫い賃を与えるために、修道士ヴァシアンに対して、4 a.が与えられた[87]。

④1574 年 2 月 1 日に、修道士アルチェム（ヤジクの息子）に 5 a.渡されたが、彼はこのお金をシューバの縫い賃として与えなければならない[88]。

⑤1574 年 3 月 6 日に、修道士ヨナに 2 a.2 д.渡されたが、彼は、このお金を長袖婦人服の縫い賃として与えなければならない[89]。

⑥1574 年 3 月 15 日に、イサークに 1 a.渡されたが、彼はシューバの縫い賃として与えた[90]。

⑦1574 年 3 月 26 日に、レストヴィツィノ村の裁縫師セメンに対して、シューバの縫い賃として、1 г.が与えられた[91]。

⑧1574 年 4 月 29 日に、修道士ヴァルラームに 4 a.渡されたが、彼はシューバの縫い賃として与えなければならない[92]。

⑨1579 年 11 月 8 日に、ボルジノの裁縫師に対して、シューバ 5 着の縫い賃として、4 a.が与えられた[93]。

⑩1580 年 1 月 22 日に、レストヴィツィノ村の裁縫師セメンに対して、シューバ 2 着の縫い賃として 5 a.が与えられた[94]。

⑪1580 年 3 月 20 日に、ゴラフに対して、シューバの縫い賃 2 a.3 д.が与えられた。同人に対しては、同月 27 日にも、シューバの縫い賃 3 a.が与えられた[95]。

⑫1581 年 10 月 29 日に、外套 4 着の縫い賃として 0.25 p.が与えられた[96]。

⑬1581 年 12 月 11 日に、宝物用建物の番人 казенной сторож 達のためにシューバ 2 着を縫った縫い賃として 1 г.が与えられた[97]。

　ここでは、個人名が記載されているのはフィリカ、セメン、ゴラフである。このうち、フィリカの名前をオブローク受領者の中に見出すことはできないが、セメン・ゴラフという人物が、1551 年から 1559 年にかけて裁縫師としてオブロークを受領している。セメンとゴラフは同一人物で、このセメン・ゴラフという人物である可能性もあり得る。裁縫師についても、裁縫小屋が存在し、オブローク

第 3 章　臨時的雇用労働

を受領した裁縫師も相当数存在していたにもかかわらず（表Ⅰ－2参照）、シューバや外套について、オブローク授受とは別の形で入手されていたことは明らかであろう。

【製革工】

①1573年8月10日に、ヴォロコラムスクで皮革の製造に対して3a.が支払われた[98]。

②1574年1月24日に、チュヴァスに2a.、トレチヤーク・チョールムヌィに1a.、そして、生革から皮革を製造したことに対して7a.、首輪の制作に対して4a.がそれぞれ与えられた。総額で14a.である[99]。

③1587年12月13日に、製革工アクセンに対して、皮の入手資金として1p.が与えられた[100]。

④1588年1月22日と2月27日にも、製革工アクセンに対して、亜麻の購入資金として0.5p.ずつが与えられている[101]。

⑤同年同月28日にも、皮の入手資金として6p.6a.、灰の入手資金として20a.が与えられ、アクセンは、このお金で牛革44枚、馬革2枚、灰2チェトヴェルチを購入している[102]。

⑥同年同月同日には、ノヴォトルジョークの製革工ニーコンに対して、樹皮入手資金として10aと、皮入手資金として0.5p.が与えられた。彼のところには製造中の修道院の皮革があり、3月28日に、製造した修道院の皮革、すなわち、雌牛製の上等の皮革1枚と無色の皮革1枚、馬皮製の無色の皮革3枚、靴底用のモロッコ革3枚、靴底用の1枚皮を保管所に運んできた。ニーコンには、このような皮革の製造に対する報酬として2r.が与えられた[103]。

⑦同年4月24日に、ニーコンは、ヴォロコラムスクで原料として購入した皮革、すなわち、靴底用の雌牛の皮6枚、靴底用のモロッコ革3枚、オペレノク（皮革の一種）3枚、無色の皮2枚を運んできたので、24a.が与えられた。ニーコンは、また、製造された上等の皮革10枚、無色の皮革4枚、無色の雌牛製皮革4枚、靴底用のなめし革製の皮革2枚を運んできた[104]。

⑧同年同月同日に、アクセンに、ヴォロコラムスクで、タールと樹皮の購入資金として25a.が渡された。4月30日に、馬の皮50枚が購入され、3p.2a.が与えられた[105]。

159

第 3 章　臨時的雇用労働

⑨同年 5 月 7 日に、ニーコンに対して 1 p.が貸し付けられた[106]。

　一部については、材料を入手するための資金の融通であり、労働に対する報酬とは性格が異なるが、ここに登場しているアクセンは、オブローク受領者として 1579 年 11 月 1 日、1581 年、1588 年、1589 年 12 月 11 日に登場するアクセン（フォマの息子）と同一人物であると思われる[107]。彼は、修道院から材料費も提供されつつ、皮革の製造に対する報酬をも受けていることが分かる。また、もう一人の製革工ニーコンは、所領外のノヴォトルジョークの人間であるが、アクセンと同じように材料となる皮革の購入費用を受け取っている。

　このように、オブローク受領者であるか否かに関係なく、材料費については修道院側が保障し、しかも労働の対価をも支払っていたことが分かる。

　製革工が、オブローク受領者として初めて登場するのが 1576 年 7 月 1 日付の支出帳簿においてであり、その後 1579 年以降、アクセンとヴァシーリー、そしてヴァシーリーの後を引き継ぐ形でグレゴリーがオブロークを受領している（各年度 2 人ずつ）、という状況である。製革工の数自体が少なかったと思われる。

【桶屋】

①1573 年 7 月 22 日に、蝋を製造したシーリャイに対して、羊皮用に 2 a.が与えられた[108]。

②1573 年 9 月 24 日に、蝋を製造した桶屋のシーリャイと 2 人のカザクに対して、それぞれ、2 a.と 4 д.が与えられた[109]。

③1574 年 1 月 19 日に、蝋を製造した桶屋のシーリャイに対して、2 a.が与えられた[110]。

　このように、オブローク受領者であり、大工あるいは桶屋とされているシーリャイが、本来の桶の製造ではなく、蝋の製造に携わっている。

【製粉業】

①1573 年 6 月 28 日に、モジャイスク市の製粉業従事者スチェパンに対して、製粉場での仕事の報酬として半分の 2 p.が与えられた。が、彼が担保を提出していなかったので、2 p.は与えられなかった。結局、残りの 2 p.も与えられ、総額で 4 p.に達した[111]。

②1573 年 9 月 13 日に、小麦を製粉するため、17 人に対して 3 д.ずつ、合計 8 a.3 д.が、ノーヴォエ村で与えられた[112]。

第3章　臨時的雇用労働

③1580年2月4日に、11人のボビリに対して、小麦を製粉した報酬として、1人に3д.ずつ、合計5а.3д.が与えられた[113]。

④1580年2月22日に、オトチシチェヴォ村において、ライ麦を製粉したチャシチャ部落の製粉業従事者セメンと仲間達に対して、1人当たり4а.2д.の、合計13а.が与えられた[114]。

①に見られるように、オブロークを受領していない者も、修道院に対して保証を与えなければならず、保証を与えない場合には報酬の全額を得ることができなかったのであろうか。これが、特殊な場合なのか、それとも通常のことであったのか、この1例だけで判断することはむずかしい。

また、②と④で製粉が行われている2つの村については、いずれも当該修道院に近いが、オブローク受領者の登場してこなかった村であり、①についても、すでに触れたように、«нижная мельница»と表現されており、オブローク受領者が担当していた製粉場とは異なる可能性がある。そして、①を除くと、3人から17人と、比較的多数の人間が仕事に従事している。

報酬額については、②と③の場合、多数の人間が関わっているためか、1人3д.とかなり低く、逆に①の場合には、オブローク受領者の最高額40а.（240д.）を上回る2р.（400д.）を得ている。④の場合は、4а.2д.（26д.）であるから、中間的な額ということになるであろう。これから推測すると、①の場合は、単なる臨時雇用ではなく、オブロークという表現が使われずに、報酬という表現が使われているとしても、オブローク受領者に近い関係を当該修道院と持っていたと推測される。

【漁師】

①1581年7月9日に、漁師アニシムが大公イヴァン（4世）の到着に備えて、魚を採ったので、修道院長の命によって、彼に1р.が与えられた[115]。

このアニシムは、1575年12月29日と1579年12月25日にオブロークを受領しているアニシムと同一人物と思われるが[116]、臨時のサーヴィス提供に対する報酬を受け取っていることが、この事例から分かる。

【屋敷番】

①1573年10月4日に、屋敷番に対して、ラグチノ村で耕地を耕作した報酬として15а.与えられた[117]。

161

第3章　臨時的雇用労働

②1573年12月7日に、ブィコヴォ村の屋敷番に対して8д.与えたが、彼は、ばらばらになった斧を修理しなければならなかった[118]。

③1575年11月23日に、オトチシチェヴォ村の屋敷番に対して、7つ分の羊の毛皮を作った報酬として、10д.与えられた[119]。

④1580年1月9日に、ノーヴォエ村の屋敷番に対して、羊毛を打って作った報酬として、1a.が与えられた[120]。

　屋敷番は、第1章でも触れたように、耕地の耕作を義務付けられている場合があったが、ここでも、本来の労働とは別のものに携わっていることが分かる。そして、その労働に対しては、オブロークとは別に報酬が与えられている。

【カザク】

①1573年10月9日に、修道士アンフローフィーに対して、ベルコヴォ村で2人のカザク、つまりイヴァンとニキータへの賃金20a.が渡された[121]。

②1574年1月23日に、カザクのペトロフと仲間達は、ノヴゴロド市で魚を、すなわち、ウスリーシロザケ、ルドガ、サケ、ニシンを全部で54樽購入した。総額で114р.20a.8д.が支払われた。そして、樽を縫い合わせ、馬に蹄鉄を打ち、干し草、燕麦、丸太を173д.で購入した。支出総額は、115р.17a.1д.であった。翌24日にも、ペトロフは、ノヴゴロド市で次のような買い物をしている。すなわち、馬の引き革と轡を10個ずつで15a.、頚木9個に3.5a.、馬櫛3個に1д.、鎖付のおもがい5個と普通のおもがい2個に14a.3д.、鞍に鐙を吊す革紐30本に4a.、2a.2д.分の塩、燕麦1チェトヴェルチに2a.2д.、環状の紡糸20巻きに4a.3д.で、支出総額47a.4д.であった[122]。

③1574年3月26日に、カザクであるセメンに対して、2棟の穀物倉を建造したので、9日間の賃金3a.が与えられた[123]。

④1575年9月9日に、カザクのペトロフは、オスタシコヴォ村から12樽半のカワカマスとスズキを搬入し、14р.22a.4д.を支払った。また、キュウリウオとアセリナを5.5チェトヴェルチ購入して、1.5р.5д.支払った。全額で16р.6a.2д.支出した[124]。

　このうち③は、前述のように、1574年に行われた建築事業の一環であり、穀物倉の建築に際して、補助的な労働を提供したものと思われる。オブローク受領者として登場しているカザクは、いずれも製粉場に関係し、カザクの個々の名前は

第 3 章　臨時的雇用労働

記されていなかったが、ここに挙げた事例は、名前が記されているとともに、カザクが使い走り的な労働や補助的な労働に携わっていたことを示唆するものとなっている。

　このように、一方でオブローク受領者が存在しつつ、他方では、具体的な労働に対して、オブローク受領者の一部と、オブロークを受領していない人物とが雇用されていたこと、しかも、オブローク受領者に対しても、労働への報酬が支払われていたことを示唆している。

第 2 節　オブローク受領者と共通しない職種

　次に、オブローク支払帳簿には記載されていない職種あるいは労働として、以下のようなものが支出帳簿の中に見られる。

【農民】

① 1573 年 10 月 22 日付で、スドゥニコヴォ村の農民イヴァン（ナザルの息子）に対して、半ヴィチの土地を借り受けたので 6 а. 与えられたが、耕作しなかったので、修道院長は、彼に返却するように命令した[125]。

② 1574 年 2 月 14 日に、修道院長の命によってオトチシチェフスカヤ・ヴォロスチの農民ペトルーシャとノヴリャンスカヤ・ヴォロスチのイヴァンコに対して、修道院長がモスクワから出かけた折に、修道院長とともに修道院の動産をモスクワから運んだ運び賃として 4 а. を与えた[126]。

③ 1574 年 3 月 8 日に、ノヴゴロド大主教の所に干し草と燕麦を運ぶために雇用された農民 12 人に対して、1 人 2.5 д. ずつ、合計 5 а. が与えられた[127]。

④ 1579 年 12 月 29 日に、ボロバノヴォ村で門を作ったボロバノヴォ村の農民アルチェムとヴェリヤミノヴォ村のスチェパンに対して 7 а. 支払われた[128]。

　1589 年 5 月 19 日付で、ジェチョーヌィシとしてオブロークを受領している人物にボロバノヴォ村のアルチェムが[129]、また、これとは別の人物で大工としてアンドレイの息子アルチェムが 1574 年 3 月 30 日、1576 年 1 月 5 日、1581 年にオブロークを受領しているが[130]、④のアルチェムとの関係は不明である。大工仕事にも農民が関与していたことを示すのであろうか。いずれにせよ、農民が、強制的に、あるいは無報酬ではなく、報酬を得るという形で運搬労働に雇用されていた

163

第3章　臨時的雇用労働

ことを示唆している。

【フェルト職人】

①1576年4月19日に、フェルト職人達に対して、袖のない外套7着を縫製した報酬として、14а.が与えられた[131]。

②1579年10月14日に、ラフマノヴォ部落（オトチシチェヴォ村に付属する）のフェルト職人ゲラシムとオフォーニャに対して、フェルトを作った報酬として、7а.が与えられた[132]。

③1580年1月18日に、フェルト職人達に対して、フェルト2枚と外套2着の報酬として、8а.が与えられた[133]。

④1580年3月22日にヴォロニナ部落（イリイツィノ村に付属する）のフェルト職人ニコライと仲間達に対して、大きなフェルト5枚と小さなフェルト2枚の報酬として10а.が与えられた[134]。

【縮絨工】

①　1576年6月30日に、縮絨工達に対して、モジャイスク・ラシャ82反への報酬として27а.2д.が与えられた[135]。

この2つの職種は、織物関係の専門化を示唆していると共に、これらの職種については、オブローク受領者ではなく、臨時的な雇用労働で済まされていたこと、また、フェルト職人が、修道院領内の、村ではなく、部落に存在していたことを示すものとなっている。

【釘製造工】

①1573年10月1日に、釘1000本を製造したヴォロコラムスクの釘製造工に対して、1r.が与えられた[136]。

②1574年3月13日に、釘2000本を製造した釘製造工フィリカに対して、2r.が、さらに同人に対して、釘1000本分1r.が与えられた[137]。

釘製造工という、より専門化した表現が使われているが、①の場合は、先の鍛冶工の所で「ヴォロコラムスクの鍛冶工」とされていた者であろうし、②の場合も、「ヴォロコラムスクの鍛冶工フィリカ」とされている人物であろうと考えられる。

鍛冶工がオブローク受領者として存在しているにもかかわらず、釘という個別の必要物であると同時に、大量に必要とされる場合には、外部の業者に依存せざ

第 3 章　臨時的雇用労働

るを得なかったということであろうか。

【油の製造】

①1573 年 6 月 6 日に、ボイル油用亜麻仁油を製造したイヴァンとかれの仲間 3 人に対して、4 a .が与えられた[138]。

②1576 年 7 月 23 日に、7 チェトヴェルチのボイル油の製造に当たって、亜麻の種子を細かく砕いた人達に対して 14 a .が、油屋 3 人に対して 6 a .が、それぞれ与えられた[139]。

③1582 年 3 月 31 日に、亜麻の種子を砕いた報酬として、ボブィリ達に対して、オトチシチェヴォ村とイリイツィノ村において 5 a .3 д.が、ノーヴォエ村において 2 a .が与えられた[140]。

亜麻から油が製造されているが、これに関わった人達は、複数で労働に従事していること、定期的に雇用されているのではなく、その時々に応じてボブィリをも含めた雑多な階層から雇用されていること、等々を読み取ることができる。

【蝋の製造】

①1574 年 1 月 19 日に、蝋を製造したジェニスとイヴァン・グベンコに対して、10 д.が与えられた[141]。

蝋の製造については、前述の桶屋のシーリャイ以外では、この事例しか記載されていない。

【カラーチ（錠前型の白パン）製造職人】

①1573 年 9 月 21 日に、ヴォロコラムスクで、2 チェトヴェルチのカラーチを大公の到着に備えて焼きあげたカラーチ製造職人に対して、2 r .が与えられた[142]。

カラーチ製造職人の雇用については、この 1 例のみであるが、カラーチの購入は、次章で触れるように、支出帳簿に頻繁に記載されており、当該修道院では、この時期、カラーチを修道院内で製造するのではなく、外部での購入に依存していたものと思われる。

【ナイミート】

①1573 年 11 月 9 日に、イエヴレヴォ村の 3 人のナイミート、すなわちオヴドキムコ、イヴァンコ、ザハルコに対して、1 人 15 a .ずつの、4 人目のオスターシャに対しては 2 r .の賃金が支払われた[143]。

②1574 年 4 月 9 日に、村々でナイミートに支払うために、修道士ヨシフに対して

165

第 3 章　臨時的雇用労働

　2.5 p.渡された。同日、同じ目的のため、修道士ヤキムに対して 3 p.15 a.渡された。

　同月 12 日にも、同じ目的のため、修道士ダニールに対して 6 p.渡された。所領管理人である修道士イエフは同日、トゥーロヴォ村でナイミートに支払うために修道士キリルに 6 p.を、村々でナイミートに支払うために修道士イエフ・ボロトフに 3 p.1 r.を、さらに同修道士に 15.5 p.を、それぞれ渡した[144]。

　ナイミートについては、具体的な労働については、記載されていないため、不明である。また、ナイミートが一つの職種を意味しているのか、それとも雇用労働者一般を意味しているのか、もここでは定かではない[145]。

【馬医者】

①1573 年 5 月 13 日に、馬医者に 5 a.が与えられている[146]。

②1573 年 6 月 16 日に、馬医者アダシに対して、修道院の馬の治療費として 0.5 p.が与えられた[147]。

　馬医者の存在については、すでに触れたとおりであるが、支出帳簿に記載されている事例はこの 2 例しかない[148]。

【その他】

①1573 年 9 月 21 日に、橇の修理人達に 2 r.、食事を作る人に 1 r.、穀物倉の内装をした大工に 5 a.、をそれぞれ与えるために、アンギロヴォ村の管理人アレクセイ・スカレブニに対して、15 a.が渡された[149]。

②1573 年 12 月 1 日に、菜園を担当する修道士イオナに対して、厩肥を運ぶ若者を雇用する費用として、4 a.が与えられた[150]。

③1573 年 12 月 26 日に、ルコヴニコヴォ村の十人長セメンに対して、魚とともに運んだガマ 2 個の代金として 1 a.を与えた[151]。

④1573 年 12 月 31 日に、セメン・クリヴォフヴォストに対して、4 a.1 ノヴゴロトカが与えられたが、彼が橇で司祭をアンギロヴォ村へ運んだからである。1574 年 2 月 15 日にも、彼に対して 1 a.が与えられたが、彼はヴャジマに出かけて、馬の飼料を 1 a.分購入したと言われている[152]。

⑤1574 年 4 月 29 日に、商人クリムに対して、手袋と麻布の購入費として、1 p.がヴォロコラムスクで与えられた[153]。

⑥1575 年 11 月 29 日に、フョードル・ナザレフスキーに対して、ロコソヴォ村か

第3章　臨時的雇用労働

らスタリツァへの馬車による運搬賃として、12 a.が与えられた[154]。

⑦1581年5月8日に、家令のセルゲイは、井戸を掘った報酬として 0.25 p.を与えた[155]。

⑧1581年5月15日に、家令のセルゲイに4 a.渡されたが、彼は、薪割りに対する報酬にその金銭を充当しなければならない[156]。

　頻度の高くないものをその他にまとめてみたが、井戸掘り、薪割り、運搬というサーヴィスを受け持った者、商人等が登場している。いずれも、極めて臨時的な労働あるいは役割を担ったものということであろう。ただ、その中に、修道院領のルコヴニコヴォ村の十人長が含まれていることは注意を要する。

　また、④のセメン・クリヴォフヴォストは、1573年にクズネーチヌィエ・ジェーチのアフォーニャ（フョードルの息子）とジェチョーヌィシのアルチェム（ヤコフの息子）の、1573年と1579年に馬係のトレチヤーク・クリャーガ（ミハイルの息子）の、1573年と1576年に炉焚き人あるいは門番のイヴァン（フョードルの息子）の、1581年にモスクワに派遣された番人ペールヴォイ（イグナーティーの息子）とオトチシチェヴォ村の屋敷番イストマ（イヴァンの息子）の、1588年に番人ザーハルと牧者ベレスラフの、1588年と1589年に門番ボリス（ヤキムの息子）の、1590年にジェチョーヌィシのプロニカ（セメンの息子）の、1592年には鍛冶場の炉焚き人ロマンとジェチョーヌィシのイェルモライ（アブラムの息子）及びヴラス（チーチェイの息子）の保証人として、それぞれ登場している[157]。そういう意味では、セメン・クリヴォフヴォストと当該修道院との関係は、密接であったと思われる。

　モスクワでは、部分的には、すでに触れたように、所領内のオブローク受領者が派遣されるという形で、労働力が提供されていたが、モスクワ市からの支出覚書の中に、次のような内容の記述が見られる。

①1575年11月29日に、モスクワの職人ヤコフとピョートルに対して、錫めっきされた大皿とフライパンの製造への報酬として、20 a.が与えられた。同年12月10日にも、両人に対して、錫めっきされた小型フライパンを製造した報酬として40 a.が、同月11日にも、釜3個を製造した報酬として2 a.が与えられた。さらに、同月16日には、口つきの水差し4個と大盃6個を製造した報酬5 a.が、同月27日には、錫めっきされた大盃50個を製造した報酬として1 p.、教

167

第3章　臨時的雇用労働

会用の錫製品3個を製造した報酬として1a.が、それぞれ与えられた。両人には、1576年3月1日にも、大皿、フライパン、蝋製品を製造した報酬として3p.20a.が与えられた[158]。

② 1579年10月24日付のモスクワでの支払の中に、モスクワ市の修道院長の庵室に暖炉が作られ、職人に25a.が与えられたこと、教会の窓に雲母製窓枠が作られ、21a.が支払われたこと、銀製手提げ香炉の修理に対して10a.が支払われたこと、アンギロヴォ村で門が2つ作られ、10a.が支払われたこと、等が記載されている[159]。

③ 1588年5月1日に、モスクワから修道士モイセイがもたらした支出覚書の中で、修道院で教会を建造することになっている教会の石工達に対して、2p.が与えられたことが記されている[160]。

このように、モスクワにおいても、必要に応じて職人が雇用されていたのである。

第3節　小括

以上の検討を通して、当該修道院では、オブローク支払帳簿に記載された人物だけではなく、オブロークを受領してはいない他の人物も雇用していたことが確認できる。そして、オブローク受領者以外の雇用労働力については、保証人あるいは担保のような保証を必要とせず、単に労働の対価として報酬を受け取っているだけであり、修道院との関係は、完全に独立的であると考えられる。

このような雇用形態は、労働を提供する人間と修道院との間に一定の関わりを生じさせるが、これは労働を提供する限り、あるいは製品を製造し、納品する限りにおいてであり、修道院に対して永続的に従属することを意味するものではなかった。そういう意味では、修道院は、必要な労働力を、絶えず外部に求めざるを得ない状況下に置かれていたということになる。

---

[1] このような労働がオブローク受領者の労働内容と共通するものであるのかどうか、判断がつきかねるが、農業に関わる労働にはジェチョーヌィシが主要な労働力を提供していたと思われるので、共通する職種の中で検討を加えたい。
[2] ВХКПРК, С. 32.
[3] Там же, С. 36.

第 3 章　臨時的雇用労働

4　Там же, С. 37.
5　Там же, С. 38.
6　Там же, С. 38, 39.
7　Там же, С. 73.
8　Там же, С. 74.
9　Там же, С. 168.
10　Там же, С. 215.
11　Там же, С. 216.
12　Там же, С. 217.
13　Там же.
14　Там же.
15　АФЗиХ, Ч. 2,. ブイゴロド村そのものが当該修道院領となったのは、1579年7月14日付の証書によってである（Там же, № 369）。ブイゴロド村とそれに付属する部落については、さしあたって、拙稿「16世紀ロシアの所領構造」『香川大学経済論叢』第56巻第1号、1983年を参照されたい。
16　ВХКПРК, С. 27.
17　Там же, С. 37.
18　Там же, С. 114.
19　Там же, С.125.
20　Там же.
21　Там же, С. 176.
22　Там же, С. 224.
23　Там же, С. 159, 172.
24　Там же, С. 160.
25　ВХККДСВ, С. 195.
26　ВХКПРК, С. 164.
27　Там же, С. 165. ここに登場しているカリンカは、1579年11月1日以降ジェチョーヌィシとしてオブロークを受領している人物と同じである可能性が高い（ВХККДСВ, С. 218, 231, 240, 257, 271, 281, 289）。
28　ВХКПРК, С. 125.
29　Там же, С. 35.
30　Там же, С. 36.
31　Там же, С. 37, 38.
32　Там же, С. 80. （35/10×4×20＋1/4×200＋1×6）д.＝（280＋50＋6）д.＝（300＋36）д.＝（1.5×200＋6×6）д.＝1.5 р.＋6а.となっている。
33　Там же, С. 80, 81.
34　Там же, С. 83.
35　Там же, С. 112.
36　Там же, С. 117, 122, 125.
37　Там же, С. 162.
38　Там же, С. 167.
39　Там же, С. 176, 177, 180, 181
40　Там же, С. 226.
41　ВХККДСВ, С. 199, 200.
42　Там же, С. 242, 260, 275, 283.
43　ВХКПРК, С. 29.
44　Там же, С. 30. 1569年7月20日付のソートノエ・ピシモーによると、ノーヴォエ村には、フィリップの息子ヤキムコの戸が存在している（АФЗиХ, Ч. 2. № 347）。
45　ВХКПРК, С. 35.
46　Там же, С. 36.

169

第 3 章　臨時的雇用労働

⁴⁷ Там же, C. 41.
⁴⁸ Там же, C. 43.
⁴⁹ Там же, C. 44, 45.
⁵⁰ Там же, C. 49.
⁵¹ Там же, C. 56.
⁵² Там же.
⁵³ Там же, C. 71.
⁵⁴ Там же, C. 73.
⁵⁵ Там же, C. 77.
⁵⁶ Там же, C. 80.
⁵⁷ Там же, C. 82.
⁵⁸ Там же, C. 112.
⁵⁹ Там же, C. 159. 1569年7月20日付のソートノエ・ピシモーによると、チャシチャ部落にはアンドレイの息子ネクラスコの戸が存在し、ノーヴォエ村にはフィリップの息子フェディコの戸が存在する（АФЗиХ, Ч. 2. № 347）。
⁶⁰ ВХКПРК, C. 160.
⁶¹ Там же, C. 161, 162.
⁶² Там же, C. 162.
⁶³ Там же.
⁶⁴ Там же, C.162, 163.
⁶⁵ Там же, C. 167.
⁶⁶ Там же.
⁶⁷ Там же, C. 172.
⁶⁸ Там же, C. 205.
⁶⁹ Там же, C. 206.
⁷⁰ Там же, C. 209.
⁷¹ Там же, C. 214, 215.
⁷² Там же, C. 216.
⁷³ Там же, C. 218.
⁷⁴ Там же.
⁷⁵ Там же.
⁷⁶ Там же, C. 221.
⁷⁷ Там же, C. 222.
⁷⁸ ポクロフスコエ村に付属するヤドレイェヴォ部落の可能性がある。
⁷⁹ Там же, C. 263.
⁸⁰ ВХККДСВ, C. 195. フョードルは、1576年1月5日付でもオブロークを受領している（Там же, C. 213）。
⁸¹ ВХКПРК, C. 34. ここでは、単に「21アルトゥイン4ジェーニガが与えられた」となっている。
⁸² ВХККДСВ, C. 207.
⁸³ ВХКПРК, C. 82.
⁸⁴ Там же, C. 165, 166.
⁸⁵ Там же, C.29.
⁸⁶ Там же, C. 56.
⁸⁷ Там же, C. 58.
⁸⁸ Там же, C. 69.
⁸⁹ Там же, C. 74.
⁹⁰ Там же, C. 76.
⁹¹ Там же, C. 78.
⁹² Там же, C. 83.

第 3 章　臨時的雇用労働

93　Там же, С. 172.
94　Там же, С. 177.
95　Там же, С. 180, 181.
96　Там же, С. 220.
97　Там же, С. 221.
98　Там же, С. 37.
99　Там же, С. 68.
100　Там же, С. 252.
101　Там же, С. 254, 259.
102　Там же, С. 259.
103　Там же, С. 259-260.
104　Там же, С. 260.
105　Там же.
106　Там же.
107　ВХККДСВ, С. 217, 226, 242, 263.
108　ВХКПРК, С. 34.
109　Там же, С. 41.
110　Там же, С. 67. ここに出てくるシーリャイは、大工として 1573 年 11 月 28 日、1576 年 1 月 5 日、1581 年 10 月 1 日付でオブロークを受領しているシーリャイ・ボチャルニク Ширяй Бочарник（イヴァンの息子）（ВХККДСВ, С. 195, 213, 226）と同一人物である可能性が高い。彼の息子と思われるイヴァンも、1592 年に大工としてオブロークを受領している (Там же, С. 283)。
111　ВХКПРК, С. 31, 32.
112　Там же, С. 40.
113　Там же, С. 177.
114　Там же, С. 178.
115　Там же, С. 211.
116　ВХККДСВ, С. 211, 219.
117　ВХКПРК, С. 43.
118　Там же, С. 58.
119　Там же, С.116.
120　Там же, С. 176.
121　Там же, С.43, 44.
122　Там же, С.68.
123　Там же, С.77.
124　Там же, С.110, 111.
125　Там же, С.45.
126　Там же, С.71.
127　Там же, С.74.
128　Там же, С.175.
129　ВХККДСВ, С. 252.
130　Там же, С.205, 213, 226, 227.
131　ВХКПРК, С.126.
132　Там же, С.170.
133　Там же, С.176.
134　Там же, С.180.
135　Там же, С.130.
136　Там же, С.42, 43.
137　Там же, С.75.
138　Там же, С.29.

171

第 3 章　臨時的雇用労働

139　Там же, С.131.
140　Там же, С.228.
141　Там же, С.67.
142　Там же, С.41.
143　Там же, С.51.
144　Там же, С.81.
145　「ナイミート」は、現代では「雇い人」と訳されている。中近世ロシアにおいて、零落した農民及びポサード民、逃亡ホロープその他の一般的名称で、雇われて労働を行い、雇用主に私的に隷属していた人々と理解されている。
146　Там же, С. 27.
147　Там же, С. 30.
148　馬医者は、すでに触れたように、オブローク支払帳簿の中で、保証人として登場している（ВХККДСВ, С. 195）。
149　ВХКПРК, С. 41.
150　Там же, С. 57.
151　Там же, С. 62. 修道院領であるルコヴニコヴォ村は、当該修道院の所在地からは相当遠方にあるが、ここに十人長が存在していることは、私領地における共同体の問題を考える際に、考慮されなければならない事柄である。
152　Там же, С.62, 71. 1 ノヴゴロトカは 2д. である。これは、旅費であろう。
153　Там же, С.83.
154　Там же, С.116.
155　Там же, С.205.
156　Там же, С.206.
157　ВХККДСВ, С. 191, 192, 194, 199, 200, 214, 219, 227, 233, 243, 262, 285, 288.
158　ВХКПРК, С.116, 117, 123.
159　Там же, С.170.
160　Там же, С.246.

第4章 ヨシフ・ヴォロコラムスキー修道院による財の購入

第1節 購入された財

まず、当該修道院の支出帳簿に記載されている購入物をリストアップしてみると、

①魚類

魚 рыба、ニシン сельдь、キュウリウオ снеток、チョウザメ осетр, стерлядь, шеврига、チョウザメの肉 осетрина、チョウザメの背筋 визига、ベルーガ（大型のチョウザメ）белуга、ベルーガの肉 белужина、サーモン、サケ семга、サケの身 лососина、サケの肉 семжина、ウスリーシロザケ сиг、ウスリーシロザケの肉 сиговина, лодужина、ウスリーシロザケのイクラ икра сиговая、ウスリーシロザケに似た淡水魚 репуги, рупушка、リープス（サケ科の一種で、ウスリーシロザケに近い）рипус、イクラ икра、カワカマス щук、甘塩のカワカマス щучины пресольные、コクチマス белая рыбица、スズキ судак、スズキの肉 судачина、カワスズキ окунь、アセリナ ёрш、ブリーム лещ、ブリッカ подлещ、コイ科の淡水魚 плотица、フナ карась

②穀類・野菜類・果実・山菜・肉類など

小麦 пшеница、燕麦 овес、粉 мука、脱穀した穀類 крупа、脱穀したキビ пшено、パン・穀類 хлеб、白パン колач、ねぎ лук、タマネギの種子 луковое семя、だいこん редька、キュウリ огурец、キャベツ капуста、エンドウ горох、ビート свекла、コケモモ брусница、プルムの実 слива、リンゴ яблоко、くるみ орешек、ほしぶどう изюм、キノコ гриб、グルズド рыжик、たまご яйцо、バター масло, коровье масло、チーズ сыро、脂肪 сало、塩 соль、砂糖 сахар、酵母 дрожжи(дрожь)、ブドウ酒 вино、サワークリーム сметана、蜂蜜 мед、麻実油 масло конопяное、白樺の油 масло берестяное、肉 мясо、子牛の肉 телятина、ミトン варега (варежка)、牛肉 говязины

③香辛料

にんにく чеснок、ウイキョウ кроп, копр、サフラン сафран, шафран、胡椒 перец、アニス анис、乾燥したチョウジの蕾 гвоздика、ニクズク мускат、シナモン корица、

173

第4章　ヨシフ・ヴォロコラムスキー修道院による財の購入

ショウガ инбирь、からし горчица、西洋ワサビ хрен、

④家畜

にわとり кур, курица、ガチョウ гусь、羊 овца、雄羊 баран, баранец、雌牛 корова、豚 свинья、若い雌牛 телушка、草 трава

⑤衣料・繊維関係

外套 епанча、シューバ шуба、ルバーシカ рубашка、厚手のごわごわした織物 веретище、靭皮で編まれた厚手のごわごわした織物 веретища рогозинные、手織色木綿 крашенина、手織麻布 холст посконной、羅紗 выбойка、亜麻 лен、亜麻布 полотно、皮袋用の麻布 холст на мехи、麻 конопля、麻布 холсть, холстина、テーブルクロス скатерть、ストッキング чулки、長い靴下 ногавица、手袋 рукавица、紡糸 пряжа、糸 нить、白糸 белая нить、赤糸 черная нить、針 игла、大針 шило、編み紐 тесьма, шнур(снур)、ラシャ сукно、染めていない自家製粗ラシャ сермяга、сермяженка、靭皮 луб, лубья, лык、帯・ベルト поясок, пояс

⑥毛皮・皮革

羊の毛皮 овчина, баран、キッド毛皮 мерлушка、黒貂の毛皮 соболя、ベルト用の子牛 опоек на поясы、フェルト用の雄羊 баран на войлоки、なめし革 ирха、牛のなめし革 ирха карвитина、皮革 кожа、生皮 сыромять、革手袋 голица、長靴用の皮革 кожа на сапоги、靴底 подошва、靴底用の皮革 кожа подошвенная、靴の敷革用の毛皮 кожа подпяточеная、ロシア革 юфть、牛革のフェルト войлока коровятин、牛革製品 коровятина、革紐 ременья、革袋 мехи, мешок、ぞうり лапоть、履物 обувь、切れ端 обрезокъ

⑦日常生活用品

短くて広い刃のついたナイフ кляпик、釜 котел, котлик、土鍋 горшок、杯型の容器 сосуд-потыр、大皿 блюдо, веко、カップ ставец、スプーン ложка, ложечка、塩入れ солонка、小型フライパン сковоротка、水差し кувшин、細首胴太の土製壺（かめ）кубышка、櫛 гребень、柄杓 ковш、корец、桶 ушатика、ведро、杓子 чумич、海綿 губка、糊 клей、アンモニア水 нашатырь、獣脂ろうそく сальная свеча、ろうそく свеча、獣脂ろうそく сальная свеча、臘 воск、松脂 сера、薪 дрова、石炭 уголь、発火装置 жагра、запальник、長椅子 лавка、石けん мыло、上げ蓋付きの大型木箱 рунлука、手桶 ряшка、ガラス製品 стекла

第4章　ヨシフ・ヴォロコラムスキー修道院による財の購入

⑧農具・漁具

大鎌 коса、粗目篩 грохот、篩 сито, решето、網 веревка、漁網用の綱 веревка к неводом、

⑨金属関係

良質鋼 уклад、鉄 железа、錫 олово、辰砂 киноварь、鉛 свинец、銅 медь、金 золото、金箔 сусальное золото、斧 топор、金属製品

⑩建築材料・建築用具

松 сосна、丸太 бревно, колода、角材 брус、板 доска、薄板 тесница、драница、木切れ лучина、柄杓用の木材 дерево на ковши、窓枠 окончина、錠 замок、鉤 крюк、レンガ кирпич、タール деготь、釘 гвоздь、銀メッキされた釘 гвоздь полуженый、釘用の箱 ящик、槍型の諸刃のナイフ копье、石目やすり терпужок、釘抜き клещи、ねじ錐 буровец(буравец)、道具 снасть、枠組 струб

⑪飼料・馬具類・馬

干草 сено、わら солома、引き革 гужи、首輪枕 хомутина、手綱 вожжи、くつわ узда, удила、あぶみ стремя, стремяна, стремята、革ひも пуслище、馬の腹帯 подплуга、馬の尻帯 шлея、頸木 дуга、おもがい оброть、かすがい скоба、鞦 пахви、馬櫛 греблица、馬の腹帯を締めるための鞍翼下の革紐 пристуги、鞍 седло、鞍の側革 тебенки、鞍の部品 проибоец、子馬 жила、馬 лошадь、去勢馬 мерин

⑫輸送関係

樽 бочка、こも рогожа、そり сани、広いそり ошевни、荷ぞり дровни、手押し車 телега、二輪の手押し車 телега двоеколная、車輪 колесо、小舟 лодка

⑬宗教関係

数珠 чётки、燭台 светильня、灯火 фонарь、灯明皿 светиль、香 ладаг、фимиам(фимьян)、香に使われる香ばしい樹脂 темиян(темьян)、十字架 крест、聖餐杯 потир、聖像 образ、聖衣 ряса

⑭筆記具

紙 бумага、インク чернил、白墨 мел

⑮その他

潤滑油 мазь、ノズル насадка、棍棒 дубина、けし мак、мышьяк、綱 ужище、杖(棒) ботаг、水晶 кристашьной камень、爪磨き пилка

175

第4章　ヨシフ・ヴォロコラムスキー修道院による財の購入

などである。

これらを分類してみると、

①食料品関係（魚類、穀類、野菜類、肉類、乳製品、香辛料など）
②衣料・繊維・皮革関係（材料、道具も含む）
③日常生活用品（食器類、石炭などの燃料も含む）
④農水産業関係（畜産関係、農具、漁具など）
⑤建築関係（釘、建築材など）
⑥輸送関係（馬関係のものも含む）
⑦その他

に大きく分類できる。この中で頻繁に出て来るのは、①②③であるが、中でも、後述するように、食料品と考えられるチョウザメ、ニシン、カワカマスをはじめ魚が多く購入されていること、また、香辛料として、コショウ、ショウガと並んで、チョウジ、ニクズク、シナモンなど高価な香辛料が度々購入されていることが特徴的である[1]。

第2節 購入地と購入物

1 購入地

次に、購入先をリストアップしてみよう。購入先としては、購入地あるいは販売者が記載されている場合があるので、まず、購入地として登場してくる地名を、当該修道院所領と所領外とに分けて、挙げてみると、

(1)当該修道院所領

①イリイツィノ村[2]、②ブイコヴォ村[3]、③オトチシチェヴォ村[4]、④ラタシノ[5]、⑤ガヴリノ村[6]、⑥コブィリヤ・ルジャ部落[7]（ブイゴロド村の付属部落）、⑦ベーラヤ部落[8]（ブイゴロド村の付属部落）、⑧コリャジノ村[9]（修道院周辺の自由村）、⑨イリインスコエ村[10]（修道院周辺の自由村）、⑩ストレティラツコエ村[11]（修道院周辺の自由村）、⑪ボガラドノエ村[12]（修道院周辺の自由村）、⑫ロクヌィシ＝シェスタコヴォ村[13]、⑬ベーリ村[14]、⑭マモシノ村[15]、⑮ゴロディシチェ村[16]、⑯スドゥニコヴォ村[17]、⑰スモリンスコエ村[18]、⑱ブジャロヴォ村[19]、⑲アンギロヴ

第4章　ヨシフ・ヴォロコラムスキー修道院による財の購入

ォ村[20]、⑳オボブロヴォ村[21]、㉑ファウストヴァ・ゴラ村[22]、㉒オスタシコヴォ村[23]、㉓クラスノエ村[24]が登場している。そのほか、「村々で в селех」[25]あるいはブジャロフスカヤ・ヴォロスチ（ドミトロフ郡）の村[26]、シェスタコフスカヤ・ヴォロスチ（ルザ郡）の2つの村[27]などの表現もみられる。前二者では種子用の燕麦が購入され、最後の場合はシェスタコフスカヤ・ヴォロスチの所領管理人に代金が渡されており、いずれも修道院領の村である。

そして、修道院領内での購入については、最後のシェスタコフスカヤ・ヴォロスチの例にみられるように、購入物の大部分は、当該地の修道院関係者によって消費されたり、使用されたりした可能性が高い。つまり、各地で購入された財が、必ずしも当該修道院に運ばれていたわけではない点に注意しなければならない。当該修道院は、当時のロシアにおいて最大の所領を有する修道院の一つであり、その所領の多くは当該修道院所在地周辺の郡内に立地していたとはいえ、ロシア各地に分散する所領を持っていた。とりわけ村には教会も存在し、所領管理人も居住していたのである。さらに、当該修道院の場合、ロシア各地に分散する所領はいくつかのグループにまとめられてヴォロスチを形成し、その中心となる村では修道士が所領経営に当たっていた。したがって、修道院の会計担当者によって支出が把握されていたとしても、実際に購入し、消費していた人々の中には、当該修道院内ではなく、修道院外で生活している修道士や聖職者もいたことが忘れられてはならないであろう。

そうであるとすれば、次に触れる都市の場合をも含めて、購入先として登場する地域での消費ということをも考慮しながら、当該修道院による商品の購入状況を検討することが必要となる。

(2) 当該修道院所領外

①ヴォロコラムスク[28]、②モスクワ[29]、③トヴェーリ[30]、④スタリツァ[31]、⑤ズブツォフ[32]、⑥ルジェフ[33]、⑦トルジョーク[34]、⑧コロムナ[35]、⑨リャザン[36]、⑩モジャイスク[37]、⑪ヤロスラヴリ[38]、⑫ノヴゴロド[39]、⑬ヴャジマ[40]、⑭ミクリノ[41]、⑮ヴラジーミル[42]、⑯カザン[43]、⑰カルーガ[44]、⑱イゾシマ修道院[45]、⑲オヌフリー湖[46]が登場している。

修道院領外については、都市が中心となっている。その中には、ヴォロコラム

177

第4章　ヨシフ・ヴォロコラムスキー修道院による財の購入

スク、ミクリノ、トヴェーリ、スタリツァ、ズブツォフ、モスクワ、モジャイスクなどの当該修道院所在地から比較的近い都市と並んで、遠方のノヴゴロド、ヤロスラヴリ、ヴャジマ、カルーガ、コロムナ、リャザン、ヴラジーミル、カザンなどが登場している。

　この中で、ヴォロコラムスク、モスクワ、モジャイスク、トヴェーリ、ルジェフ、スタリツァ、ウラジミール、ドミトロフについては、当該修道院の所有する屋敷地が存在していたことを史料によって確認することができる[47]。この場合には、前述のように、当該修道院への運搬、そこでの消費・使用ではなく、修道院外で生活している修道士や聖職者、あるいは屋敷番が、現地で購入し、消費・使用していた場合があることを考慮しなければならない。

　なお、ロシアにおける商品流通の状況を把握する上で注目すべき表現は、トヴェーリ郡での購入の際に使われている「農村の市で」«по сельским торгом»[48]との表現や、モスクワでの購入の際に使われている「リャートで」«в ряду»[49]という表現であろう。«торг»という表現は、免税特許状の中にも度々登場しているもの[50]で、先に触れた1518年9月10日付のヨシフ・ヴォロコラムスキー修道院宛ヴァシーリー3世の免税特許状においても見られる。「リャート（商店街）」の存在を明確に示しているのは、1580年代に作成された「ノヴゴロド店舗台帳」[51]である。1611/12年のものではあるが、チモフェーイの息子フェオドシー・ビビコフの遺言状中でも使われている[52]。

2　購入地での頻度

　そこで、次に、それぞれの場所について、購入の頻度と購入物について検討することにしたい。まず頻度についてみてみよう。

（1）所領内の村あるいは部落について

　所領内の集落としては、オスタシコヴォ村（21回）、イリイツィノ村（3回）、コリャジノ村（2回）、アンギロヴォ村（2回）、クラスノエ村（2回）、ブィコヴォ村（1回）、オトチシチェヴォ村（1回）、ガヴリノ村（1回）、イリインスコエ村（1回）、ストレティラツコエ村（1回）、ボガラドノエ村（1回）、ロクヌィシ=

178

第 4 章　ヨシフ・ヴォロコラムスキー修道院による財の購入

シェスタコヴォ村（1 回）、ベーリ村（1 回）、スドゥニコヴォ村（1 回）、スモリンスコエ村（1 回）、ブジャロヴォ村（1 回）、ファウストヴァ・ゴラ村（1 回）、ラタシノ村（1 回）、マモシノ村（1 回）、オボブロヴォ村（1 回）、ロジオノヴォ部落（1 回）、コブィリエ・ルジャ部落（1 回）、ベーラヤ部落（1 回）が登場している。かっこ内にその頻度を示したように、オスタシコヴォ村を除くと、残りの集落は 1 回～3 回しか登場していない。1～3 回のものについては、購入地あるいは購入地近くに所在する当該修道院の出先機関で消費あるいは使用されたものと思われる。

　オスタシコヴォ村の占める位置は、他の購入地とは全く異なった意味を持っていたと思われる。オスタシコヴォ村の場合、1500 年 3 月 7 日付の下賜状で村の半分がヨシフ・ヴォロコラムスキー修道院に寄進されているが、その際、領民がセリゲル湖で大型魚網 2 つ、漁具 5 個を使って魚を獲ること、しかも大公の漁場を除いて、湖内の好きなところで魚を捕ることが認められている[53]。にもかかわらず、オスタシコヴォ村では、後述するように、魚類の購入が頻繁に行われている点に注目しなければならない。

(2) 所領外の購入先について

　所領外の購入先での購入回数は、コロムナ、ウラジミール、カザン、ゴロディシチェ村、オヌフリー湖で 1 回、スタリツァで 3 回、トルジョーク、ルジェフ、イソシマ修道院で 4 回、ミクリノ、ズブツォフ、カルーガで 5 回、リャザン、ヴャジマ、ノヴゴロドで 6 回、ヤロスラヴリで 7 回、モジャイスクで 13 回、トヴェーリで 21 回、モスクワで 75 回、ヴォロコラムスクで 97 回となっている[54]。

　このように、ヴォロコラムスクとモスクワ[55]の 2 つの都市での購入が群を抜いて多く、続いて、トヴェーリ、モジャイスク、ヤロスラヴリとなっている。

　頻度の少ない購入地については、そこでの購入物を検討することが必要であろうが、前述のように、屋敷地があったヴォロコラムスク、モスクワ、モジャイスク、トヴェーリ、ルジェフ、スタリツァ、ウラジミールでは、購入物の一部は、購入先に所在する修道院の出先機関によって消費あるいは使用された可能性が高いと思われる。特に、ヴラジーミル市、スタリツァ市、ルジェフ市の場合には、全ての購入物が屋敷地内での消費あるいは使用を目的とするものであった可能性

179

第4章　ヨシフ・ヴォロコラムスキー修道院による財の購入

が高い。

　当該修道院内での消費または使用を目的とした購入という点で、恒常的なつながりを持っていた可能性が高いのは、ヴォロコラムスク市、モスクワ市、トヴェーリ市、モジャイスク市であろう。いずれも、当該修道院の屋敷地が存在する都市であるが、免税特許状によってこの状況を補足してみると、次のような点を指摘できる。

　第1に、トヴェーリとモジャイスクには、当該修道院の屋敷地が存在していたが、その屋敷番が都市で商品取引を行う場合には、商業を営む人々に対すると同様に、彼らからも関税が徴収されたということ、第2に、当該修道院の修道士と使用人が売却のためにではなく、修道院の需要のために、穀物、塩、魚、ニシン、バター、酸を含まない蜂蜜、荒仕上げ及び未染色のラシャ、羊の毛皮、古着などを購入する場合には、免税とされていたことである[56]。

　人物については、モジャイスクの人キリルが4回、モジャイスクの人オリムピー、モジャイスクの人イヴァン、モスクワのマクシム・エリザロフ・シャポチニコフが3回、モジャイスクの人コスチャと同じくモジャイスクの人キリルが2回で、残りの人物はすべて一度登場しているだけである[57]。複数回登場している人物は、モスクワでのマクシムを除いて、いずれもモジャイスクの人となっている。

3　各地での購入物

(1) 2回以上の購入回数がある地域（購入回数が3回以上の購入物を中心に挙げてみる）。

①ヴォロコラムスク

　麻布（21回）、皮革（20回）、白パン（20回）、脂肪（12回）、手袋（10回）、雄羊の毛皮（9回）、ロシア革（9回）、糊（7回）、羊の毛皮（6回）、なめし革（5回）、ラシャ（5回）、キッド毛皮（5回）、皮革の切れ端（4回）、釘（4回）、靴底（4回）、革ひも（3回）、篩（3回）、キャベツ（3回）、子牛の肉（3回）

　ヴォロコラムスクでは、麻布、皮革類が目立っているが、釘や糊とともに、白パン、野菜、肉などの食料品も購入されている。

②モスクワ

第4章 ヨシフ・ヴォロコラムスキー修道院による財の購入

チョウザメとチョウザメの肉（16回）、ベルーガとベルーガの肉（13回）、紙（13回）、胡椒（12回）、鉄（11回）、サフラン（10回）、蜂蜜（10回）、糸（10回）、聖像（10回）、油類（9回）、スプーン（8回）、香に使われる香ばしい樹脂（7回）、手織色木綿（7回）、金（7回）、乾燥した丁字の蕾（6回）、香（6回）、大皿 блюдо（6回）、サケとサケの肉（5回）、糊（5回）、窓枠（5回）、ベルト（4回）、鐙（4回）、イクラ（4回）、ショウガ（4回）、脱穀したキビ（4回）、干草（4回）、良質鋼（3回）、ニシン（3回）、塩（3回）、雄羊の毛皮（3回）、アンモニア水（3回）、土鍋（3回）、釜（3回）、くつわ（3回）、そり（3回）、水差し（3回）、肉（3回）など。

　モスクワでは、量的に多いだけではなく、その種類も多様であるが、香辛料の購入が目立っている。

③トヴェーリ

　石鹸（9回）、釘（8回）、油類（7回）、篩（5回）、大皿（4回）、スプーン（4回）、干草（4回）、皮革（3回）、薪（3回）等で、3回以上という商品は多くない。購入回数が2回以下ではあるが、塩の購入量及び額が572.5プードで10180 д.と、目立っている。

④オスタシコヴォ村

　魚類が中心で、鮮魚、魚と一般的な表現が多いが、具体的なものとしては、スズキ（10回）、カワカマス（8回）、キュウリウオ（6回）、カワスズキ（5回）、ニシン（3回）等が購入されている。

⑤モジャイスク

　靴底あるいは靴底用の皮革（5回）、麻実油（4回）、ラシャ（4回）、糸（3回）、皮革（3回）、ロシア革（3回）などで、モジャイスクでは、皮革類の購入が目立っている。

⑥ヤロスラヴリ

　手押し車（6回）、チョウザメ（9回）、コクチマス（4回）などで、手押し車は魚の運搬に使用されたものであろう。ここでも魚類の購入が目的であったと思われる。

⑦ヴャジマ

　靱皮（6回）、そり（4回）についで、蜂蜜（2回）、首輪枕（2回）といったと

181

第4章　ヨシフ・ヴォロコラムスキー修道院による財の購入

ころである。蜂蜜はそれぞれ4900 д.、10000 д.と比較的購入額は大きい。専門化の様子をうかがうことはできない。

⑧ノヴゴロド

ウスリーシロザケとウスリーシロザケの身（6回）が多い方で、サケとサケの身（3回）、紡糸（2回）、塩（2回）と続くが、1回のニシン、イクラを含めた魚類が中心となっている。塩については、額としては低い。

⑨リャザン

チョウザメの4回が最も多く、その他のものもブリーム、白身魚、単なる魚と、購入されているのはほとんど魚類である。

⑩ズブツォフ

ここでは、複数回購入されているのはニシンだけで、綱、蜂蜜、石鹸、薄板は一度購入されているが、その中で目立っているのは、蜂蜜91.25プード（10900 д.）である。

⑪カルーガ

蜂蜜（4回）、柄杓（4回）、ロシア革（3回）、干草（3回）が3回以上のもので、麻、厚手のごわごわした織物、靴底、羊の毛皮、皮革、ケシ等が2回購入されている。金額としては蜂蜜が高額となっているが、種類としては皮革関係が多い。

⑫ミクリノ

ねぎの3回のみが複数回で、ラシャ、手織り麻布、チーズ、たまご、白樺の樹脂が一度に購入されている。

⑬ルジェフ

手織りの色木綿が2回で、残りは履物、麻布、魚、ニシンとなっており、繊維関係と魚類が中心である。

⑭トルジョーク

テーブルクロスが3回、麻布とねぎが2回で、その他ではきのこがある。

⑮イソシマ修道院

松材、ハリモミ材などの材木である。

⑯スタリツァ

飼料（燕麦と干草）、白パン、子豚、キュウリ、大根、ボトビヴィニヤ、靱皮

第4章　ヨシフ・ヴォロコラムスキー修道院による財の購入

で、食料品が中心となっている。

⑰イリイツィノ村
　雌牛と菜園用の種子。
⑱オトチシチェヴォ村
　雌牛と卵
⑲コリャジノ村
　チョウザメと去勢馬
⑳アンギロヴォ村
　にわとりと干しぶどう
㉑クラスノエ村
　ウスリーシロザケ、ウスリーシロザケの肉、イクラ、スズキ、カワカマスと、魚類[58]

（2）1回だけ購入先として登場している所
①ラタシノ（荒蕪地）：バター[59]
②ガヴリノ村：羊
③コブィリエ・ルジャ部落：馬と雌牛
④イリインスコエ村：手織り麻布
⑤ストレティラツコエ村：テーブルクロス用の手織り麻布
⑥ボガラドノエ村：数珠
⑦ロクヌィシ＝シェスタコヴォ村：繁殖用豚
⑧ベーリ村：ここでは、蜂蜜の購入が目的で、それを運ぶために荷車、燕麦、干草、綱も購入されたものと思われる。
⑨マモシノ村：若い雌牛
⑩ゴロディシチェ村：バター
⑪スドゥニコヴォ村：小屋用の枠組み
⑫スモリンスコエ村：麻布
⑬ブジャロヴォ村：鮮魚
⑭オボブロヴォ村：馬衣用のラシャ
⑮ファウストヴァ・ゴラ村：薄板
⑯ベーラヤ：蜂蜜と干草[60]

第4章　ヨシフ・ヴォロコラムスキー修道院による財の購入

⑰コロムナ：チョウザメ、ブリーム、コクチマス[61]

⑱ヴラジーミル：チョウザメ

⑲カザン：冬の魚

⑳オヌフリー湖：魚

となっている。

　このうち、カザンについては、1588年2月11日付の免税特許状によると、当該修道院には、ヴォルガ川を船で下ってカザンに赴き、そこで修道院の需要のため毎年4000尾の魚を無税で購入することが認められていたという。この年、彼らは、以前と同様にオブロークを負担せず無税で、ヴォルガ川でこの4000尾の魚を夏と秋に自分たちの漁具で捕獲することを認めてもらうことを願い出て、認められている。その結果、この4000尾の魚について、カザンとニージニー・ノヴゴロドでは、いかなる関税も徴収されないことになった。ただ、これ以上捕獲して運び出す場合には、超過した分からカザンとニージニー・ノヴゴロドでも他の都市におけると同様に、関税が徴収されることとされた。捕獲できるものとして挙げられているのは4000尾の魚、魚膠（魚の浮き袋から作る宝石の接着剤）、チョウザメの背骨、魚のイクラである[62]。

第3節　個人からの購入物

　次に、個人からの購入物を見てみよう。

（1）当該修道院所領内の人物から、
①イリイツィノ村の農民イヴァン・ベケットから
　　1プード16グリヴョンカのバター（14а.2д.）[63]
②トロフィモヴァ部落（イリイツィンスカヤ・ヴォロスチ）のミーチャから
　　2.5オシムナのネギ（0.25р.）[64]
③ストレティラツコエ村の農民グリーシャから
　　蜂蜜2プード（40а.）[65]
④ストレティラツコエ村でセレダから
　　テーブルクロス用の手織り麻布（149д.）[66]

第 4 章 ヨシフ・ヴォロコラムスキー修道院による財の購入

⑤ロジオノヴォ部落のレヴォンコから

　荷車1台分の石炭（6 а.）[67]

⑥ノヴリャンスカヤ・ヴォロスチの農民オシプカ（レオンティーの息子）から

　0.5プードのバター（5.5 а.）[68]

⑦リトヴィノヴォ村の農民ソフランから

　3回にわたって、200 д.分、120 д.分、150 д.分のバター[69]

⑧トゥーロヴォ村の農民フョードル・キレエフから

　1プードに2グリヴョンカ足りないバター（8 а.）[70]

⑨オスタシコヴォ村の人クジマ（オリフェルの息子）から

　荷車2台分の鮮魚（カワカマス、スズキ、ブリーム）（7 p.）と干したキュウリウオ13こも（5 p.92 д.）[71]

⑩オスタシコヴォ村の人ウスチンから

　1575年12月20日と1581年12月の2回。前者では荷車1台分のキュウリウオ（300 д.）を、後者では2.5樽のイクラ（600 д.）、10樽分のウスリーシロザケの肉（5300 д.）、5樽分のスズキと5樽分のカワカマス（3300 д.）[72]

⑪モスクワでオスタシコヴォ村の人ペトルーシャ（ヤキムの息子）から

　ベルーガの肉を5樽と середина を2樽（2700 д.）[73]

⑫オスタシコヴォ村の人から

　鮮魚（100 д.）[74]

⑬コイダノフスコエ村の農民イストムカ（ヴァシーリーの息子）から

　1プード8グリヴョンカのバター（12.5 а.）[75]

⑭コイダノフスコエ村の農民プローニャ（レヴォンティーの息子）から

　16.25プードのバター（1363 д.）[76]

⑮ボガラドノエ村でヨシフから

　数珠（24 д.）[77]。

⑯クラスノエ村でトレシカ・シヴコフから

　ウスリーシロザケを4樽（1920 д.）[78]

⑰コブィリエ・ルジャ部落で農民イヴァンコ・ソズノフから

　馬と牛（200 д.）[79]

　このように、所領内の人物からの購入は、オスタシコヴォ村の人物を除くと、

185

第4章　ヨシフ・ヴォロコラムスキー修道院による財の購入

回数も少なく、購入物も食料品関係が多い。

　オスタシコヴォ村の場合は、前述のように、セリゲル湖での漁労が主な産業であったため、同村の住民からの購入物は魚類であったが、頻繁に購入されている理由は何なのか、が問われることになるであろう。また、モスクワでオスタシコヴォ村の住民が魚を取り扱っている意味を考える必要があると思われる。

　購入物に注目した場合には、オスタシコヴォ村の住民からの魚類の購入を除くと、バターが購入されている頻度が高い点が特徴的であろう。また、手織り麻布の購入という点からは、農村での手工業の展開を想起させる。

(2) 当該修道院所領外の人物から

①ヤロスラヴリの人ドブルィニャからモスクワで

　甘塩のチョウザメを100尾（4800 д.）と55尾（3300 д.）[80]

②ヤロスラヴリの人ロジオンからモスクワの商店街で

　ベルーガの肉を2樽（900 д.）[81]

③モスクワの人ボージェンから

　416.75プードの蜂蜜（1675 д.）[82]

④ズブツォフの人サヴァ・ヴォルルィギン（イヴァンの息子）とコニャシャ（フョードルの息子）から

　39プードの蜂蜜（19.5 p.）[83]

⑤ポゴレロエのフョードル・オボトゥロフ（サヴァの息子）から

　28プードの蜂蜜（14 p.）[84]

⑥モジャイスクの人キリルから

　35プードの蜜蝋の分離されていない蜂蜜と5.75プードの純粋の蜂蜜（計21 p.11 a.2 д.）・17枚のなめし革（25.5 a.）、20アルシンの黒色ラシャと18アルシンの灰色のラシャ（32 a.）、50アルシンの白色ラシャ（1 p.）、13.75プードの蜂蜜[85]

⑦モジャイスクの人イヴァン（ドミトリーの息子）から

　67.75プードの蜂蜜（33 p.175 д.）、（20+1/3）プードの蜂蜜（10 p.10 д.）、（101+2/3）プードの蜂蜜（49 p.37 д.）[86]

⑧モジャイクの人オリムピー（と仲間）から

第4章　ヨシフ・ヴォロコラムスキー修道院による財の購入

46.75 プードの蜂蜜（23.25 p.）、13 アルシンの赤いラシャ（10 a.）、（100+1/3）プードの蜂蜜（50 p.5.5 a.）[87]

⑨モジャイスクの人コスチャ（イヴァンの息子）から

59 プードの蜂蜜（29.5 p.）、102.5 プードの蜂蜜（51 p.8 a.2 д.）[88]

⑩モジャイスクの人ザハルとアンドレイ（兄弟）から

144 プードの蜂蜜（57.5 a.1 г.）[89]

⑪モジャイスクの人から

ラシャ 6 枚（灰色のラシャ 4 枚と黒色のラシャ 2 枚で 99 アルシン）（3 p.21 a.）と灰青色のラシャ 18 アルシン（23 a.）、13 枚のラシャ（7 p.）と 15 枚のなめし革（17 a.3 д.）、31 枚の靴底用のロシア革（4 p.192 д.）と 13.75 プードの蜂蜜（7.75 p.）[90]

⑫ノヴゴロドの人アンドレイから

3 樽のウスリーシロザケ（7.5 p.）[91]

⑬トルジョークの人イヴァン・チェチュヒンから

3 コシャークの石鹸（40 a.1 г.）[92]

⑭トルジョークの人から

土鍋と雄羊の毛皮を 2 枚（60 д.）と手袋を 10 組（38 д.）[93]

⑮ミクリノの人から

13.5 チェトヴェルチのネギ（2 p.5 д.）と 1475 個のリンゴ（12 a.）[94]

⑯カルーガの人イリヤから

大皿 51 枚と柄杓 46 本（320 д.）[95]

⑰カルーガの人ドミトリーから

174 プードの蜂蜜（163800 д.）[96]

　所領外の人物では、モジャイスクの人が登場する頻度が比較的多いことが分かる。購入物は、ラシャ、なめし革、ロシア革、蜂蜜であり、しかも購入量が多い。前述のように、モジャイスクでの購入頻度も多く、複数回登場している人物についても、モジャイスクの人がほとんどである[97]。

　次に多いのがヤロスラヴリ、トルジョーク、カルーガの人である。ヤロスラヴリの人の場合は魚類を扱っているが、トルジョークとカルーガの人の場合は、商品を特定化することはできない。

187

第4章　ヨシフ・ヴォロコラムスキー修道院による財の購入

（3）所領外での購入

① ヴォロコラムスクでピャトニツァから
　バターを9プード（6000 д.）[98]
② ヴォロコラムスクでイヴァンから
　ニシンを1樽（350 д.）[99]。
③ ヴォロコラムスクでパン焼き職人から
　白パン2チェーチ（2 г.）、白パン1チェトヴェルチ（5 а.）[100]
④ モスクワでジェミドの息子セメンから
　胡椒、しょうが、乾燥したチョウジの蕾（600 д.）[101]
⑤ モスクワでマクシム・エリザロフ・シャポチニコフから
　2000 д.、413プード（40000 д.）、1170.25プード（31900 д.）の蜂蜜[102]
⑥ モスクワでアンドレイ（パンフィリーの息子）から
　チョウザメを100尾（4400 д.）[103]
⑦ モスクワでイエフ・ミージノフから
　蜂蜜を33プード（3000 д.）[104]。

この場合は、ヴォロコラムスクあるいはモスクワでの購入の場合と、次の名前のみが挙げられている場合とを併せて考えるべきであろう。

（4）売り手の名前だけが挙げられている場合

① グリーシャ（ペルシャの息子）から：8羽のガチョウ（12 а.）[105]
② シェミャーカから：5羽のガチョウ（9 а.）[106]
③ スチェパンコから：雌牛（0.5 р.）[107]
④ マクシムの息子イヴァンから：478.75プードの蜂蜜（159.5 р.）[108]
⑤ マクシムの従僕セメンから：400プードの蜂蜜（40000 д.）[109]
⑥ マクシムの息子ボージェンとセメンから：蜂蜜（40000 д.）[110]
⑦ セメン・クリヴォフヴォストから：0.5プードのバター（39 д.）[111]
⑧ ドミトリー・ボシコフから：91.5プードの塩（2287 д.）[112]
⑨ フョードル・テリャシンから：28本の丸太（6 а.2 д.）[113]
⑩ ピョートル・モロゾフの従僕イヴァン・ショルディヴィーから：丸太（3 р.）[114]

第4章　ヨシフ・ヴォロコラムスキー修道院による財の購入

⑪ルカの息子アレクセイから：柄杓用の木材（0.5 p.）[115]
⑫マルガから：150個の大中の鉢と30個の小鉢（20 a.）[116]
⑬セメン・ストゥピシンから：小鉢（3 p.）[117]
⑭ジェガルから：スプーンを100個（50 д.）[118]
⑮シェヴリーガから：350枚の金箔（120 д.）[119]
⑯ヴォリチェムとメンシクから：荷車2台分の石炭（8 a.4 д.）[120]

⑦のセメン・クリヴォフヴォストや⑮のシェヴリーガは、第2章で触れたように、度々保証人として登場している人物である。また、⑫のマルガも、臨時的雇用者として登場している。

（5）売り手の職業及び名前あるいは職業だけが挙げられている場合[121]
①テーブルクロス織工のジェニスから：テーブルクロス（8 a.）[122]
②ろうそく製造人のパーヴェルから：3枚のラシャ（2 p.2 г.）[123]
③鞍師のイストマから：皮革の切れ端（12 д.）[124]
④製革工から：新しい皮革と古い皮革を併せて20枚（80 д.）[125]
⑤手工業者ガヴリールから：大皿3枚と釜（240 д.）[126]
⑥手工業者から：外套を16着（29 a.2 д.）とシューバを2着（20 д.）[127]

ジェニスやイストマは、オブローク受領者としても登場している人物である。そして、ここに挙げた手工業者からの購入という事例は、多くはないが、当時のロシア社会において手工業が広範に展開していたことを推測させるものである。
　全体として、個人名の記載という点に注目した場合、特定の個人からの、恒常的な購入という背景があって、人名が記載されることになったと思われる。

第4節　購入の目的

　では、当該修道院は、どのような目的で前述のような財を購入していたのだろうか。購入の目的が明記されている場合を挙げてみると、
（1）修道院の屋敷地あるいは建物のために

第4章　ヨシフ・ヴォロコラムスキー修道院による財の購入

　　雌牛[128]、薄板[129]、錠[130]
　（2）修道士のために
　　白パン[131]、チーズ[132]、キノコ[133]、チョウザメとベルーガの肉[134]、卵[135]
　（3）修道院のために
　　たまご[136]、キャベツ[137]、牛肉[138]、羊[139]、ネギの種子[140]
　（4）修道院の需要のために
　　蜂蜜[141]、ラシャ[142]、キャベツ[143]、麻実油[144]、鮮魚[145]、けし[146]
　（5）修道院長のために
　　白パン[147]、鞍用の羊の毛皮[148]、長靴用の羊の毛皮[149]、ストッキング用の羊の毛皮[150]、シューバ用の羊の毛皮[151]、爪磨き[152]
　（6）修道院長の訪問に備えて
　　ニシン[153]、キュウリ[154]
　（7）馬の飼料として
　　単に飼料と表現されたり、干草、燕麦、草と表現されたりしている[155]。
　（8）厩の必要品として
　　鐙・紡糸・革ひもなど[156]、轡・留め金・羊のなめし皮・牛のなめし皮・釘[157]
　（9）製粉所用に
　　製粉所のふいご用に手織の麻布[158]、潤滑油[159]
　（10）菜園用に
　　種子[160]
　（11）大公のために
　　聖像[161]、黒貂の毛皮[162]
　（12）大公の訪問に備えて
　　蜂蜜[163]、白パン[164]、小麦[165]、カワカマスとスズキ[166]、チョウザメ18尾[167]、白身魚とチョウザメ[168]、ニシン[169]、魚と荷車[170]、聖像[171]

　これらの事例のほか、斎期直前の日に備えてバター[172]や肉[173]を、キリスト聖誕祭に備えて鮮魚[174]を、復活大祭後3週目の水曜日に備えて白パン[175]を、生神女福音祭に備えて香ばしい樹脂と香[176]を、ノヴゴロドの大主教のために白パン[177]を、府主教のために鮮魚[178]を、リャザンの大主教のために羊の毛皮[179]を、書記のために白パンと子豚[180]、ガチョウ[181]、にわとり[182]、外套[183]を、うまや主任のために馬

第4章　ヨシフ・ヴォロコラムスキー修道院による財の購入

具[184]や皮革[185]を、手工業者のために淡水魚[186]を、追悼会用に白パン[187]を、それぞれ購入している。

　また、購入の目的は記載されていないが、馬の飼料を購入したと思われるものとして、カルーガでのわらあるいは干草と燕麦の購入[188]、ヤロスラヴリでの燕麦の購入[189]、モスクワでの干草あるいは燕麦の購入[190]、ノヴゴロドでの燕麦の購入[191]、トヴェーリでの干草の購入[192]、ベルコヴォ村に出かけた折の干草と燕麦の購入[193]、ベーリ村での干草と燕麦の購入[194]、スタリツァでの干草の購入[195]などを挙げることができる。

　これらの数少ない事例から、当該修道院の購入の目的を全面的に判断することは難しいが、ここに挙げた事例も、購入物そのものからも判断できるように、修道院内での消費あるいは利用のため、宗教上の儀式のため、大公に対する饗応のため、馬の飼料用であることを示しており、購入物の売却、すなわち当該修道院の商行為を示唆するものではない。

[1] 香辛料については、国内で産出されないことから、当然、外国からの輸入であろう。16世紀半ばには、北極海周りでキャセイ（中国）への道を求めて航海に出たイギリス人が、難破の後、北ドヴィナ川河口に漂着した結果、イギリスとの交易が開かれ、イギリスにはロシア会社が設立された。続いて、オランダ人商人も白海に引き寄せられ、1584年には北ドヴィナ川河口にアルハンゲリスク港が建設された。
　当時のイギリスとオランダは香辛料貿易を競っており、彼らを通して香辛料がロシアにもたらされたことは十分考えられる。当時、西ヨーロッパからロシアへの輸入品として重要な位置を占めていたのは、絹織物、武器、貴金属、ラシャ、奢侈品であり、ロシアからは、毛皮、皮革、大麻、蜜蝋、穀物が輸出されていた。また、アストラハンを通して東方諸国からの輸入も活発で、絹織物、さまざまな織物、香辛料、奢侈品が輸入され、毛皮、皮革、手工業製品が輸出されていた（Чунтулов В. Т., Кривцова Н. С., Чунтулов А. В., Тюшев В. А. Экономическая история СССР. М., 1987.С.34）。
　なお、これらの購入物の中には、修道院においてオブローク受領者による生産が見られる財として、皮革製品、靴、鞍、テーブルクロス、ストッキング、荷車、桶、スプーン、錠前、衣服類、魚などがあり、これらは購入物と重複している。これらの財については、需要がオブローク受領者の生産する量あるいは捕獲する量では充足されていないことを示していると思われる。また、注文による入手が支出帳簿中に記載されている点も無視できない。
[2] ВХКПРК, С. 64, 169, 229.
[3] Там же, С. 168.
[4] Там же, С. 64, 169.
[5] Там же, С. 226.
[6] Там же, С. 59, 117.
[7] Там же, С. 64.
[8] Там же, С. 110.
[9] Там же, С. 28, 30.
[10] Там же, С.166.
[11] Там же, С. 69.
[12] Там же, С. 75.

第4章　ヨシフ・ヴォロコラムスキー修道院による財の購入

[13] Там же, С. 66.
[14] Там же, С. 113.
[15] Там же, С. 219.
[16] Там же, С. 69.
[17] Там же, С.159.
[18] Там же, С. 163.
[19] Там же, С. 172.
[20] Там же, С. 45, 82.
[21] Там же, С. 63.
[22] Там же, С. 119.
[23] Там же, С. 25, 28, 32, 41, 42, 46, 62, 76, 110, 111, 115, 120, 121, 159, 175, 177, 211, 212, 217, 218, 223, 226, 227, 229.
[24] Там же, С. 220, 223, 224.
[25] Там же, С. 25-27. 最初は、購入者として修道士セルゲイが、2番目には修道士キリルが、3番目には修道士ヤキムが登場しており、3番目についてはブジャロフスカヤ・ヴォロスチに属する村であると思われる。
[26] Там же, С. 27.
[27] Там же, С. 169.
[28] Там же, С. 28, 30, 34-37, 39, 41-43, 48, 49, 55, 56, 59-61, 63, 66, 67, 70, 71, 73-78, 82, 83, 109-114, 116, 118, 119, 122, 124-131, 162, 164, 166-168, 172, 173, 180, 181, 205, 208, 212, 215, 217-21, 223-5, 227, 228.
[29] Там же, С. 28, 30-33, 35-36, 38, 40, 41, 44, 47, 49, 52, 54, 56, 59, 61, 62, 65, 68, 72-74, 79, 80, 82, 109, 110, 112, 113, 115, 116, 118, 120, 122, 123, 126, 127, 129, 130, 158-161, 164-170, 173-178, 205, 207-9, 211-3, 215, 217, 221-3, 227, 228.
[30] Там же, С. 32, 34, 38, 44, 53, 54, 59, 64, 66, 71, 73, 108, 123, 176, 178, 180, 207-9, 225, 226.
[31] Там же, С. 47, 70, 214.
[32] Там же, С. 29, 31, 40, 45, 114.
[33] Там же, С. 26, 172, 207, 226.
[34] Там же, С. 39, 44, 114, 226.
[35] Там же, С. 28.
[36] Там же, С. 28, 109, 111, 127, 128, 160, 207.
[37] Там же, С. 30, 83, 129, 159, 164, 168, 174, 179, 209-12, 220, 223.
[38] Там же, С. 42, 111, 128, 160, 173, 207, 210.
[39] Там же, С. 62, 68, 119, 121, 122.
[40] Там же, С. 43, 50, 71, 123, 124, 128, 176.
[41] Там же, С. 68, 113, 216, 220, 227.
[42] Там же, С. 220.
[43] Там же, С. 231.
[44] Там же, С. 63, 64, 75, 114, 225.
[45] Там же, Сс. 74, 123, 221, 227.
[46] Там же, С. 125, 126.
[47] ヴォロコラムスクについては1500年3月9日付の特許状（АФЗХ, ч. 2, № 26。この特許状でヴォロク公フョードルが当該修道院に下賜したもので、この屋敷地には、教会堂、木造家屋2棟、穀物倉2棟、物置、丸太作りの厩、2つの門、柱と柱の間を板塀で囲んだ館があった）、モジャイスク、スタリツァ、ウラジミール、ルジェフ、トヴェーリについては1585年8月28日付の免税特許状（Там же, № 380。ここでは、滞在のための屋敷地が存在する都市として挙げられている）を参照。なお、トヴェーリについては1521年12月15日付のヴァシーリー3世の下賜状（Там же, № 86）によって、スタリツァについては1534年1月9日付のスタリツァ公アンドレイの下賜状（Там же, № 129）によって、ドミトロフについては1534年1月28日付のイヴァン4世の下賜状（Там же, № 132）によって、それぞれ屋敷地が与えられている。

第 4 章　ヨシフ・ヴォロコラムスキー修道院による財の購入

モジャイスクについては、支出帳簿でも、すでに触れたように、修道院の屋敷地を垣で囲むために要した費用が記載されている（ВХКПРК, С. 28, 29）。

[48] Там же, С. 178.
[49] Там же, С. 215. また、単に«в ряду»という表現も見受けられる（Там же, с. 231）。
[50] ちなみに、АФЗиХ, Ч. 2 の、№ 25, 69, 80, 82, 102, 186 に登場している。
[51] Лавочные книги Новгорода-Великого 1583 г. Под ред. *Бахрушин С. В*. РАНИОН, М., 1930. 同店舗帳を分析したものとして、松木栄三「ノヴゴロドの市場　店舗台帳ノート」（『宇都宮大学教養学部研究報告』22-1、1989 年）を挙げることができる。
[52] 「私は、モスクワ市鍋物商店街に居住する商人ガヴリールの息子イヴァン・スヴェルチコフに 22 р .与える」（АФЗиХ, Ч. 2. № 429）。
[53] Там же, № 25. 1515 年 2 月 17 日付の特許状では、大きな魚網 2 つと漁具 5 個に加えて、魚網 5 つが使用できるものとして挙げられている（Там же, № 63）。なお、1557 年 4 月 2 日付のセリゲル湖での漁労に関する記録からの抜粋によると、ルジェフ郡クリチェンスカヤ・ヴォロスチの農民、リシチェンスカヤ・ヴォロスチの農民、オスタシコヴォ村の半分の府主教領の農民、オスタシコヴォ村のもう一つの半分であるヨシフ・ヴォロコラムスキー修道院領の農民、シモノフ修道院領であるロシコフ村の農民、オブローク村であるルジノ村の農民たちはセリゲル湖で年中、自分のために、好きな漁場で漁をすることが認められている。ただ、毎年、春、秋、冬の漁の代償として一定量の魚あるいはそれに代えて貨幣を大公に納めなければならなかった（Там же, № 268）。
[54] 帳簿への記載が毎日行われているとは考えにくく、まとめて記載されている可能性が高いことを考慮すると、回数の基準をどう設定すればよいのかという問題が生じるが、本書では、同日に記載されているときは 1 回と数えることにする。
[55] モスクワの場合、修道院の屋敷が存在し、そこに他の所から運ばれている場合もありえるから、帳簿に記載されていることを根拠に、モスクワで購入された財と理解することはできない。従って、モスクワ関係の財については、搬入されたことが明らかな場合には、購入回数から除いてある。
[56] Там же, № 380。
[57] ヴォロコラムスクのパン焼き職人が 2 回、「モジャイスクの人」という表現が 6 回登場しているが、具体的な名前は示されておらず、同一人物とは限らないので、除いている。
[58] ウスリーシロザケを除いた残りのものについては、オスタシコヴォ村の人ウスチンから購入している（ВХКПРК, С. 220, 223, 224）。
[59] 量的には、18 プードと 9 プードである（Там же, С. 226）。
[60] 蜂蜜の購入が目的で、干草は運搬用の馬の飼料である（Там же, С. 110）。
[61] コロムナとリャザンで購入されたものが一括して記載されている（Там же, с. 28）。
[62] АФЗиХ, Ч. 2, № 383.
[63] ВХКПРК, С. 53.
[64] Там же, С. 113.
[65] Там же, С. 41.
[66] Там же, С. 69.
[67] Там же, С. 77.
[68] Там же, С. 63.
[69] Там же, С. 169, 175.
[70] Там же, С. 53.
[71] Там же, С. 73.
[72] Там же, С. 117, 223, 224.
[73] Там же, С. 215.
[74] Там же, С. 221.
[75] Там же, С. 70. コイダノフスコエ村については、所在する郡名も、当該修道院領であるのかどうかも、不明であるが、村名が付されていること、また売り手が農民であることを考慮して、当該修道院領の中に含めておきたい。

第4章　ヨシフ・ヴォロコラムスキー修道院による財の購入

[76] Там же, С. 121.
[77] Там же, С. 75.
[78] Там же, С. 220.
[79] Там же, С. 64.
[80] Там же, С. 174.
[81] Там же, Сс. 215.
[82] Там же, Сс. 225.
[83] Там же, С. 115.
[84] Там же, С. 112.
[85] Там же, С. 55, 77.
[86] Там же, С. 57, 74, 119.
[87] Там же, С. 72, 74, 112. 最後の記載では、「オリムピーと仲間たち」という表現がされている。
[88] Там же, С. 74, 119.
[89] Там же, С. 76.
[90] Там же, С. 37, 39, 40.
[91] Там же, С. 173.
[92] Там же, С. 165-166.
[93] Там же, С. 221.
[94] Там же, С. 43.
[95] Там же, С. 40.
[96] Там же, С. 225.
[97] そういう意味で、モジャイスクの商品流通上の意義を検討することが必要であろう。
[98] Там же, С. 66.
[99] Там же, С. 112.
[100] Там же, С. 41, 67. 前者のパン焼き職人と後者のパン焼き職人が同一人物であるかどうかは、不明である。なお、この買い物は、大公の訪問に備えてのものである。
[101] Там же, С. 33.
[102] Там же, С. 56, 73, 122.
[103] Там же, С. 174.
[104] Там же, С. 222. ミージノフは、1575年12月26日付で寄進者としても登場しており、その折には、「ゴスチ」とされていて、50p.という多額の寄進を行っている（Там же, С. 93）。なお、ミージノフについては、拙稿「ミージノフ家をめぐって－16世紀ロシアの商工業者たち－」（木村尚三郎編『学問への旅　ヨーロッパ中世』、山川出版社、2000年）を参照されたい。
[105] Там же.
[106] Там же, С. 62.
[107] Там же, С. 64.
[108] Там же, С. 179。
[109] Там же, С. 225.
[110] Там же. ここに登場しているボージェンは、前述のモスクワの人ボージェンと同一人物なのであろうか。購入物は蜂蜜という点で同一ではあるのだが、断言はできない。
[111] Там же, С. 226.
[112] Там же, С. 231.
[113] Там же, С. 57.
[114] Там же, С. 77-78.
[115] Там же, С. 176.
[116] Там же, С. 75.
[117] Там же, С. 53.
[118] Там же, С. 211.

第 4 章　ヨシフ・ヴォロコラムスキー修道院による財の購入

[119] Там же, С. 228.
[120] Там же, С. 76.
[121] 手工業者については、すでに触れたように、注文による購入が多くみられ、本来これらについてもすべて挙げるべきであろうが、本書では部分的なものにとどめた。
[122] Там же, С. 29.
[123] Там же, С. 34.
[124] Там же, С. 181.
[125] Там же, С. 216.
[126] Там же, С. 232.
[127] Там же, С. 29, 221.
[128] Там же, c. 64. イリイツィノ村とオトシチェヴォ村で購入している。
[129] Там же, С. 119. フォウストヴァ・ゴラ村で購入している。
[130] Там же, С. 215. ノーヴォエ村の穀物倉用に購入している。
[131] Там же, С. 72, 78, 109, 125, 180. そのうち 4 回はヴォロコラムスクで購入されており、金額としては 20 а.（120 д.）が 3 回、0.5 р.（100 д.）が 2 回となっている。
[132] Там же, С. 26. 0.5 р.（100 д.）分購入。
[133] Там же, С. 32. 4 а.（24 д.）分購入。
[134] Там же, С. 118. いずれもモスクワで購入しており、購入額は前者が 4 p.1 г.（820 д. 従って、1 尾につき 82 д.）、後者が 2 p.（400 д. 従って、1 切れにつき 8 д.）である。
[135] Там же, С. 230. 購入額は 200 д. である。
[136] Там же, С. 38, 39. 購入額は、それぞれ 9 а.3 д.、1 p.、2 г. である。
[137] Там же, С. 42. 購入額は 40 д. で、ヴォロコラムスククで購入している。
[138] Там же, С. 63. 購入額は 14 а.2 д. である。
[139] Там же, С. 117. 10 頭の羊を 1 p.（1 頭に付き 20 д.）で、ガヴリノ村で購入している。
[140] Там же, С. 163. 購入額は 12 а. である。
[141] Там же, С. 30, 225. 前者の場合、同時にラシャも購入されており、購入額は 100 p.、蜂蜜は 50 プード、購入場所はモジャイスクであり、後者の場合は、260.5 プード（23250 д.）をカルーガで購入している。
[142] Там же, С. 30, 164. 前者については、注 141 参照。後者については、110 枚のラシャを 90 p. 分、モジャイスクで購入している。
[143] Там же, С. 111. 2.25 p. 分をヴォロコラムスクで購入している。
[144] Там же, С. 225. カルーガで、1 樽（710 д.）購入している。
[145] Там же, С. 223. オスタシコヴォ村で、5138 д. 分購入している。
[146] Там же, С. 225. カルーガで、1 チェトヴェルチ分（132 д.）購入している。
[147] Там же, С. 67. これは、モスクワに出かける修道院長のためのもので、白パン 1 チェトヴェルチ（5 а.）をヴォロコラムスクで購入し、他に塩用に 40 p. と食費として 20 p. を用意している。
[148] Там же, С. 129, 130. 前者ではモスクワにおいて 51 д. で、後者ではヴォロコラムスク市において 20 д. で購入している。
[149] Там же, С. 223, 224. それぞれ 22 д.、34 д. で購入している。
[150] Там же, С. 178. 12 д. で購入している。
[151] Там же, С. 212. 192 д. 分をヴォロコラムスクで購入している。
[152] Там же, С. 209. 20 д. 支払って、トヴェーリで作らせたものである。
[153] Там же, С. 109. 20 а. 分をモスクワで購入している。
[154] Там же.　2 г. 分をモスクワで購入している。
[155] Там же, С. 43, 44, 47, 54, 71, 110, 111, 114, 166, 216.　9 つの事例のうち、1 つを除いて、いずれも移動途中の、トヴェーリ、ヴャジマ、スタリツァ、ヤロスラヴリ、トルジョーク、ベーリ村（これは修道院領）、あるいは修道院長が大公を迎えるためにミクリノに出かけた際、あるいはモスクワでの購入である。
[156] Там же, С. 33. その他、既に必要な予備のものを含めて 400 д. で、モスクワで購入してい

195

第4章 ヨシフ・ヴォロコラムスキー修道院による財の購入

る。
[157] Там же, С. 164. モジャイスクで、2 р .2 д .分購入している。
[158] Там же, С. 77.　2 а .で購入している。
[159] Там же, С. 123.　1 樽分を 20 а .で、トヴェーリで購入している。
[160] Там же, С. 28.　モスクワにある修道院の菜園用に、7 а .2 д .分購入している。
[161] Там же, С. 207-8. モスクワで 3 個購入している（300 д .）。
[162] Там же, С. 118.　モスクワで 120 皮購入している（14000 д .）。
[163] Там же, С. 40, 110. 前者ではズブツォフで 91.25 プード（54.5 р .）、モジャイスクの人から 13.75 プード（7.75 р .）購入し、後者では、107.5 プード（54 р .4 а .）をベーラヤで購入している。
[164] Там же, С. 41. ヴォロコラムスクでパン焼き職人から 2 チェーチ購入している（2 г .）。
[165] Там же, С. 216, 224. 前者では 300 д .分、後者では 68 д .分購入している。
[166] Там же, С. 42. 7 樽分（7 р .30 д .）をオスタシコヴォ村で購入し、ズブツォフに運んでいる。
[167] Там же, С. 207. リャザンで購入している（222 д .）。
[168] Там же, С. 210. ヤロスラヴリで白身魚 6 尾とチョウザメ 9 尾購入している（378 д .）。これらの魚を運搬するために、手押し車、馬用の首輪・頸木・尻帯・大麦を 115 д .で購入している。
[169] Там же, С. 210-11. オスタシコヴォ村で 5 樽購入している（1600 д .）。
[170] Там же, С. 207. ヤロスラヴリで購入している（860 д .）。
[171] Там же, С. 41. モスクワで 15 個購入している（722 д .）。
[172] Там же, С. 50.　1 р .分購入している。
[173] Там же, С. 54. モスクワで購入している（10 д .）。
[174] Там же, С. 62. オスタシコヴォ村で購入している（19.5 р .）。
[175] Там же, С. 82-83. ヴォロコラムスクで購入している（20 а .）。
[176] Там же, С.221. モスクワで購入している（60 д .）。
[177] Там же, С. 67. ヴォロコラムスクで購入している（4 а .）。
[178] Там же, С. 28.　1 р .分購入している。
[179] Там же, С. 131.　24 枚購入している（300 д .）。
[180] Там же, С. 70. スタリツァの書記のために、スタリツァで購入している（合計で 2.5 а .）。
[181] Там же, С. 62. シェミャーカから 5 羽購入している（9 а .）。
[182] Там же, С. 45. アンギロヴォ村で 3 羽購入している（6 д .）。
[183] Там же, С. 52.　240 д .で購入している。
[184] Там же, С. 26, 36. 前者では、樽、鐙、革ひも、腹帯、革を計 2 р .（400 д .）分、後者では、モスクワで、鞍、鞍の側革、鐙を計 1 р .分、をそれぞれ購入している。
[185] Там же, С. 71.　10 а .分購入している。
[186] Там же, С. 57.　2 а .分購入している。
[187] Там же, С. 217. 死後 3 日、9 日、20 日の追悼会用に、3 度 120 д .分購入している。
[188] Там же, С. 64, 75, 114. それぞれ、2 д .分、荷車 2 台分（1 г .）、11 д .分購入している。
[189] Там же, С. 128.　4 а .分購入されている。この時も、ヤロスラヴリでチョウザメ、白身魚などを購入している。
[190] Там же, С. 54, 79, 82, 120, 166. それぞれ、5 д .分の干草、1 а .分の干草、箱ぞり 3 台分（12 а .）の干草、2 а .2 д .分の燕麦、3 а .分の草を購入している。
[191] Там же, С. 68.　1 チェーチ購入している（2 а .2 д .）。
[192] Там же, С. 71, 108, 178, 226. それぞれ、荷車 1 台分（2.5 р .）、2 а .4 д .分、4 а .分、15 а .分購入している。
[193] Там же, С. 82.
[194] Там же, С. 113. 干草を 2 а .4 д .、燕麦を 2 а .2 д .購入している。
[195] Там же, С. 214. 手押し車 2 台分購入している（50 д .）。

終章　まとめと今後の課題

　本書では、オブローク受領者を中心に、臨時的な労働力をも含めて、ヨシフ・ヴォロコラムスキー修道院における雇用労働力の問題を検討すると共に、当該修道院による財の購入状況を検討してきたが、この章では、これを通して明らかになった点を示すと共に、当該修道院にとって外部に労働力及び財を求めることの意味、また、オブローク受領者にとって当該修道院に労働力を提供することの意味を探ると共に、これらが当時のロシア社会の中でどのように位置づけられるのかを考察し、今後に残された課題を示したい。

第 1 節　オブローク授受及び臨時的雇用の意義

　オブロークの授受によって受領者が拘束される期間は、中途で、あるいは 1 年未満という事例もあるが、大部分は 1 年であったと考えられる。そして、1 年が経過した後、オブローク受領者は、オブローク授受の関係を断ち切ってしまうことも可能であったし、継続することも可能であった。そのことが、1 年ごとのオブローク授受の更新という形に現れていると考えられる。ただ、結婚のため馬係を退いたフョードルの事例や、「逃亡した」と欄外に記入されている事例もある。とはいえ、オブローク受領者は修道院に従属した形で、固定的な関係を修道院と取り結んでいた、とは言えないのである。そのため、一方で、オブロークの授受が、断続的であったり、1 回限りであったりという事例が見受けられると同時に、他方で、同一人物が継続してオブローク受領者となっている事例も見受けられることになるのである。手工業者については、後者の場合が多い。
　また、オブローク受領者は、第 2 章第 1 節において列挙した事例の中にも示されているように、オブローク受領者の居住地が変わる場合もあり、居住地が固定していたわけでもなかった。
　では、オブローク授受の関係を結ぶことは、修道院にとって、また、人々にとって、どのような意味を持っていたのであろうか。

終章　まとめと今後の課題
1　修道院にとっての意義

　全体として、修道院にとっては、職種による違いが大きいものであったと思われる。
　衣食、という基本的な生活に不可欠の要素について、特に食については、領民から徴収する穀物などが重要な位置を占めていたであろうが、それでも、村によっては、教会の耕地（シェスタコヴォ村、コンドラトヴォ村、ベルコヴォ村、ポクロフスコエ村、ニコリスコエ村、ヴォルシノ村、スキルマノヴォ村、マモシノ村、ベーリ村、イヴァノフスコエ村、スパスコエ村）、修道院の草地（ノーヴォエ村）、修道院の干草（ベルコヴォ村、ポクロフスコエ村、ノーヴォエ村、ニコリスコエ村、ヴォルシノ村、スキルマノヴォ村、ベーリ村）があり、労働力を必要としていた。労働力の提供者が領民であったのか、オブローク受領者であったのか、という問題は、農奴制の問題とも関連するが、少なくとも当該修道院に関しては、第2章第5節で検討したように、後者による労働に部分的に依拠していたことは明らかである。また、この点は、牧畜に関連しても指摘できる点である。さらに、オブローク受領者の中に漁師も含まれていたことから、鮮魚の獲得についても、領主としてではなく、雇用主として、オブローク授受による労働力を確保する必要があったと思われる。そして、食材の確保に次いで必要なのは、調理である。これは、当然のことながら、修道院内で行われていたであろう。調理人もまた、オブローク授受によって確保されていた。衣については、裁縫師を確保している。その他の日常生活に必要なサーヴィスの確保についても、オブローク授受の果たした役割が大きい。
　そして、オブローク授受によって確保された手工業・漁業関係者が、人数的に考えて、生産あるいは捕獲されたものを販売して貨幣を入手する、という目的のために労働を提供していたとは考えられない。チホミーロフも指摘しているように、せいぜい当該修道院内の需要に当てるという程度のものであっただろう。そして、オブローク受領者のサーヴィスだけでは需要が充足されない場合、修道院は臨時的に他の雇用労働を導入するか、外部の市場に必要な者を求めるという方法を採っていたと思われる。
　次に、炉焚き人、屋敷番、各種の番人などは、修道士達が安全かつ快適な生活

終章　まとめと今後の課題

を享受するために必要なサーヴィスを提供するもの、あるいは修道院に課せられた国家的義務を代行するものと位置づけられるであろう。これらのサーヴィスは、手工業や漁業とは異なり、職業化していたとは考えられない、そういう意味では、単純なサーヴィスと言えるが、祈りを主体とする修道士たちの生活にとって、自らに代わってこれらのサーヴィスを提供してくれる人々の存在は不可欠であったと思われる。

2　オブローク受領者にとっての意義

　オブローク額は、職種によって違いはあるものの、手工業関係については、40年代及び50年代の年間 0.5 p. から、70年代及び80年代には 1 p. へと増加し、ストッキング製造工の場合は、80年代末に 40 a. へと増加していた。この 1 p. は、当時の人々にとってどれだけの価値があったのだろうか。支出帳簿に記載されている穀物価格は、次のようになっている。
　1 チェトヴェルチの小麦が、1573年のヴォロコラムスクでは 72 д.、76 д.、77 д.[1]、1574年3月のカルーガでは 46 д. であった[2]。ヴォロコラムスクとカルーガでは相当の開きがある。とはいえ、修道院では、穀物は、農民から納入されるものの他に、支出帳簿に記載されているように、小麦などの購入という形で、外部からも入手されていた。しかし、第1章第3節で触れたように、オブローク受領者に対して金銭とは別にライ麦と燕麦が与えられている事例もあるように、手工業者などが主食としていたのはライ麦と燕麦であった。そして、燕麦は飼料としての意味しか持っておらず、支出帳簿の記載でも明らかなように、干草とセットになって、馬用に購入されていた[3]。このような事情があるため、修道院の支出帳簿からライ麦と燕麦の購入価格を個別に知ることは難しい。
　それ故、これについては他の史料に頼らざるを得ないが、クルチェフスキーによると、1570年代のヴォログダでは、1 チェトヴェルチにつき、ライ麦が 20～25 д.、燕麦が（13 と 3 分の 1）д.、小麦が 24～40 д. であり、1560年のプスコフでは、それぞれ、（21 と 3 分の 1）д.、16 д.、44 д.、そして大麦が（26 と 3 分の 2）д. であった。小麦価格については、カルーガの価格がヴォログダの最高値とプスコフの価格に近いものとなっている。1587年にベロオーゼロでは、ライ麦が 84

終章　まとめと今後の課題

д.、燕麦が 56 д.であった。1589 年のノヴゴロドでは、ライ麦が 80 д.で、依然として高値が続いていた[4]。

では、当時の人々にとって、ライ麦と燕麦は、食料として、どれ位摂取する必要があったのであろうか。

ロシコフは、16 世紀の人々が必要としたライ麦と大麦の量を、当時の史料に基づいて推測し、農民の家族（夫婦と子供 2 人）は、通常の年で、少なくともライ麦 10 チェトヴェルチ、燕麦 4 チェトヴェルチを必要とした、との結論に達している[5]。スミスは、このロシコフの研究に依拠しつつ、17 世紀初めに関するヴェセロフスキーの研究をも援用して[6]、年間の消費モデルを作成している。これによると、大人 1 人につき、ライ麦 3 チェトヴェルチ（200 キログラム、1 日に 0.5 キログラム少し）と燕麦 2 チェトヴェルチが必要とされている[7]。

仮に、スミスの消費モデルを前提として、ライ麦と燕麦の価格を、それぞれ 25 д.と 16 д.と仮定し、人々はそれらを消費のために購入していたと考えた場合、大人 1 人がそれらの購入のために必要な金銭は、年間 107 д.となる。これは約 0.5 р.であり、70 年代のオブローク額 1 р.であれば、大人 2 人分がようやく年間に必要な食料を入手することのできる金額となる。子供がいた場合には、当然このオブローク額では不足するし、ライ麦と燕麦だけで生活が維持できるわけでもない。また、80 年代のライ麦と燕麦の価格として、前述のベロオーゼロのものを仮定した場合には、大人 1 人であっても、年間に必要なライ麦と燕麦を購入することさえ不可能となる。

したがって、オブローク額は、それだけでオブローク受領者の生活が維持できることを保証するような金額ではなかった、と考えざるを得ない。耕地を持っていたオブローク受領者の場合には、自己の耕地からもたらされる穀物によって補うことが可能であっただろうが、手工業者の場合には、耕地を持っていなかったと考えられるから、厳しい状況であったと推測せざるを得ない。

しかし、オブローク受領者の場合、修道院に労働力を提供することによって、現金を確実に入手することができたのである。これが、彼らにとって全く意味がなかったわけではないことも、また明らかであろう。だからこそ、オブローク受領者の継続性、親子での継承があり得たのであろう。オブローク受領者の継続性、親子での継承は、「逃亡」という表現から推測されるように、修道院への従属を示

200

終章　まとめと今後の課題

す可能性もある。が、そのような事例は稀であり、オブローク授受をオブローク受領者側から積極的に位置づけることも可能であると思われる。

　オブローク受領者を、オブロークのみに頼っていた人々であった、あるいは修道院との関わりのみに生活の基盤を置いていたとみなすことはできない。また、家族のうち、複数の人間がオブローク受領者となっている場合があることも、すでに触れた通りである。さらに、オブロークの授受に関わりなく、臨時的に雇用される機会も、この時期にはあり得たのである。

3　臨時的雇用の意義

　では、臨時的な雇用は、修道院にとってどういう意味を持っていたのだろうか。建築関係では、大規模な事業が行われる際に、大量の労働力を必要とし、臨時的に、オブローク受領者をも含めて、鍛冶工、大工、石工等を雇用するだけでなく、補助的な労働力をも確保していること、農業関係では農繁期に、牧畜業関係でも屋外での牧養が必要な時期に、それぞれ臨時的な雇用が見られること等が、明らかにされたように思われる。以上の職種を除くと、臨時的な雇用は目立ったものとはなっていない。むしろ、当該修道院は、外部から購入するという方法を採っていたと思われる。

　また、炉焚き人、番人、馬係、火掻き棒製造職人、木さじ製造職人、製塩業者、靴工、鞍師、テーブルクロス織工、ろくろ師、ストッキング製造工のように、オブローク受領者の職種としては登場しているが、臨時的な雇用は全く見られない職種もある。労働の性格によって分類すると、手工業関係を除いた炉焚き人、番人、馬係については、比較的労働の場と役割が明確であり、人数的にもオブローク受領者のみで修道院の需要を充たすことができたと思われる。手工業関係については、鞍師を除いて、比較的日常生活に密着した職種が多い。これらについては、人数的には多くないものの、日常的には、オブローク受領者のみで需要を充たすことができたと考えられる。

　では、臨時的雇用労働力とオブローク受領者との関係は、どうであったのだろうか。これについては、臨時的な雇用労働力の一部がオブローク受領者と重複している場合も見られた。そのような人物は、オブロークを受領しつつ、臨時的な

終章　まとめと今後の課題

労働に際しても、それに応じた報酬を受け取っていたということになる。これが顕著な職種は製革工で、それ以外の職種では、大規模な建築事業が行われる場合の大工の動員に見られる場合を除き、例外的である。

第2節　明らかとなった諸点

まず、オブローク受領者を含めた雇用労働力については、次の諸点が明らかになったと思われる。

第1に、40年代・50年代と70年代・80年代とを比較した場合、オブローク受領者の数が大幅に減少しているが、この要因の1つとして、修道院側が、都市と農村における市場を通しての購入、都市と農村に存在する大工をも含めた手工業者の利用という方向に転じたことを挙げることができる点

第2に、オブローク受領者には、継続性・継承性が見受けられるが、かれらの戸の所有、義務づけられた仕事以外の労働に対する報酬等を考慮した場合、それらはオブローク受領者の修道院への従属度の高さを示すものではなく、オブローク受領者の従属性は比較的緩やかなものであり、オブローク受領者側にとって有利な側面があったことの反映であり、その有利な側面の1つとして、固定的な現金収入としてのオブロークの受け取りを挙げることができるということ

第3に、手工業（大工関係を含む）あるいは漁業に従事するオブローク受領者は、村落において耕地の無い戸に居住していたこと

第4に、オブローク受領者を含めて、労働力提供者の多くは、修道院に比較的近いところに居住していたこと

第5に、手工業関係については、恒常的なオブローク授受による労働力の雇用から臨時的雇用あるいは外部の市場に依存する傾向が見られ、特に、大工の場合には、臨時的雇用が目立っており、例外は、屋敷番、炉焚き人、番人、牧畜関係、ジェチョーヌィシなどであるが、農業関係・牧畜関係についても、臨時的雇用が見られること

第6に、基本的には、修道院近郊の集落に居住しつつ、年間契約に基づく労働を提供しながら、臨時に必要とされる労働については、別途報酬を受け取っていたこと

第7に、オブローク額については、職種毎に上限はあるものの、各職種とも上昇傾向にあり、オブローク受領者を個別に見た場合にも、年を追う毎に上昇する傾向があること

以上である。

　また、財の購入については、支出帳簿に記載されている事項の紹介が中心となり、突っ込んだ分析にまで至ることができなかったが、都市と農村における財の購入が頻繁に支出帳簿に記載されており、購入されている財も多種多様であること、財の購入場所は周辺の都市及び農村に限定されず、財によっては遠方の都市あるいは農村でも購入されていることなどを明らかにすることができた。

　このように、当該修道院は、所領内であれ、所領外であれ、必要とする財を、必要とする地域で、購入という方法によって商品という形で入手していた。しかも、都市においてだけではなく、農村においても同様であった。そして、農民が売り手としても登場しているということ、農村内にも「市場」が存在していた可能性のあることが注目される点である。これは、特定の個人が売り手として登場していることをも併せて考えるとき、当時のロシア社会を理解する上で、留意しなければならない点であろう。

　購入物の品目という点では、魚類が多様で、量的にも多いこと、香辛料が頻繁に購入されていること、麻布、皮革類と行った衣料品関係、また、蜂蜜が大量かつ頻繁に購入されていること、白パンに代表される食料品の購入も頻繁に行われていたことなどが特徴的である。が、購入物が多種多様であることにこそ注目すべきであるかもしれない。

　当該修道院が財を購入する目的という点では、目的が明示されている場合には、当該修道院内での消費あるいは利用であることははっきりしているが、これだけで結論を出すことはできない。購入の目的を検討するには、購入された財の内容、消費財であったのか、生産財であったのか、を区別しつつ（ただし、消費財であったとしても、販売される可能性のあることを考慮しなければならないが）、収入帳簿の分析を行うことが必要である。収入帳簿を見る限りでは、購入物の販売を示す記載はきわめて少なく、しかも、馬のみである[8]。この背景としては、免税特許状の中でも言及されているように、修道院の需要のために購入する場合には関税は全く課せられないが、売却する場合には、通常の商人と同様に、課税される

終章　まとめと今後の課題

ことがあるとも推測される。いずれにせよ、当該修道院の場合、各地での商品の購入は販売を目的としたものであるとは考えられない。

このような点を踏まえると、この時期、当該修道院は、ある意味で自由な労働力と外部の市場にかなりの部分を依存し、当該修道院領に居住する人々も、かなりの自由を享受していたという結論が出てくる。これは、ホロープが依然として存在し、農民の移動が秋のユーリーの日の前後1週間に制限されるようになる16世紀後半のロシアの様相を考慮するとき、整合性が問われることなる。

そこで次に、残された課題について触れてみたい。

第3節　今後の課題

今後の課題として、次のような点を指摘することができるであろう。

第1に、本書の分析の中心となったのは当該修道院の支出面であり、収入面の分析が欠落していること。両方の面を総合することが必要であろう。財源問題とも関連して、収入帳簿の分析が必要となる[9]。

第2に、オブローク受領者は、領民としての側面を持っていたという点を無視することはできないこと。この点については、部分的に検討を加えたことがあるが[10]、1つのプリカースに限定されたものであり、全面的なものとはなっていない。当時の人々の生活を明らかにするためにも、再度の検討が必要であろう。

第3に、大工に典型的に見られる集団性の問題に注意を払うこと。これは、一般的には、手工業者の組織化の問題と関わっている。

第4に、第3章で言及したセメン・クリヴォフヴォストのように、オブローク受領者とはならないが、臨時的な労働力は提供しつつ、他方で保証人としても当該修道院との関わりを持っているという人物の存在の位置づけを明確にすること。

第5に、16世紀後半に農民が保証人となる事例がいくつか現れている点[11]、また、保証人が単に住民とされている事例[12]も見られる点をどう理解するのかということ。これについては、16世紀半ばにもヴァシーリーの事例があるが、後半になると、その数が増加している。このようなオブローク受領者の職種は、屋敷番が大半で、番人、炉焚き人、馬係が1例ずつとなっている。このような現象にも、当時の社会を検討する際には注目しなければならない。

終章　まとめと今後の課題

　第6に、ソートノエ・ピシモーを徹底的に利用しなければならないと思われること。なぜならば、これによって、人名と居住地を確認する事が可能となり、さらに寄進帳をも含めた帳簿類に記載されている人物と関連づけることも可能となる。

　第7に、当時のロシア社会の生産、流通、消費に関わる全体的な把握を行うことも視野に入れなければならない。その際には、ロシアもまた当時形成されつつあった国際貿易の新たな網の目に組み込まれつつあったのであるから、ロシア国内にとどまらず、ノヴゴロドへの外国商人の往来、モスクワでの香辛料の購入に見られるように、外国との交易も考慮しなければならない。

　このような作業を通して、16世紀半ば以降の当該修道院に関わる人々の具体的な姿を描き出すことができるのではないか、と考えている。

　さらに、当時のロシアにおいて最大の修道院のいくつか、とりわけトロイツェ・セルギエフ修道院などについて、同様の分析を行うことも今後の課題である。

[1] ВХКПРК, С. 30, 34、35。
[2] Там же, С. 75。
[3] Там же, С. 68, 113, 114, 120。
[4] *Ключевский В. О.* Русский рубль XVI-XVIII в. в его отношений к нынешнему. // ЧОИДР, 1884 г. К. 1, С. 31。
[5] *Рожков Н. А.* Сельское хозяйство Московской Руси в XVI веке. М., 1899 // Ученые записки Московского университета. Отдел историко-филологический, вып. 26, С. 260-1。
[6] *Веселовский С. Б.* Сошное письмо, Том 1, С. 163。
[7] R. E. F. Smith, *Peasant farming in Muscovy*, Cambridge University Press, 1977, p. 88。
[8] 購入物と明記されている事例としては、去勢馬の売却によって3 p.（ВХКПРК, С.133）、ニカンドルの購入した馬の売却によって7 p.（Там же, С. 136）を得ている2つを挙げることができる。
[9] 収入帳簿の検討については、別稿を準備している。
[10] 拙稿「16世紀末イオシフォ・ヴォロコラムスキー修道院領における農民負担」『研究年俸』（香川大学経済学部）第26号、1986年。63－117ページ。
[11] ①ボラシコヴォ村の屋敷番ニキートカに対する農民アンドレイ（ВХККДСВ, С. 290）
②モスクワ市の番人スチェパンコ（ラプシャの息子）に対するウスペンスコエ村の農民アンドレイ・スレゼチとイグナーティー（Там же, С. 243）
③ジェチョーヌィシのグリーシャ（ペトロフの息子）に対するコビィリャ・ルジャ部落の農民イストマ（Там же, С. 229）
④サヴェリイェヴォ村の屋敷番イヴァンに対する同村の農民イヴァン・アグレツ（Там же, С. 219）
⑤コンドラトヴォ村の屋敷番ミーシカ（フョードルの息子）に対する同村の農民イヴァン・ラスポブ（Там же, С. 253）
⑥ネヴェロヴォ村の屋敷番ミハイルに対するペルシノ部落の農民クジマ（Там же, С. 269）
⑦ブジャロヴォ村の屋敷番イヴァン（カルプの息子）に対するブジャロフスカヤ・ヴォロスチの農民ジェメンチェイとイストマ・ヴォルク（Там же, С. 197）
⑧料理人のイェルモライ（イヴァンの息子）に対するトゥーロヴォ村の農民セメン・ブカ（Там

終章　まとめと今後の課題

же, C. 203）
⑨ラグチノ村の屋敷番イシドール（ドミトリーの息子）に対するボロバノヴォ村の農民ナウム（パーヴェルの息子）（Там же, C. 246）
⑩レストヴィツィノ村の炉焚き人パホムカ（フョードルの息子）に対するログシノ村の農民フョードル（アルフェリーの息子）（Там же, C. 247）
⑪プィコヴォ村の屋敷番プロニカに対するブイゴロド村の農民フィリプ・グラザチェフスキー（Там же, C. 267）
⑫コンドラトヴォ村の屋敷番コスチャ（イェフィムの息子）に対するコンドラトヴォ村の農民マルチン（イヴァンの息子）（Там же, C. 269）
⑬トゥルィズノヴォ村の屋敷番マーカルに対する同村の農民メンシク（Там же, C. 246）
⑭ウスペンスコエ村の屋敷番フェディカ（ヨシフの息子）に対するロジオノヴォ部落の農民レヴォン（Там же, C. 268）
[12]①馬係ヴァシーリー・オフバートに対するノソヴォ部落の住民メンシク（Там же, C. 241）
②ボロバノヴォ村の屋敷番イシドール（ドミトリーの息子）に対するボロバノヴォ村の住民オフォナスとカルプ（Там же, C. 254, 267）
③シェスタコヴォ村の屋敷番コスチャ（イェフィムの息子）に対するペチャートチクのヴァシーリー（コプィルの息子）（Там же, C. 246）
④レストヴィツィノ村の屋敷番コスチャ（イェフィムの息子）に対するコンドラトヴォ村の住民ヴァフロメイ（セメンの息子）とフィリプ（アファナーシーの息子）（Там же, C. 254）

史料・参考文献

史料

1. Акты феодального землевладения и хозяйства XIV-XVI веков. Ч. 1. М., 1951.
2. Акты феодального землевладения и хозяйства XIV-XVI веков, Ч. 2. М., 1956.
3. Вотчинные хозяйственные книги XVI в. Ужино-умолотные книги Иосифо-Волоколамского монастыря 1590-1600 гг. / Под ред. *Манькова А. Г.* М., Л., 1976.
4. Вотчинные хозяйственные книги XVI в. Книги денежных сборов и выплат Иосифо-Волоколамского монастыря 1573-1595 гг. / Под ред. *Манькова А. Г.* М., Л., 1978.
5. Вотчинные хозяйственные книги XVI в. Приходные и расходные книги Иосифо-Волоколамского монастыря 70-80-х гг. / Под ред. *Манькова А. Г.* М., Л., 1980.
6. Вотчинные хозяйственные книги XVI в. Приходные и расходные книги Иосифо-Волоколамского монастыря 1580 - 90-х гг. / Под ред. Манькова А. Г. М., Л., 1987.
7. *Зимин А. А.* К истории восстания Болотникова// Исторические записки. К. 24. 1947. С. 353-385.
8. Книга ключей и Долговая книга Иосифо-Волоколамского монастыня XVI в./ Под ред. *М. Н. Тихомирова* и *А. А. Зимина*. М., Л., 1948.
9. Книга сошнаго письма 7137 года// Временник императорского Московского общества истории и древностей российских. К. 17. 1853. М., Смесь 33-65.
10. Лавочные книги Новгорода-Великого 1583 г. Под ред. *Бахрушин С. В.* РАНИОН, М., 1930.
11. Материалы по истории крестьян в русском государстве XVI века. Сборник документов. Подготовлен к печати *А. Г. Маньковым*. Л., 1955.
12. Монастырскин столовые обиходники// Чтения в Обществе истории и древностей российских при Московском университете. 1880. Кн. 3. С. 1-113.
13. Настольная книга для священно-церковно-служителей. / Составил преподаватель Харьковской Духовной Семинарии *С. В. Булгаков*. Изд. Второе. Харьков, 1900. (Photomechanischer Nachdruck der Akadmischen Druck-u. Verlagsanstalt. Graz/Ausuria. Printed in Austria.1965)
14. Писцовые материалы Ярославског уезда XVI века. Вотчинные земли. Составители: *Беликов В. Ю., Ермолаев С. С., Колычева Е. И.* С.-Перербург, 1999.
15. *Пронштейн А. П., Кияшко В. Я.* Хронология. Под редакцией чл.-корр. АН СССР Янина В. Л. М., 1981.
16. Рузский уезд по писцовой книге 1567-1569 годов. / Сост.: *Кистерев С. Н., Тимошина Л. А.* М., 1997.
17. *Маньков А. Г.* Хозяйственные кники монастырских вотчин 16 века как источник по истории крестьян// Проблемы источниковедения. Сб. 4. М., 1955. С. 287-306.
18. *Тимофеев Н.* Крестьянские выходы конца XVI в. // Исторический архив. Кн. 2, М.-Л., 1939. С. 61-91.

史料・参考文献
参考文献

1. *Аврамович Г. В.* Государственные повинности владельческих крестьян Северо-Западной Руси в XVI-первой четверти XVII века// История СССР. 1972. № 3. С. 65-84.
2. *Его же*, Об изучении писцовых книг XV-XVI вв.// Советская историография аграрной истории СССР (до 1917).   Кищгев. 1978. С. 251-253.
3. *Анпилогов Г. Н.* К изучению переписных материалов студентами-историками (Некоторые методические замечания и наблюдения)// Вестник Московского университета, 1975. № 4. С. 61-76.
4. Очерки русской культуры XVI века. Ч. 1. Материальная культура. Под ред. *Арциховского А. В.*. М., 1977. С. 226-228
5. *Бахрушин С. В.* Научные труды.Т. I. Очерки по истории ремесла, торговли и городов русского централизованного государства XVI–начала XVII в. М., 1952.
6. *Веселовский С. Б.* Феодальное землевладение в Северо-Восточной Руси. Т. 1, М., Л., 1947.
7. *Водарский Я. Е.* Паселение России в конце XVII- начале XVIII века (Чиссленность, сословно-классовый составб размещение). М., 1977.
8. *Голикова Н. Б.* Привилегированные купеческие корпорации России XVI – первой четверти XVIII в. Т. 1. М., 1998.
9. *Горская Н. А.* Урожайность зерновых культур в центральной части Русского государства в концначалу.// Ежегодник по аграрной истории Восточной Европы 1961 г.. Рига. 1963. С. 147-164.
10. *Его же*, Товарность зернового земледелия в хозяйствах монастырских вотчин центра Русского государства в гсходы XVI- началу XVII в.// Ежегодник по аграрной истории Восточной Европы 1962 г. Минск. 1964. С. 124-140.
11. *Его же*, Обработка зерна и зернопродуктов в центральчасти Русского государства во второй половине XVI – начале XVII в.//Материалы по истории сельского хозяйства и крестьянства СССР. Сб. 6. М., 1965. С. 36-63.
12. *Его же*, Зерновые культуры и их территориальное распределение в центре Русского государства к концу XVI – началу XVII в.// Материалы по историисельского хозяйства и крестьянства СССР. Сб. 7. М., 1968. С. 7-22.
13. *Его же*, Монастырские крестьяне Центральной России в 17 веке. М., 1977.
14. *Готье Ю. В.* Замосковный край в XVII веке. Опыт исследования по истории экономического быта Московской Руси. Второе просмотренное издание. М., 1937.
15. *Греков Б. Д.* Крестьяне на Руси с древнейших времен до XVII века.М.- Л., 1946.
16. *Его же.* Монастырские детеныши// Вопросы истории. 1948. № 5-6. С. 74-84.
17. *Дегтярев А. Я.* Советская историография сельского расселения феодальной Руси (XV – XVII вв.)// Генезис и развитие феодализма в России. К 75 – летию со дня рождения проф. В. В. Мавродина. Л., 1983,
18. *Дьяконов* М. Очерки изъ истории сельскаго населенія въ московскоъ государстве (XVI – XVII вв.), С-Петербургъ, 1898 (Slavistic Printings and Reprintings 210. Ed. By C. H. Van Schooneveld. Mouton, 1969), С. 295−321
19. *Ерошкин Н. П.* История государственных учреждений дореволбционной России, Издание третье, переработанное и дополненное. М., 1983.
20. *Зимин А. А.* Княжеские духовные грамоты начала XVI в. // Исторические записки. 1948. Кн. 27.
21. *Его же.* О сложении приказной систеьы на Руси// Доклады и сообщения института истории. Вып. 3. М., 1954. С. 164-176.
22. *Его же.* Хозяйственный кризис 60-70-х годов XVI в. и русское крестьянство//

Материалы по истории хозяйства и крестьянства СССР. Сб. 5. М., 1962, С. 11-20.
23. *Его же.* Крупная феодальная вотчина и социально-политическая борьба в России (конец XV – XVI в). М., 1977.
24. *Его же.* О дипломатике жалованных грамот Иосифо-Волоколамского монастыря XVI в. // Актовое источниковедение. Сб. Статей. М., 1979.
25. *Золотухина Н. М.* Иосиф Волоцкий. М., 1981.
26. *Каштанов Е. А.* О приемах исследования некоторых приправочных книг второй половины XVI века// Вестник Московского университета. 1976. № 2. С. 61-77.
27. *Каштанов С. М.* Социально-политическая история России конца XV– первой половины XVI в. М., 1967.
28. *Его же.* Очерки русской дипломатики. М., 1970.
29. *Киселев Е. А.* О приемах исследования некоторых приправочных книг второй половины XVI века// Вестник Московского университета. 1976. № 2, С. 61-77.
30. *Ключевский В. О.* Русский рубль XVI- XVIII в. в его отношений к нынешнему.// ЧОИДР, 1884 г. к. 1.
31. *Колычева Е. И.* Податное обложение в центральных уездах России// Россия на путях централизации. М., 1982. С. 107-115.
32. *Ее же,* Вытное письмо и феодальная рента в дворцовых хозяйствахв.// Проблемы социально-экономической истории феодальной России. М., 1984. С. 261-270.
33. *Лаппо-Данилевский А. С.* Организация прямого обложения въ Московском государстве со времен смуты до эпохи преобразований. С.-Петербургъ, 1890 (Slavistic Printings and Reprintings. 136, 1969).
34. *Маньков А. Г.* Хозяйственные книги монастырских вотчин XVI века как источник по истории крестьян// Проблемы источниковедения. Сб. 4. М., 1955. С. 287-306.
35. *Его же.* Развитие крепостного права в России во второй половине XVII века. М., Л., 1962.
36. *Милов Л. В.* Методологические проблемы источниковедения писцовых книг (О концепции С. Б. Веселовского)// История СССР. 1978. № 2. С. 127-142.
37. *Никитский А. Н.* Къ вопросу о мерахъ въ древней Руси// Журнал Министерства Народного Просвещения. 1894. № 4. С. 373-420,
38. *Павлов-Сильванский В. Б.* К историографии источниковедения писцовых книг («Приправочные книги»)// История СССР. 1976. № 5. С. 99-118.
39. *Его же,* Писцовые книги России XVI в. М., 1991.
40. *Петровский Н. А.* Словарь русских личных имен, М., 1984.
41. *Поведимова Г. А.* К вопросу о стабильности сельского вотчины в 16 в.// Вопросы экономики и классовых отношений в Русском государстве XII-XVIII вв.. М.-Л., 1960. С.172-190.
42. *Преображенский А. А., Перхавко В. Б.* Кузечество Руси. IX-XVII века. Екатеринбург, 1997.
4. *Рожков Н. А.* Сельское хозяйство Московской Руси в XVI веке. // Ученые записки Московского университета. Отдел историко-филологический. Вып. 26. М., 1899.
44. *Рыбаков Б. А.* Ремесло древней Руси. М., 1948.
45. *Седов В. В.* Сельские поселения центральных районов Смоленской земли// Материалы и исследования по археологии СССР. № 92. М., 1960.
46. *Смирнов П. П.* Посадские люди и их классовая борьба до середины века, т.1, т. 2, М., Л., 1947 · 48.

47. *Тихомиров М. И.* Монастырь-вотчинник XVI в.// Исторические записки. Кн. 3. 1938. С. 130-160.
48. *Устюгов Н. В.* Очерки древнерусской метрологии// Исторические записки. Т. 19. С. 294-348.
49. *Хромов П. А.* Экономическая история СССР. Первобытно-общинный и феодальный способы производства в России. Учебное пособие для вузов. М., 1988.
50. *Его же*, Очерки экономики докапииалистической России. М., 1988. С.113-136.
51. *Чернов С. З.* Волок Ламский в XIV – первой половине XVI в. Стуруктуры землевладения и формирование военно-служилой корпорации. М., 1998.
52. *Чунтулов В. Т., Кривцова Н.С., Чунтулов А. В., Тюшев В. А.* Экономическая история СССР. М., 1987.С.32-34.
53. *Шапиро А. Л.* Переход от повытной к повенечной системе обложения крестьян владльческими повинностями// Ежегодник по аграрной истории Восточной Европы 1960 г.. С. 207-217.
54. *Щепетов К. Н.* Сельское хозяйство во вотчинах Иосифо-Волоколамского монастыря в конце XVI в.// Исторические записки. 1947. Кн. 18. С. 92-147.
55. R. H. Smith, *Peasant Farming in Muscovy,* Cambridge University Press, 1977.
56. 浅野明「16世紀前半期ロシアの知行地制―ノヴゴロド地方の事例研究―」、『西洋史研究』(東北大)新輯第12号、1983年。
57. 同「イヴァン雷帝期ロシアの知行地制―ノヴゴロド地方の事例研究―」、『史学雑誌』第94篇第7号、1985年。
58. 「16世紀後半モスクワ国家の西方進出―リヴォニア戦争前夜のロシアとスウェーデン―」佐藤伊久男編『ヨーロッパにおける統合的諸権力の構造と展開』創文社、1994年。
59. 網野善彦「歴史叙述の変容」、『歴史解読の視座』(神奈川大学評論叢書第2巻)、御茶の水書房、1993年、3－11ページ。
60. 石戸谷重郎「1550年法典第88条と16世紀後半ロシアの農民移転」、『奈良教育大学紀要』、第26巻第1号、1977年。
同「16世紀ロシアの土地記載文書」、『奈良教育大学紀要』、第27巻第1号、1978年。
61. 同「中世ロシア都市論」、『歴史学研究』、第471号、1979年。
62. 同『ロシアのホロープ』、大明堂、1980年。
63. 泉雅博「新しい歴史解読の視座を求めて」、『歴史解読の視座』(神奈川大学評論叢書第2巻)、御茶の水書房、1993年、169－189ページ。
64. 伊藤昌太「封建制成立期ロシアの農業構造――つの試論―」、『歴史』、第29号、1965年。
65. 伊東秀征「ロシアのナルヴァ領有と対西欧貿易－1558～1581年－」『北欧史研究』3、1984年。
66. 同「リチャード・チャンセラーの北東航路探検とロシアの『発見』」『ロシア史研究』40、1984年。
67. 同「探検者とモスクワ会社」『北陸史学』34、1985年。
68. 同「オシップ・ネピアの訪英と英露関係の確立」『北陸史学』35、1986年。
69. 小野寺利行「中世ノヴゴロドにおける『外人裁判』の変遷とハンザ商館の衰退」『駿台史学』101、1997年。
70. 栗生沢猛夫「ヨシフ＝ヴォロツキーの政治理論―モスクワ・ロシアの政治思想史研究序説―」(1)(2)『スラヴ研究』第16・17号、1972-3年。
71. 同「《нестяжатель》研究とその問題点」『史学雑誌』第83編第1号、1974年。
72. 同「モスクワ第三ローマ理念考」金子幸彦編『ロシアの思想と文学』恒文社、1977年。
73. 同「ロシアの『後進性』について－G. Rozman のロシア都市発達史に関する

近業をめぐって-」『人文研究』(小樽商科大学) 第54号、1977年。
74. 同「ロシア中世都市をめぐる若干の問題点-キーエフ・ルーシにおける都市の発生とその史的展開について」『史学雑誌』第88編第1号、1979年。
75. 同「モスクワ国家と都市民—ポサード民をめぐる状況と彼らの戦い—」、『西洋史研究』(東北大)新編第16号、1987年。
76. 同「モスクワ国家と都市民-ポサード民をめぐる状況と彼らの戦い-」『西洋史研究』(東北大)新輯第16号、1987年。
77. 鈴木健夫「農奴解放後モスクワ県の農村共同体-営業活動と共同体-」、『早稲田政治経済雑誌』、第280・281合併号、1985年。
78. 田中陽児・倉持俊一・和田春樹編世界歴史大系『ロシア史』1、山川出版社、1995年。
79. 田辺三千広「ヨーシフ・ヴォロツキーの『修道院規則』簡素版 (Ⅰ)」『史学』第50巻、1980年。
80. 同「ヨーシフ・ヴォロツキーの『修道院規則』簡素版 (Ⅱ)-試訳 (上)」『史学』第54巻第2・3号、1984年。
81. 同「ヨーシフ・ヴォロツキーの『修道院規則』簡素版 (Ⅲ)-試訳 (下)」『史学』第58巻第2・3号、1989年。
82. 鳥山成人『ロシア・東欧の国家と社会』恒文社、1985年。
83. 細川滋「16世紀ロシアの所領構造」、『香川大学経済論叢』、第56巻第1号、1983年。
84. 同「16世紀末イオシフォ・ヴォロコラムスキー修道院領における農民負担」、『研究年報』(香川大学経済学部)、第26号、1986年。
85. 同「ロシア統一国家形成期の農村」、『ロシア史研究』第44号、1986年。
86. 同「16世紀後半のヨシフ=ヴォロコラムスキー修道院領における雇傭労働力」(1)、『香川大学経済論叢』第64号第1号、1991年。
87. 同「16世紀後半のヨシフ=ヴォロコラムスキー修道院領における雇傭労働力」(2)、『香川大学経済論叢』第64巻第2・3号、1991年。
88. 同「16世紀半ばのヨシフ=ヴォロコラムスキー修道院領における雇用労働力について」、『香川大学経済論叢』第66巻第3号、1993年。
89. 同「16世紀半ばのヨシフ=ヴォロコラムスキー修道院領における雇用動力について」、樺山紘一編『西洋中世像の革新』、刀水書房、1995年。
90. 同「16世紀後半のロシアにおける修道院の財の購入」、『香川大学経済論叢』第70巻第3号、1997年。
91. 同「ミージノフ家をめぐって-16世紀ロシアの商工業者たち-」、木村尚三郎編『学問への旅 ヨーロッパ中世』山川出版社、2000年。
92. 松木栄三「16世紀ノヴゴロドの都市住民と地域共同体」『歴史学研究』第547号、1985年
93. 同「白樺の手紙-ロシア中世都市民の生活から」『窓』第53号、1985年
94. 同「中世ノヴゴロドの街区について」『宇都宮大学教養部研究報告』第21巻第1号、1988年。
95. 同「中世ノヴゴロドの市場 店舗台帳ノート」、『宇都宮大学教養部研究報告』第22巻第1号、1989年。
96. 吉田俊則「ロシアにおける中央集権化と地方社会-いわゆるグバー制度の導入過程をめぐって-」、『スラヴ研究』、第32号、1985年。
97. 同「中央集権化ロシアの地方制度」、『ロシア史研究』第43号、1986年。

あとがき

　教職に就いてから本年の4月で、22年が過ぎようとしている。この間、琉球大学法文学部で1978年4月から1982年8月までの4年5ヶ月を過ごし、1982年9月以降今日までの約18年近く、香川大学経済学部に籍を置いている。

　今回、香川大学経済学部研究叢書の1冊としてまとめた本書は、香川大学経済学部へ移籍して以降、ヨシフ・ヴォロコラムスキー修道院の文書を主たる史料としてこれまで発表してきた以下の論文を土台に、大幅な組み替えを行ってまとめたものである。

① 「16世紀末イオシフォ・ヴォロコラムスキー修道院領における農民負担」、『研究年報』(香川大学経済学部)、26、1987年3月、63-117頁。
② 「ロシア統一国家形成期の農村」、『ロシア史研究』No.44、1986年12月、2-35頁。
③ 「16世紀後半のヨシフ＝ヴォロコラムスキー修道院領における雇傭労働力」(1)、『香川大学経済論叢』第64巻第1号、1991年6月、27-67頁。
④ 「16世紀後半のヨシフ＝ヴォロコラムスキー修道院領における雇傭労働力」(2)、同第64巻第2・3合併号、1991年11月、343-421頁。
⑤ 「16世紀半ばのヨシフ＝ヴォロコラムスキー修道院領における雇用労働力について」、同第66巻第3号、1993年12月、55-98頁。
⑥ 「16世紀半ばのヨシフ＝ヴォロコラムスキー修道院領における雇用動力について」、樺山紘一編『西洋中世像の革新』、刀水書房、1995年9月、209-231頁。
⑦ 「16世紀後半のロシアにおける修道院の財の購入」、『香川大学経済論叢』第70巻第3号、1997年12月、101-139頁。

　本来であれば、もう少し早くまとめなければならなかったが、香川大学経済学部へ移籍以降、香川県史、高松百年史、高松商工会議所110年史、丸亀市史などの編纂に関わることになり、専門分野での研究を思うように進めることができなかったこともあって、遅れることになってしまった。

　整合的な内容になっているかどうか、余りに叙述的であり過ぎるのではないか、と不安だらけであるが、ロシア前近代史研究にとって、ささやかではあっても貢献できるところがあれば幸甚である。

あとがき

　今回、本書をまとめる機会を与えていただいた香川大学経済学会に、また、信山社の袖山貴氏に厚くお礼申し上げたい。

　また、ロシア前近代史という、先生方にとって専門外の分野を研究対象とした、しかも落ちこぼれ気味の私を、学部の卒業論文作成時から懇切丁寧に、根気強く、時として厳しくご指導いただいた城戸毅先生、大学院時代以降、暖かく見守って下さり、ご指導いただいた故堀米庸三先生、木村尚三郎先生、樺山紘一先生、そして、ロシア前近代史の先達であり、いつも、適切なご助言と励ましを頂き、得難い史料・文献を快くお貸しいただいた田中陽兒先生、故石戸谷重郎先生、鳥山成人先生、ロシア史への入口でご指導を頂いた米川哲夫先生、駒場時代のロシア語の恩師であり、私の研究に対してもご助言を頂いた中村嘉和先生に深い感謝を捧げたい。最も身近な先輩として、助言と史料・文献の紹介あるいは便宜を図っていただいた松木栄三先生、栗生沢猛夫先生、土肥恒之先生に巡り会えたこと、琉球大学法文学部史学科で金城正篤先生、照屋善彦先生にお会いできたこと、その後勤務することになった香川大学経済学部の自由で寛容な雰囲気の中で、良き先輩・同僚に囲まれて、遅々たるものではあっても、教育と研究を続けることができたこと、筆者にとって本当に幸いであった。

　最後に、妻陽子に深い感謝を捧げると同時に、本書を、あまりにも早く逝きすぎた、亡き父亨と兄学に捧げたい。

2000年3月

細川　滋

〈著者紹介〉

細川　滋（ほそかわ・しげる）

1948年　香川県に生まれる
1972年　東京大学文学部西洋史学科卒業
1978年　東京大学大学院人文科学研究科博士過程単位取得退学
1978年　琉球大学法文学部に勤務
1982年　香川大学経済学部に移籍
現　在　香川大学経済学部教授

[著書・論文]

『東欧世界の成立』（世界史リブレット）（山川出版社、1997年）「ロシア史」（佐藤影一＝池上俊一＝高山博　編『西洋中世史入門』名古屋大学出版会、2000年）、「ミージノフ家をめぐって――16世紀ロシアの商工業者たち」（木村尚三郎編『学問への旅－ヨーロッパ中世』山川出版社、2000年）、「16世紀半ばのヨシフ＝ヴォロコラムスキー修道院領における雇用動力について」（樺山紘一編『西洋史世像の革新』刀水書房、1995年）「ロシア統一国家形成期の農村」（『ロシア史研究』No.44、1986年）、「ロシア中央集権国家形成期の行政法と1497年法典――地方行政＝裁判をめぐって」（『歴史学研究』第493号、1981年）、「14世紀末――16世紀初めにおけるモスクワ候国の代官・郷司の権限」（『琉球大学法文学部紀要』史学・地理学編、第24号、1981年）、「14－15世紀モスクワ市の共同管理体制――その実態と変遷」（『琉大史学』第11号、1980年）ほか

〔香川大学経済研究叢書15〕

16世紀ロシアの修道院と人々

2002年3月20日　第1版第1刷発行　　1656-0101

著　者　細　川　　滋
編　者　香川大学経済研究所
　　　　〒760-8523 高松市幸町2番1号
　　　　　　ＴＥＬ 087（832）1950
　　　　　　ＦＡＸ 087（832）1952
発行者　香川大学経済学会
発行所　信山社出版株式会社
　　　　〒113-0033 東京都文京区本郷6-2-9-102
　　　　　　ＴＥＬ 03（3818）1019
　　　　　　ＦＡＸ 03（3838）0344

制作／㈱, 信山社、Ⓒ細川　滋、2002
印刷・エーヴィスシステムズ／製本・大三製本
ISBN4-7972-1656-5 C3333　1615-012-038-022
NDC 332.001

☆香川大学経済研究叢書既刊☆

1. 不安定性原理研究序説　　　　篠崎敏雄（昭和62年3月）
2. 地域経済の理論的研究　　　　井原健雄（昭和62年8月）
3. 『資本論』の競争論的再編　　安井修二（昭和62年9月）
4. 購買力平価と国際通貨　　　　宮田亘朗（昭和64年1月）
5. 戦略的人間資源管理の組織論的研究
　　　　　　　　　　　　　　　山口博幸（平成4年6月，信山社）
6. ハロッドの経済動学体系の発展
　　　　　　　　　　　　　　　篠崎敏雄（平成4年6月，信山社）
7. 戦後香川の農業と漁業　　　　辻　唯之（平成5年9月，信山社）
8. 《安価な政府》の基本構成
　　　　　　　　　　　　　　　山﨑　怜（平成6年7月，信山社）
9. 戦前香川の農業と漁業　　　　辻　唯之（平成8年7月，信山社）
10. 単位根の推定と検定　　　　　久松博之（平成9年9月，信山社）
11. 予算管理の展開　　　　　　　堀井愃暢（平成9年10月，信山社）
12. 市場社会主義論　　　　　　　安井修二（平成10年1月，信山社）
13. 香川県の財政統計　　　　　　西山一郎（平成11年2月，信山社）
14. ロマンス諸語対照スペイン語語源小辞典素案
　　　　　　　　　　　　　　　泰　隆昌（平成11年2月，信山社）
15. 16世紀ロシアの修道院と人々
　　　　　　　　　　　　　　　細川　滋（平成14年3月，信山社）
16. Econometric Analysis of Nonstationary and Nonlinear
　　　Relationships　　　　　Feng Yao（平成14年3月，信山社）
　　　［非定常と非線形関係の計量経済分析］姚峰著